그림으로 이해하는
경제사상

그림으로 이해하는 경제사상

2006년 1월 17일 초판 1쇄
2016년 10월 10일 개정판 7쇄

지은이 | 홍은주
편 집 | 이준호, 정상태

펴낸이 | 장의덕
펴낸곳 | 도서출판 개마고원
등 록 | 1989년 9월 4일 제2-877호
주 소 | 경기도 고양시 일산동구 호수로 662 삼성라끄빌 1018호
전 화 | (031) 907-1012
팩 스 | (031) 907-1044
이메일 | webmaster@kaema.co.kr

ISBN 978-89-5769-188-5 03100

ⓒ 홍은주, 2006

* 책값은 뒤표지에 표기되어 있습니다.
* 파본은 구입하신 서점에서 교환해 드립니다.

• 이 도서의 국립중앙도서관 출판시도서목록(CIP)은
  e-CIP 홈페이지(http://www.nl.go.kr/ecip)와 국가자료공동목록시스템
  (http://www.nl.go.kr/ kolisnet)에서 이용하실 수 있습니다. (CIP 제어번
  호: CIP2005002649)

그림으로 이해하는
경제사상

홍은주 지음

개마고원

경제학의 바다를 헤엄치기, 그리고 독도법(讀圖法)

개인으로서의 인간은 유한하다. 시간적으로는 현재에 구속되고, 지리적으로는 한정된 장소에 묶여 있으며, 경험적으로는 개인 차원의 비좁은 단층에 속박되어 있어 답답하기 짝이 없다.

그러나 집단으로서 인간의 경험과 사고의 영역은 거의 무한대라고 할 수 있다. 호모 사피엔스로서의 이성이 발달하고 글이 만들어져 기록이 가능해지면서 개개인의 경험과 사고를 축적할 수 있게 되었고 시간과 공간은 연속성의 의미를 갖기 시작했다.

다른 모든 학문이 그렇듯 경제학에서도 과거 수많은 뛰어난 경제학자나 사상가들이 오랜 기간 관찰하고 사고하고 경험한 결과를 축적한 사상의 바다가 우리 앞에 펼쳐져 있다. 폭넓은 지혜를 담고 있는 이 바다는 현대에 살고 있는 우리가 거침없이 항해해주기를, 그리고 현대의 언어로 재해석해서 이해하고 공유해주기를 기다리고 있다.

그런데 시대와 공간을 달리하는 과거 경제학자들의 사고를 현재의 대한민국에 살고 있는 우리가 공유하고 이해하는 데는 한 가지 난점이 있다. 추운 겨울 광화문 한복판 어느 카페에서 거대한 태양이 지평선에 걸린 황혼 무렵의 아프리카 사파리를 꿈꾸기 위해 사진이라는 매개가 필요한 것처럼 시공간을 달리한 다른 생각을 알려면 남들이 미리 정의해둔 경제적 용어를 정확하게 알아야 한다는 점이다.

경제학에 숨어 있는 수많은 재미있는 이야기와 합리적 사고와 삶의 지혜를 내 것으로 만들기 위해서는 그 개념과 사상을 만들어낸 사람이 사용하는 언어를 먼저 배우고 익숙해져야 한다.

가령 '한계효용 체감의 법칙'이라는 경제학에서 가장 흔히 쓰이고 있는 기초단어를 생각해보자. '한계'라는 말이 무슨 뜻일까? '효용'은? 효용은 일반적인 언어인 만족감과는 어떻게 다를까? 그런데 그 한계효용이 체감한다는 것은 또 무슨 뜻이며 어떤 법칙으로 만들어졌단 말인가? 이 낯선 단어들의 조합이 경제학의 법칙과 질서를 이해하는 데 가장 핵심적인 이유는 무엇일까? 이 단어들을 알고 나면 어떤 속 시원한 경제적 법칙과 질서정연한 합리적 법칙에 도달할 수 있는 것일까? 자, 빨리 책을 펼쳐서 이 궁금증을 해결하고 싶지 않은가?

경제학적 사고를 이해하는 데는 경제 용어를 먼저 습득하고 어떤 상황에서 그 용어가 만들어졌는지를 아는 것이 필수 전제조건이다. 아는 만큼 보이고 이해하는 만큼 사고의 폭이 넓어지기 때문이다. 그런 점에서 경제용어는 사고의 바다를 항해하기 위한 나침반이며 항해지도이다. 일단 나침반을 읽는 법과 독도법을 익히고 나면 드넓은 사상의 바다, 합리성의 세계를 자유롭게 항해할 수 있다. 개인의 유한성을 넘어선 열린 공간, 열린 사고로 나아갈 수 있다.

이 책은 경제학이 대단히 유용하기는 하지만 사용하는 단어가 너무 낯설고 어렵다고 생각하는 사람들을 위한 용어해설용으로 씌어졌다. 경제학 비전공 대학생들, 경제학에 관심이 있는 일반인들, 경제학적 합리성을 보다 쉽게 습득하기를 원하는 고등학교 수험생 등이 일단 까다로운 용어부터 익히고 그 용어 뒤에 숨은 사상적 배경과 경제학적 논쟁을 자연스럽게 이해할 수 있도록 내용을 구성했다.

글보다는 그림에 익숙한 세대나 복잡한 전철 안에서라도 경제학과 경제사상사를 한눈에 이해하고 싶은 바쁜 사람들을 위해 매 용어별로 내용과 사상적 배경을 설명하는 간단한 삽화를 포함했다. 그림을 통해 위대한 경제학의 태두들과 사상가들을 만나 대화하기 바란다.

경제학 용어 자체는 해당 경제학자의 이름을 밝혔지만 보다 구체적인 사례나 통계는 이미 발간된 다른 책들을 많이 참고했다.

법경제학 등 독특한 사상적 영역을 구축한 시카고학파 경제학자들에 대해서는 『시카고학파의 경제학』(민음사)이 좋은 길잡이가 됐고, 게임이론에 대해 이 책의 수준을 넘어 자세히 알고 싶은 사람은 *Game Theory*(Academic Press)와 『게임이론』(박영사) 등이 좋은 참고서가 될 것이다. 일상적인 삶의 영역으로 진출한 게리 베커 등의 경제이론에 관심이 있다면 *Accounting for Tastes*(Harvard Univ. Press)와 *A Treatise on the Family*(같은 출판사) 등을 참고하기 바란다.

이 책이 경제학의 바다를 항해하는 여러분에게 작은 항해지도가 되기를 바란다. 내가 책을 쓸 때마다 늘 아낌없이 격려해주고 도움을 주는 후배이자 국민대학교 경영학과 교수인 이은형 님에게도 지면을 빌어 감사의 뜻을 전한다.

홍은주

차례

- 경제학의 바다에서 헤엄치기, 그리고 독도법   **5**

제1장   고전학파 이전의 경제학

로크	**화폐 축적**_ 금과 은을 늘리는 것이 국부의 척도이다	**13**
맨더빌	**유효수요**_ 개인의 탐욕이 경제의 활기를 만든다	**17**
케네	**순생산물**_ 농업만이 진정한 부를 창조해낸다	**23**
	경제표_ 경제는 반복적으로 순환한다	**28**

제2장   자본주의, 사회주의, 국가주의

스미스	**보이지 않는 손**_ 개인의 이기심이 국부를 창조한다	**35**
세이	**효용가치**_ 효용이 사물의 가격을 결정한다	**40**
맬서스	**인구재앙**_ 인구는 기하급수로, 식량은 산술급수로 증가한다	**45**
리카도	**차액지대론**_ 부유한 지주 계급, 피폐해지는 노동 계급	**50**
	비교우위_ 국가간 교역의 활성화 원리	**55**
오언	**협동조합**_ 피폐한 경제상황에서 꽃 핀 공상적 사회주의	**59**
마르크스	**노동 잉여가치**_ 노동만이 잉여가치 창출의 원천이다	**64**
	사적 유물론_ 자본주의 필멸, 사회주의의 완성	**69**
리스트	**총체적 생산력**_ 경제는 각국의 총체적 생산력의 집합체다	**74**
바그너	**국가사회주의**_ 국가가 주도하는 자본주의 경제의 도덕성	**79**

제3장   한계혁명의 시대

마셜	**한계효용**_ 총량이 아니라 단위가 결정하는 경제	**87**
	세테리스 파리부스_ 다른 모든 조건이 같다면…	**92**
	준지대_ 진입장벽이 만들어낸 과다이익	**97**

contents

파레토	**무차별 곡선**_ 효용은 서수적으로 측정된다	101
	파레토 최적_ 자원분배의 이상적 상태	106
로빈슨	**불완전경쟁**_ 불완전한 시장, 보이지 않는 손의 실종	111

제4장 경제성장과 돈 이야기

슘페터	**창조적 파괴**_ 경제를 움직이는 동인	119
해러드	**자본계수**_ 자본축적이 경제성장을 일으킨다	124
넉시	**빈곤의 악순환**_ 후진국의 투자부족과 저성장	129
콘트라티에프	**장기파동**_ 장기에 걸친 경제순환	134
솔로	**기술지식**_ 경제성장의 관건은 기술지식이다	138
래퍼	**래퍼 곡선**_ 세금을 깎아주면 조세수입이 늘어난다	143
로렌츠	**로렌츠 곡선**_ 분배의 불평등도를 한눈에 알아본다	148
피셔	**교환방정식**_ 통화량이 늘면 물가가 오른다	152
피구	**케임브리지 방정식**_ 왜 사람들은 현금을 보유하려 하는가	156
케인스	**유동성 선호**_ 현금 선호가 이자율을 결정한다	161
	유동성 함정_ 통화정책을 무력화시키는 화폐의 덫	166
	승수효과_ 소비감소와 증가의 확산인자	170
프리드먼	**구축효과**_ 정부가 민간소비와 투자를 밀어낸다	174
	자연실업률_ 완전고용 대신 달성 가능한 현실실업률	178
	항상소득 가설_ 소비성향은 항상소득에 달려 있다	182
	신화폐수량설_ 화폐수량설의 재발견	186
토빈	**토빈의 q**_ 투자를 결정짓는 집단적 정보의 힘	191
	자산선택_ 달걀을 한 바구니에 담지 않는다	197
루카스	**합리적 기대**_ 정부의 경제정책은 무용하다	204
필립스	**필립스 곡선**_ 고용을 위해 물가를 희생하라	209
새뮤얼슨	**스태그플레이션**_ 물가가 오르면서 고용이 감소하는 현상	213

차례

제5장 인간행위와 제도

베커	**사회관계론**_ 개인의 이기심을 충족시키기 위한 이타심	**219**
	차별계수_ 인종차별, 성차별의 경제이론	**224**
	인적자본_ 노동의 양에서 노동의 질로	**228**
베블런	**현시적 소비**_ 유한계급에 대한 모방소비	**233**
뷰캐넌	**공공선택**_ 거대 정부의 함정	**237**
스티글러	**포획설**_ 이익집단에 포획당한 정부	**242**
애컬로프	**레몬 시장**_ 정보 부재로 몰락하는 시장	**247**
나이트	**재산권**_ 적절한 재산권의 정의가 자원 낭비를 막는다	**252**
데이비드	**경로의존성**_ 경제현상에 작용하는 관성의 법칙	**257**
폰 노이만	**미니맥스의 정리**_ 상호의존성이 존재할 때 손해 최소화 전략	**262**
루스	**죄수의 딜레마**_ 정보 부재 상태에서의 공멸게임	**267**
내쉬	**내쉬 균형**_ 비협조적 경쟁상태의 균형	**272**

제6장 확실성에서 불확실성의 세상으로

나이트	**불확실성**_ 진정한 위협이자 이윤의 원천	**279**
사이먼	**제한적 합리성**_ 경제적 합리성은 제한받을 수밖에 없다	**285**
카너먼과 트베르스키		
	기대이론_ 위험기피가 아닌 손실기피에 대한 기대	**289**
코라파스	**혼돈이론**_ 나비의 날갯짓이 태풍을 만들어낸다	**293**

제1장

고전학파 이전의 경제학

화폐 축적
유효수요
순생산물
경제표

로크
화폐 축적 – 금과 은을 늘리는 것이 국부의 척도이다

16세기 후반에서 18세기에 걸쳐 유럽대륙의 여러 국가들은 절대왕권을 확립하게 된다. 프랑스의 루이 14세 등 당시의 권력자들은 국왕의 권력이 신으로부터 나왔으며 군주정은 신으로부터 보장받은 권리에서 유래된다고 믿었다. 이것이 왕권신수설(王權神授說)의 핵심내용이다.

그러나 신권을 앞세운 절대왕권이 장기간 권력을 유지하고 귀족을 포함한 모든 사람들을 복속시키기 위해서는 강한 군사력이 필요했고 강한 군대를 위해서는 국부의 축적이 필수적이었다.

그렇다면 유럽이 생각했던 국부의 척도는 무엇이었을까? 당시 유럽경제를 관찰한 철학자이자 경제학자인 존 로크는 금과 은이야말로 한 나라가 얼마나 부유한지를 알 수 있는 유일한 척도라고 주장했다.

일반인들이 생각하는 부의 개념은 집이나 땅, 소나 말, 옷 같은 수많은 재화를 많이 소유하는 것이다. 그러나 국가의 부는 단순한 재화의 양으로 측정하거나 비교할 수 없다. 어느 나라가 얼마나 재화를 가졌

로크 John Locke 1632~1704
영국의 철학자이자 정치사상가. 영국과 프랑스 계몽주의의 선구자로서 미국 헌법에 정신적 기초를 제공했다. 당시 '새로운 과학', 곧 근대과학을 포함한 인식의 문제를 다룬 『인간 오성론*Essay Concerning Human Understanding*』의 저자로 유명하다.

집, 옷, 음식 등은 사용하면 소멸되므로 진정한 국부라 할 수 없다

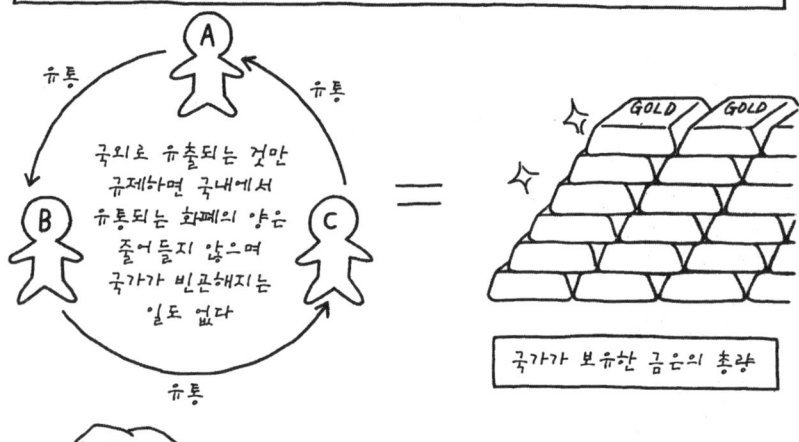

소멸되지 않는 금과 은이야말로 한 나라가 얼마나 부유한지를 알 수 있는 척도다.

로크

는지 정확히 파악할 수도 없을 뿐 아니라 음식이나 옷, 신발 같은 재화는 먹거나 사용하면 소멸되어버리기 때문이다.

소멸하거나 사라지지 않는 유일한 재화는 화폐, 즉 금과 은뿐이다. 화폐는 재화를 사고파는 매개체로서 사람과 사람 사이로 이동할 뿐 소멸되지는 않기 때문에 금화와 은화가 국외로 유출되는 것만 규제하면 국내에서 유통되는 화폐의 양은 줄어들지 않으며 국가가 빈곤해지는 일도 벌어지지 않는다. 화폐는 교환가치를 지니면서도 잠재적으로 언제든지 사용가치로 전환될 수 있으며, 다른 자연적 재화가 갖는 한계를 지니지 않기 때문에 '화폐 축적'은 무제한적 재산 소유와 자본 축적을 가능하게 한다. 따라서 어떤 수단을 써서든지 국내의 금과 은을 늘리는 것이 국가를 부강하게 하는 중요한 경제정책이라는 것이 로크의 생각이었다.

금과 은을 최대한 확보하기 위한 패권전쟁이 유럽에서 시작된 것은 로크의 생각이 유럽열강의 정치지도자들에게 확산된 현실적 귀결이었다. 화폐전쟁의 전면에는 영국, 프랑스, 네덜란드, 스페인 등이 있었는데, 영국의 경우 자국의 함대들이 공해상에서 다른 나라 상선을 상대로 금은을 약탈하는 것을 묵인하기도 했다.

전쟁 이외에 금은을 벌어들일 수 있는 또 다른 방법은 다른 나라와의 교역이었다. 금과 은을 들어오게만 할 뿐 흘러나가지 않게 막을 수 있는 유일한 교역형태가 바로 식민지 무역이었다. 식민지의 자원과 노동력을 이용해 거저나 다름없는 싼 값으로 원료를 수입해서 자국의 공업화에 쓰거나 가공해서 다른 나라에 팔 경우 엄청난 금은을 벌어들일 수 있었기 때문이다.

이 때문에 유럽 열강들은 적극적으로 식민지 개척에 나서기 시작하는 한편 상인조합과 결탁해 식민지들을 적극적으로 이용하는 독점적 해상 무역을 운영하기 시작한다. 1600년부터 영국과 네덜란드, 프랑스 등 유럽 열강은 동인도, 서인도 회사 등을 차려 식민지로부터 향신료와 차, 원자재 등 마르지 않는 돈줄을 확보하게 된다.

화폐의 축적을 핵심으로 하는 중상주의는 정리된 경제학 체계나 사상이라기보다는 국내 금은의 량을 늘리는 것이 국가를 부강하게 하는 것이라고 믿었던 로크의 생각을 바탕으로 식민지 개척과 해상패권 전쟁, 화폐 전쟁을 벌였던 당시 유럽 열강의 공통된 통치이념이라고 보는 것이 옳다.

황금을 향한 끝없는 탐욕과 광기로 얼룩졌던 시기, 식민지 쟁탈과 수탈의 시기였던 16세기 후반부터 18세기 초에 이르는 기간 동안 유럽을 지배했던 경제적 사고를 총칭해서 아담 스미스는 그의 저서 『국부론』에서 '중상주의(mercantile system)'라고 이름 붙였다.

중상주의는 또 일명 '콜베르주의'라고도 한다. 루이 14세가 통치하던 프랑스의 재무장관이었던 콜베르(Jean Baptiste Colbert)는 왕권의 절대권력은 보유하고 있는 금은의 양에 따라 결정된다는 신념에 투철했다. 그는 온갖 수단을 다해 금은을 프랑스로 끌어들인 반면 절대로 흘러나가기 못하도록 철저하게 반출을 규제했기 때문에 중상주의를 상징하는 화신처럼 후세에 인식되게 된다.

맨더빌
유효수요 – 개인의 탐욕이 경제의 활기를 만든다

의사가 쓴 시가 경제학의 핵심 사상이 된 드문 사례가 있다. 1670년에 태어난 의사이며 시인인 맨더빌의 「꿀벌의 우화」라는 시다.

네덜란드에서 태어났지만 나중에 영국으로 이주한 맨더빌은 영국사회를 풍자한 「꿀벌의 우화」에서 훗날 케인스 경제학의 핵심이 되는 '유효수요'에 대한 단초를 보여주고 있다. 「꿀벌의 우화」의 내용은 다음과 같다.

옛날에 번성했던 '벌의 왕국'이 있었다. 이 나라의 정치는 엉망이어서 강한 군대를 이용해 외국을 침략하고 식민지를 늘려나갔다. 이 과정에서 수많은 병사들이 죽거나 다쳐 비참한 상황이 되었다. 재판관들은 법에 따라 엄정하게 시시비비를 가리지 않고 어느 쪽이 뇌물을 더 많이 바쳤느냐에 따라 판결을 내렸다. 왕과 귀족들은 그 돈으로 매일 호화판 잔치를 벌이고 사치를 일삼았다. 빚까지 내서 물건들을 사들이고 흥청망청하는 나날이 계속됐다.

어느 날 고승(高僧)이 벌의 왕국에 나타나 이들의 사치와 탐욕, 세속

맨더빌 Bernard de Mandeville 1670~1733
네덜란드의 산문작가이자 철학자. 1691년 레이덴대학 의학부를 졸업한 뒤 네덜란드를 떠나 영국 런던에 정착했다. 런던에서 곧 직업적 명성을 얻었으며 「꿀벌의 우화 The Fableof the Bees」로 전유럽에 명성을 떨쳤다.

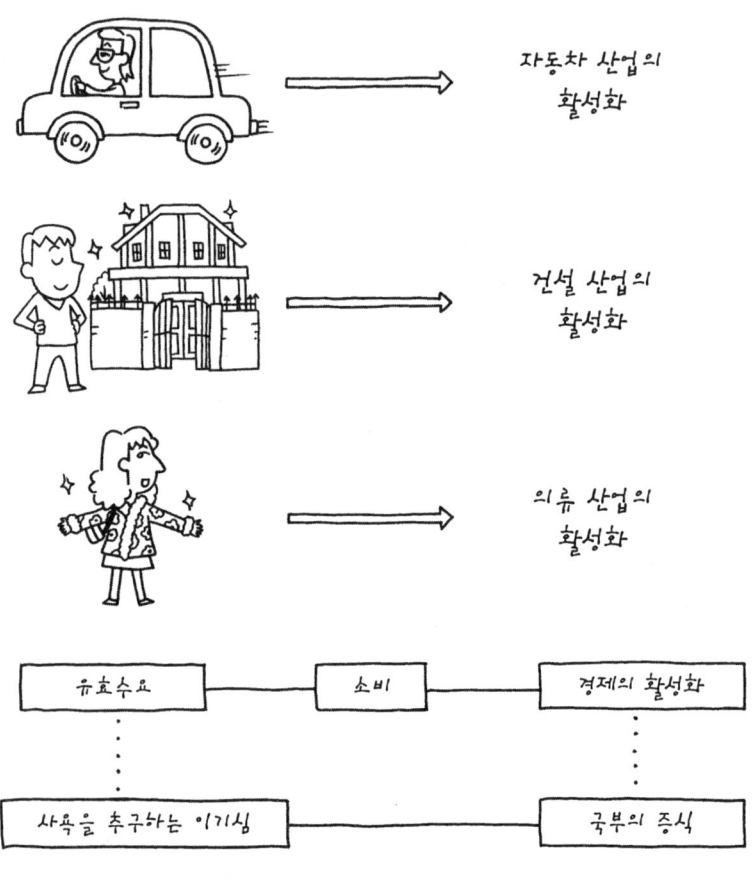

'무조건 저축과 검약만을 내세우지 말고
적절한 소비를 할 수 있도록 유효수요를
만들어야 경제도 살아나고 국부도 증가한다'

적 욕심을 꾸짖었다. 모두가 잘못을 뉘우치고 검소하게 살아야 한다고 가르치기 시작한 것이다. 고승의 준엄한 꾸짖음을 들은 벌들은 자신들의 잘못을 회개하고 깨끗하고 바르게 살겠다고 맹세했다. 왕족과 귀족들은 당장 궁전 내의 호화로운 사치품들을 모조리 팔아 빚을 갚고 1년 내내 소박한 단벌옷으로 지내게 되었다. 국민 모두가 검소한 생활을 하게 되면서 금이나 은을 확보하기 위한 이웃나라와의 전쟁도 사라져 군대는 해산되었다. 술집과 극장은 모조리 문을 닫았다. 모두가 정직한 생활을 하게 되었기 때문에 재판관과 재판정도 불필요해졌고 경찰과 세리들도 대폭 숫자가 줄어들었다.

이쯤에서 온 나라가 잘 살게 되고, 검소하고 현명한 왕과 귀족들이 다스리는 이 왕국의 모든 국민들이 길이길이 행복하게 되었으면 얼마나 좋을까. 그러나 오히려 불경기가 닥치면서 실업자가 급증하고 국민들이 더욱 더 비참해지는 상황이 되었다.

귀족들의 파티와 연극이 사라지자 호화로운 의상을 만들던 재봉사와 음식을 만들던 요리사들이 직업을 잃었다. 의상실이 문을 닫자 여기에 천을 납품하던 섬유업자들이 도산을 했고, 이들에게 섬유의 원료를 납품하던 면화재배 농가와 비단생산 농가가 연쇄도산하기 시작했다. 좋은 집에서 사는 것도 사치라고 해서 집을 더 이상 짓지 않게 되자 목재업자와 목수, 석공 등이 직업을 잃었다. 범죄가 없어지자 경찰이 사라졌고 가난해진 국민들이 세금을 낼 수 없게 되자 세리들까지 직업을 잃어 국가 재정은 바닥이 났다. 군대까지 해산해 버렸기 때문에 외국에서 침략해오자 속수무책으로 당할 수밖에 없게 되었다. 이 나라는 결국 식민지 국가로 전락하게 되었다.

경제적 통찰이 깃든 이 시에서 맨더빌은 '이기심이야말로 국가의 부를 만들어내는 원천'이라고 주장했다. 인간은 '미래에 대한 욕심의 가죽을 뒤집어 쓴 생물'이며 사회는 이 같은 욕심 많은 인간들로 구성된 집단이다. 따라서 사치와 과욕 같은 '무제한의 이기심'을 국가가 방해하지 말고 그대로 방치해두면 결과적으로 사회적인 부를 증식시킬 수 있게 된다. 이 같은 맨더빌의 주장은 당시 사회에 엄청난 파장을 불러일으켰으며, 찬반양론이 팽팽하게 맞섰다.

맨더빌의 주장은 당시 국민경제에 심각하게 개입해 개인의 자유를 억압했던 정부권력에 대한 반발에서 비롯된 것이었다. 경제적 현실에 대한 주장이 그다지 정교한 이론은 아니었기 때문에 비판할 여지가 많지만 훗날 경제사의 핵심 인물들에게 영향을 주는 중요한 경제적 시사점을 담고 있다.

첫째, 개인의 이기심을 너무 짓누르지 말아야 한다는 것이다. 정부나 교회가 도덕을 강요해 개인의 이기심을 지나치게 억제하면 국가의 부가 오히려 감소하기 때문에, 사익을 최대화하려는 개인의 의지를 꺾지 말아야 한다는 교훈이다. '개인의 이기심이 국부를 낳는다'는 주장은 훗날 아담 스미스를 통해 고전학파 경제학으로 완성된다.

둘째, 경제가 활성화되려면 적당한 '유효수요'가 있어야 한다는 것이다. 위정자가 저축과 절약만을 강조하면 개인의 재산을 늘릴 수는 있지만, 국가 전체로 보면 오히려 재앙에 가까운 현실을 불러일으킬 수도 있다는 이른바 '저축의 역설'을 설파한 셈이었다. 국가가 부를 축적하려면 무조건 저축과 검약만을 내세우지 말고 적절한 소비를 할 수 있도록 '유효수요'를 만들어내야 한다는 것이다.

맨더빌은 1666년 런던에서 발생해 엄청난 피해를 입힌 대화재에 대해서도 많은 사람을 비극으로 몰아간 재앙이기는 하지만 그 이후 많은 건설수요가 창출되고 도시가 완전히 새로운 건물과 도로로 재편되었으며 산업이 활성화되는 계기를 제공했다고 주장했다.

맨더빌이 생각했던 '유효수요' 이론은 200년 후 케인스에 의해 이론적 완성을 보게 된다. 케인스는 『고용, 이자 및 화폐에 관한 일반이론 The General Theory of Employment, Interest, and Money』에서 미국 등 전 세계를 휩쓴 '대공황'에 대한 처방으로 정부가 개입해 적절한 '유효수요'를 창출해야 한다고 주장했다.

어떤 이유에서건 민간소비가 극도로 부진하고 기업들이 투자를 대폭 줄인 불황이나 경기침체 상황에서는 대규모 소비주체인 국가가 공공사업을 일으켜 고용을 늘리고 유효수요를 창출해 '소비-생산-임금-재소비-재생산-임금상승'이라는 생산의 선순환을 만들어야 한다고 주장한 것이다. 유효수요 창출을 위해서는 정부가 재정적자를 지더라도 불가피한 선택이라고 봤다.

실제 미국의 루스벨트 대통령은 대공황에 대한 케인스의 '유효수요 창출' 처방을 받아들여 대규모 도로공사와 댐공사, 철도공사 등 공공사업 건설에 착수했고 고용을 늘려나갔다. 또 1946년 미국 의회는 고용법안을 만들어 '고용과 생산 소비력을 최대한 촉진할 의무'를 국가에 일임했다.

현대경제학은 유효수요에 대해 '욕망을 충족시키기 위해 제한된 소득의 일부를 지출할 수 있는 수요'라고 정의하고 있다. 단순한 욕구나 희망, 욕망은 유효수요가 되지 못한다. 자신의 욕망을 실현시키기 위해 기꺼이 돈을 지불할 수 있을 때만 유효수요가 되는 것이다. 의사 출신인 시인이 직관적 통찰력으로 언급한 '유효수요'가 훗날 경제학의 핵심 개념으로 자리 잡은 셈이다.

케네
순생산물 – 농업만이 진정한 부를 창조해낸다

1년 동안 국가경제가 생산해낸 총생산물을 시장가격으로 평가한 것을 '국민총생산(Gross National Product)'이라고 한다. 국민총생산에서 같은 기간 동안 소모돼 사라진 각종 자본설비의 감가상각액을 빼면 순전하게 새로 생산된 국가의 부가 얼마나 되는지를 알 수 있다. 이것이 '국민순생산(Net National Product)'이라는 개념이다.

국민순생산의 개념을 원시적인 형태로나마 최초로 도입한 경제학자는 케네였다. 그는 한 나라의 경제가 1년 동안 새롭게 생산해낸 총생산물로부터 그 생산에 소요된 총지출을 제외한 '순생산물', 즉 오늘날의 '국민순생산'과 비슷한 개념을 만들어냈다. 그리고 농업만이 순생산물을 만들어낸다고 주장했다. 농업생산물에서 생산에 소요된 비용을 공제한 것이 토지의 혜택에 해당하는 잉여생산물, 즉 순생산물이며 농업만이 자연의 협조를 얻어 국부의 진정한 증가라고 할 수 있는 순생산물을 창출해낼 수 있다는 것이다.

상공업은 왜 순생산물을 만들어낼 수 없을까? 상공업이 취급하고 있

케네 Francois Quesnay 1694~1774
프랑스의 경제학자. 최초의 체계적인 정치경제학파인 중농학파의 창시자이다. 의학부에서 공부해 외과의학의 확립에 큰 공을 세웠으며, 경제학 분야에서 가장 큰 공헌은 『경제표 Tableau economique』(1758)의 작성을 들 수 있다. 그는 중농주의 체계를 확립하는 한편, 국내시장의 확장을 위해 자유방임정책의 채택과 세제개혁을 주장했다.

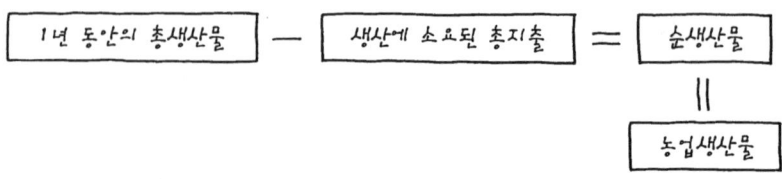

농업만이 국가 경제의 부를 순증시키는 유일한 원천이다

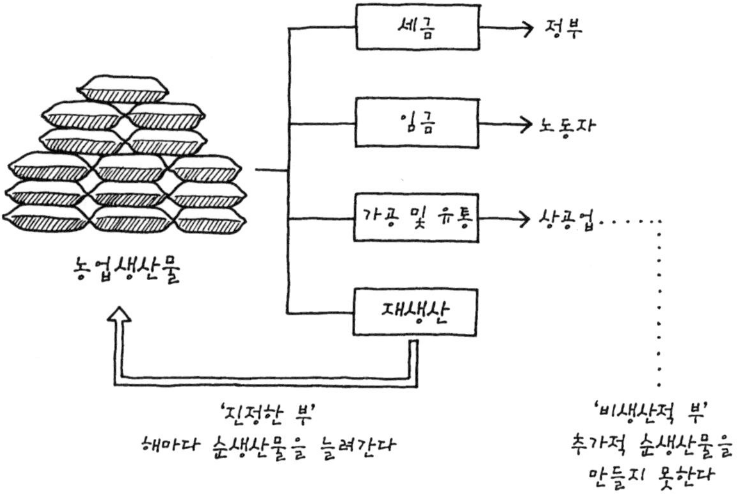

케네

는 상품들은 농업을 통해 생산된 부가 가공돼 공산물로 형태만 바뀐 것일 뿐 순증은 일어나지 않기 때문이다. 산업생산물의 가치는 이를 생산하기 위해 소비된 각종 원재료(주로 농산물)의 합과 같기 때문에 유용성이 증가할지는 몰라도 물량의 추가 증가는 없다. 즉 상공업자들은 농업이 만들어낸 잉여생산물을 단순히 가공하고 유통할 뿐이라는 것이다.

따라서 케네는 농업이 '진정한 부(richesse reele)'를 만들어내는 생산적 분야인 반면, 상공업은 '비생산적인 부(richesse sterile)'에 불과하다고 정의했다. 여기서 비생산적이라는 의미는 필요 없는 분야거나 무용한 분야라는 뜻이 아니라 추가적 순생산물을 만들어 내지 못한다는 의미로 사용된 것이다.

농업만이 유일하게 국가의 부를 순증시킬 수 있다는 주장은 자연스럽게 농업이 전산업의 기본이라는 중농주의 사상으로 이어진다. 농업은 유일한 생산부문이며 농업이 생산해낸 잉여가치 가운데 일부는 지대로서 지주에게 돌아가고, 일부는 임금 등의 형태로 노동자들이나 차지농(借地農)들에게 돌아가며, 일부는 세금의 형태로 정부수입이 되고, 그 나머지는 새로운 생산에 재투자된다. 농산물을 단순히 사용가치 측면에서 본 것이 아니라 국가경제의 부를 순증시키는 유일한 원천으로 본 것이며, 다른 모든 산업분야는 농업의 순생산을 해마다 더 늘려나가기 위해 필요한 하부구조로 파악한 것이다. 또 중상주의자들이 부의 척도라고 생각한 금은은 아무리 많이 모아도 유통과 교환에만 쓰이는 단순한 '화폐적 부(richesse pecuniaire)'에 불과해 국부의 순증에는 전혀 도움이 되지 않는다고 주장했다.

케네는 농업부문의 순생산물을 높이기 위해서는 소농보다 대농이 중요하다고 봤다. 농업생산력을 높이려면 경작면적과 투하자본을 늘리는 생산적 지출이 중요하다는 것이다. 케네는 영세농민들이 농업자본을 축적할 수 있도록 농산물 거래에 부수되는 각종 규제나 제한을 철폐하고 농업부문이 충분한 재투자를 할 수 있도록 정부가 적정 농산물 가격을 보장해줘야 한다고 주장했다. 농산물 생산농가와 소비자를 최대한 직거래로 연결시켜 소비자가 싸게 농산물을 살 수 있게 하는 한편 생산농가에게도 적정 이윤이 보장되기 위해서는 중간거래상을 최대한 줄여야 한다는 것이다. 오늘날의 '농산물 직거래' '유통구조 단순화'와 비슷한 맥락인 셈이다. 또 농업자본을 보호하기 위해 일반적인 세금을 모두 폐지하고 과세대상을 농업생산물의 잉여인 순생산물로 한정하는 이른바 '토지단일세'를 강력히 부르짖기도 했다.

'농업만이 순생산물을 창조하는 원천'이라고 파악한 중농주의가 프랑스에서 발생한 것은 당시 프랑스의 독특한 정치적 상황과도 맞물려 있었다. 당시 프랑스는 전인구의 90%가 농민인 전통적인 농업국가였고 왕실재정수입의 주된 원천 역시 농업이었다. 그러나 땅의 절반가량은 승려나 귀족 등 농사와는 무관한 특권계층이 차지하고 있었고 제3의 신분인 부르주아 계층이 20%를 차지하고 있어 실제 농업에 종사하는 국민들은 영세농업을 대물림하면서 점점 피폐해지고 있었다. 게다가 중상주의에 투철한 재무상 콜베르는 배타적 무역정책을 위해 곡물가격 인상을 강력히 억제했기 때문에 프랑스 농업은 끝없는 몰락의 길을 걷고 있었다. 국가의 부를 높이고 갈수록 심각해지는 재정적자를 해소하기 위해서는 근본인 농업으로 되돌아가야 하며 각종 농업규제를 철폐해야 한다는 중농주의가 프랑스에서 발생한 것은 콜베르주의에 대한 강한 반발 때문이었다고 할 수 있다.

케네가 국부를 늘일 수 있는 방법은 단순한 화폐적 부의 축적이 아니라 '순생산물 증가'라고 본 것은 중요한 경제사상적 진보였지만, 순생산물 증가의 원천을 오직 농업에만 국한시킨 것은 잘못된 생각이었다.

케네
경제표 – 경제는 반복적으로 순환한다

중농주의를 주창한 케네는 의사 출신이었다. 루이 14세의 궁정의가 된 이후 귀족으로 신분상승이 된 케네는 궁정생활을 하면서 친분을 쌓게 된 중농주의 사상가들이나 정치인들과 교류를 통해 국가경제의 근본문제에 관심을 갖게 된다.

케네는 의사답게 경제를 인체와 마찬가지로 중요한 기능이 상호 연결된 하나의 전체 순환구조로 파악했다. 하비의 '혈액순환이론'에서 아이디어를 얻어 인체에 혈액이 순환하는 것처럼 한 나라의 경제도 지속적으로 순환한다고 생각한 것이다. 경제를 총체적 반복 순환 구조로 파악한 최초의 경제학자였던 셈이다. 이 같은 순환적 경제관에 입각해 지주와 상공업자, 농업종사자 간에 사회적 총자본의 순환과 재생산과정을 동시상관적인 관계로 나타낸 표가 바로 '경제표'이다.

경제표를 만들고 이해시키기 위해 케네는 몇 가지 기초개념을 도입했다. 하나는 '자본의 선투자(advances)' 개념이다. 농업부문만이 순생산물을 만들어낼 수 있는데, 순생산물을 늘리려면 영세농이 아닌 자본축적이 이뤄진 대농경영이 필요하다. 대농경영에는 자본을 사전에 투자해야 하는데 이는 크게 3가지로 나뉜다.

첫째, 대규모 토지를 개척·개간하고, 배수로 시설을 만들고, 도로를 건설해 경제성 있는 농지를 만드는 토지 선투자가 있다.

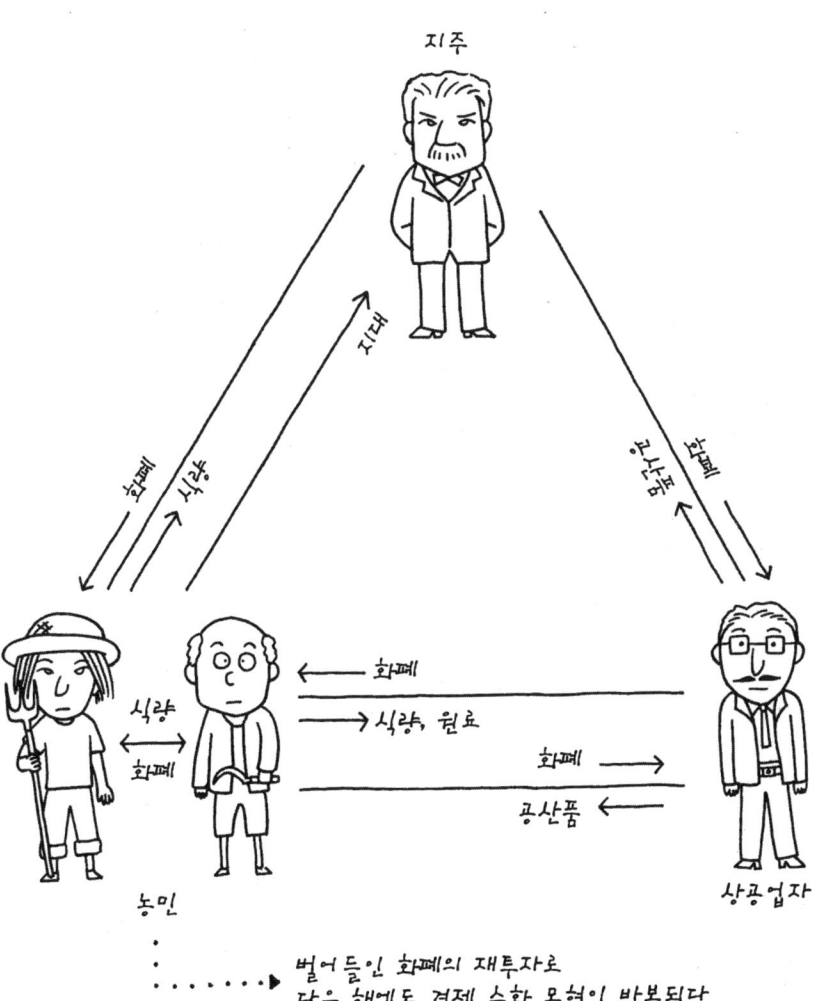

둘째, 농업에 필요한 도구나 기계 등에 대한 선투자가 있다.

셋째, 볍씨나 씨앗, 비료나 사료를 미리 구입하는 데 필요한 일종의 운영자금 형태의 선투자가 필요하다.

사회는 기본적으로 생산 계급인 대규모 농업부문과 지주·교회·귀족 등 토지를 소유한 계급, 그리고 비생산 계급인 상공업자 등 세 가지 계급으로 구성된다. 케네는 이들 세 가지 계급 외에 하층 계급이나 노동자 계급은 따로 인정하지 않은 채 3가지 계급 어디엔가 속해 있는 부대 계급으로 생각했다.

이런 기초개념을 바탕으로 '경제표'가 만들어졌다. '경제표'는 자본주의적 농업이 고도로 발달한 1차농업국을 상정하고 있다. 지주 계급이 중앙에 있고 생산 계급과 비생산 계급이 좌우로 배치되어 있어 순생산물의 분배과정을 통한 생산과 소비와의 상호의존관계, 자본의 재생산과정을 수량적으로 표시한다.

경제표를 보다 구체적으로 정리하면 다음과 같다.

1) 생산 계급인 한 농민이 600프랑을 선투자하고 재생산해서 순생산물을 만들어내 1200프랑을 벌었다. 100%의 순생산물이 만들어진 셈이다. 선투자금을 제외한 순생산물 600프랑은 지주의 수입이 되었다.
2) 지주는 이 600프랑 가운데 절반인 300프랑을 빵·포도주·고기 등 식량을 구입하는 데 쓰고, 남은 300프랑은 의복·신발·가구 등을 구입하는 네 쓴다. 따라서 300프랑은 생산 계급에, 다른 300프랑은 비생산 계급인 상공업자에게 흘러간 셈이다. 이제 본격적으로 경제의 순환이 시작된다.

3) 생산 계급인 농민은 지주로부터 300프랑을 벌어들여 절반을 동일 생산 계급이 생산한 농산물을 사는 데 쓰고 남은 150프랑은 비생산 계급인 상공업자로부터 가구나 의복 등을 사는 데 쓴다.
4) 지주로부터 300프랑을 번 비생산 계급 상공업자 역시 이 돈 가운데 절반을 식량이나 원료를 구입하는 데 쓰고 남은 절반은 동일 비생산 계급으로부터 가구, 의류를 구입하는 데 쓴다.

위에서 지주로부터 300프랑, 비생산 계급으로부터 150프랑, 동일한 생산 계급으로부터 150프랑을 벌어들인 생산 계급은 이 돈을 다음해를 위한 선투자금으로 사용한다. 한편 비생산 계급은 벌어들인 돈을 공업제품을 생산하기 위한 원재료 구입이나 임금으로 사용한다.

이 과정에서 순생산물은 화폐형태로 전환돼 생산자본을 형성하며, 생산자본은 유통과정을 매개로 다음해의 농업생산물이나 공업생산물을 만들어내는 선투자금으로 쓰이게 된다.

이 같은 경제는 규모의 확대도 축소도 없는 단순재생산 모형이며 케네는 여기서 한걸음 더 나아가 경제규모가 확대되거나 축소되는 요인을 분석했다. 만약 지주가 사치스러워서 생산 분야가 아닌 비생산 분야에 더 많이 돈을 쓴다면 순생산물의 산출량이 갈수록 줄어들 것이며, 반대로 생산 분야에 돈을 더 많이 쓴다면 순생산물의 산출량이 커지는 확대재생산이 될 것이다. 케네는 이에 따라 경제가 발전하기 위해서는 생산적 지출 규모를 확대하고, 비생산적 지출은 줄여야 한다고 주장했다.

케네의 '경제표'가 지닌 장점은 사상 최초로 경제 전체를 '반복하여

순환하는 상호의존 관계'로 파악한 점이다. 이후 마르크스가 '재생산 표식(再生産表式)'을 발표하고 경제학자 레온티에프는 본격적인 '산업연관표'를 작성해 노벨상을 받았지만 산업연관표의 근간은 케네의 경제표라고 할 수 있다.

그러나 상공업 분야를 비생산 계급으로 간주하고 재투자를 위한 어떤 자본도 허용하지 않은 점, 또 노동의 생산적 성격을 전혀 파악하지 못한 채 노동자에게 독립적인 계급적 지위를 부여하지 못한 점 등은 케네 경제표의 중대한 오류로 지적된다.

제2장

자본주의, 사회주의, 국가주의

보이지 않는 손
효용가치
인구재앙
차액지대론
비교우위
협동조합
노동 잉여가치
사적 유물론
총체적 생산력
국가사회주의

스미스
보이지 않는 손 – 개인의 이기심이 국부를 창조한다

중상주의가 기승을 부리던 시대, 국가는 국부의 척도라고 믿었던 금과 은을 최대한 확보하기 위해 사회적 생산관계인 하부구조를 일일이 간섭하고 통제하고 까다롭게 규제했다. 그러나 경제에 대한 국가의 간섭이 도를 넘어서 질식할 정도에 이르자 지나친 정부간섭에 대한 사회적 저항의식이 함께 높아지기 시작했다. 이 같은 저항의식은 '무정부성'을 기본 특징으로 하는 자본주의의 이론적 개화로 연결됐고 이후 '자유방임주의(laissez-faire)'의 전통으로 이어진다.

중상주의에 반발한 정치경제학자들은 사회의 하부구조를 구성하는 생산관계를 지배하는 기본원리는 자본주의라고 주장했다. 중농주의자인 케네는 자본주의를 '생산관계를 지배하는 영원한 자연적 질서'라고 보았고, 아담 스미스는 '보이지 않는 손'에 의해 그 질서가 자동적으로 형성되는 자연적 자유의 체제라고 생각했다. '보이지 않는 손'으로 상징되는 아담 스미스의 자유시장주의는, 인간은 본성이 자기중심적인 이기적 동물이라는 관찰에 바탕을 두고 있다. 국가가 억지로 이

스미스 Adam Smith 1723~1790
영국의 경제학자이자 철학자로 고전경제학의 창시자이다. 『국부론 The Wealth of Nations』으로 알려져 있는 대표적인 저서 『국부의 성질과 원인에 관한 연구 An Inquiry into the nature and causes of the Wealth of Nations』(1776)는 자유방임주의를 표방한 최초의 경제학 저서로 잘 알려져 있다.

기심을 통제하고 규제하기보다는 차라리 이기심을 극대화하는 경제행위를 방임함으로써 이기심이 자연스럽게 사회 전체의 부를 늘리는 방향으로 이끌어야 한다는 주장이었다.

> 한 나라를 최저의 야만 상태에서 최고로 부유한 상태로 끌어 올리는 데 필요한 것은 평화와 가벼운 세금, 그리고 정의의 관대한 집행뿐이며 정부는 그 이상의 어떤 일도 할 필요가 없다. 나머지는 시장의 자연스러운 힘에 맡겨두면 그만이다. 시장에는 보이지 않는 손이 있어 개인의 이기심을 국가의 부로 이끌어주기 때문이다. 정부는 이 같은 보이지 않는 손, 자연의 흐름을 절대로 방해해서는 안 된다.
>
> 『국부론』 중에서

아담 스미스가 생각한 '보이지 않는 손', 즉 개인의 이기심을 자연스럽게 경제효율과 국가 전체 이익의 극대화로 연결시키는 메커니즘은 균형시장 체제하에서의 가격기구였다. 소비자와 생산자가 가격을 주어진 신호로 삼아 자신의 이익을 극대화하는 방향으로 행동하기만 하면 나머지는 시장이 다 알아서 해결해준다는 것이다.

아담 스미스는 가격에는 자연가격과 시장가격 두 가지 종류가 있다고 생각했다. 자연가격이란 토지의 사용에 대한 대가인 '지대'와 생산 노동자에게 지급한 '임금', 그리고 상품을 시장에 공급하기 위해 지급된 자본에 대한 '이윤' 등을 자연률에 따라 지불한 본질적 가격이라고 정의했다. 반면 시장가격은 특정 시장에서 특정 상품의 실제 거래가격이다.

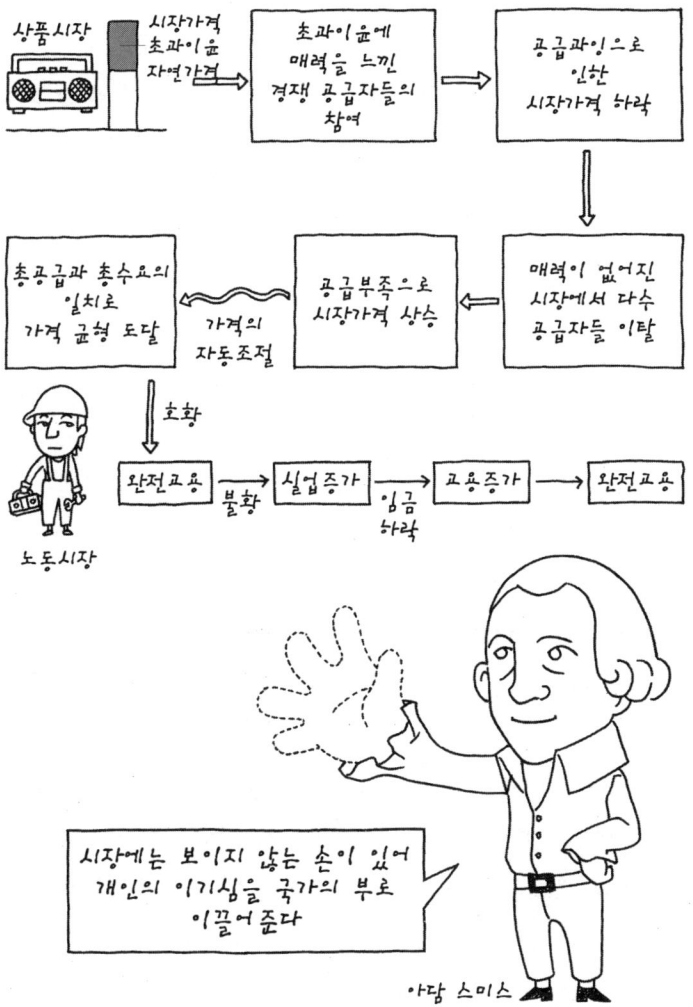

만약 어떤 상품의 시장가격이 자연가격보다 높으면 생산자 이익이 높아지기 때문에 다른 상인들도 비슷한 상품을 공급하기 시작한다. 즉 경쟁이 시작되면서 결국 자연가격과 일치하게 된다. 반대로 시장가격이 자연가격보다 낮으면 이 상품을 공급하는 상인들이 시장을 떠나게 되고 공급이 줄어들어 중장기적으로는 역시 시장가격과 자연가격이 일치하게 된다. 또 시장에 제공되는 각 상품의 수량은 가격의 자동조절 작용 때문에 수요와 일치하게 된다.

'보이지 않는 손'을 통한 시장의 자동균형은 각각의 상품시장에서뿐만 아니라 여러 시장이 결합한 전체시장까지도 장기적인 균형을 유도한다. 가령 한 산업에서 공급자들이 일시적으로 균형이윤 이상의 높은 수익을 얻고 있다면 다른 산업에 있는 공급자들이 이 시장으로 옮겨오게 되고, 반대로 과잉생산이 이뤄지고 있다면 가격이 하락해 이윤이 줄어들기 때문에 공급자들이 시장을 떠날 것이다. 중장기적으로 공급과잉이나 부족은 다른 시장으로부터의 자본 이동과 가격 변화에 의해 균형에 도달할 것이다. 결국 총공급은 항상 총수요과 일치하게 된다는 것이다.

상품시장이 단기간의 교란을 극복한 후 초과 수요나 초과 공급 없이 균형을 이루면 노동시장 역시 완전고용 상태에서 균형을 이루게 된다. 임금의 신축성을 가정하고 있기 때문이다. 만약 경제가 불황에 접어들어 실업이 늘어나면 임금이 즉시 하락하고 임금이 낮아지면 기업들은 더 많은 노동자를 고용할 수 있게 된다. 노동자들은 예전보다 낮은 임금을 감수해야 하지만 아무튼 완전고용이 이뤄진다는 주장인 것이다.

아담 스미스는 자유시장경제에 대해 강한 신념을 가졌지만 '무제약의 이기심', 즉 극단적인 개인주의까지 받아들였던 것은 아니다. 그는 개인의 이기적 행동이 지나치게 타인을 분개시키는 것이라면 사회적으로는 악으로 규정하고 받아들여서는 안 된다고 주장했다. 또 그 도덕적 판단기준을 '공감(sympathy)'이라는 인간의 공통적 감정에서 찾았다. 이기적인 개인의 행동이 사회적으로 용인될 수 있으려면 그 행위가 제3자의 시각에서 적절하다는 공감을 얻어야 한다는 것이다. 아담 스미스가 주장한 이기심은 개인의 절제와 자기억제를 동반한 적절한 이기심이었다.

아담 스미스가 주된 공격 대상으로 삼았던 것은 절대주의 권력과 결탁해 이익을 독점하고 있던 대무역상, 특허회사, 길드조직 등이었다. 독점적이고 이기적인 권력과 거대 경제력이 결탁할 경우 시장을 왜곡시키고 결국 소비자는 물론 국가 전체가 그 피해자가 된다는 것이다.

세이
효용가치 – 효용이 사물의 가격을 결정한다

모든 시대 모든 장소에서 인간을 움직이는 공통된 동기는 무엇일까? 벤담 등 초기 효용론자들은 인간을 움직이는 기본욕구는 자신의 효용, 즉 만족을 극대화하려는 정직한 욕구라고 생각했다.

벤담은 『도덕 및 입법에 관한 원리 서론』에서 인간의 행위는 다양하지만 그 근본적인 동기는 하나의 원칙, 즉 '효용을 극대화하려는 욕구'로 환원된다고 주장했다. 효용극대화의 원칙은 이익·쾌락·행복을 최대한 늘리려고 하는 반면, 재해·고통·악·불행 등을 최소화하려고 노력하는 기본 원칙을 의미한다.

효용론자들은 인간의 복잡한 사고나 행위의 동기를 '효용 극대화' 원칙으로 환원시킴으로써 인간 복지와 행복에 관해 과학적 엄격성과 수리적 정확성을 가지고 계량화할 수 있게 됐다고 주장했다. 그리고 효용을 계량화할 수 있는 7가지 기준을 효용의 강도, 지속기간, 확실성, 근접성, 풍부성, 순도, 범위 등으로 제시했다.

세이 Jean-Baptiste Say 1767~1832
프랑스의 경제학자. '공급은 스스로 수요를 창출한다'는 시장법칙을 전개한 것으로 잘 알려져 있다. 세이의 법칙은 1930년대 대공황이 발발할 때까지 정통 경제학의 중심 교의로 존속해왔다. 1794년 프랑스 혁명사상을 연구하는 새로운 잡지의 편집인이 되었고, 집정정부시절인 1799년 호민관으로 임명되었으나 이후 나폴레옹 황제에 의해 면직당했다. 1830년 이후 콜레주 드 프랑스에서 정치경제학 교수로 활동하다가 일생을 마쳤다. 대표적인 저서로는 『정치경제학 개론 Traite d'economie politique』(1803)이 있다.

인간행위에 대한 사회학적 해석과 계량화의 방식으로 제기된 효용론을 구체적으로 경제이론에 도입한 사람은 벤담과 거의 동시대에 활동했던 세이였다. 그는 어떤 상품의 가격, 즉 교환가치는 전적으로 효용가치, 즉 상품을 소비하는 사람들의 주관적 평가나 만족도에 달려 있다고 주장했다. 인간의 여러 욕망을 충족시킬 수 있는 어떤 사물의 고유한 능력이나 적합성을 '효용(utility)'이라고 하며, 사물의 효용이야말로 가치의 토대라는 것이다. 그 가치에 따라 교환가치, 즉 가격이 부여돼 부의 원천을 구성한다. 가격은 그 사물이 가진 안정된 효용을 반영하는 지표인 것이다.

'교환가치, 즉 가격은 어떤 사물에 인정된 효용의 지표'라는 주장 때문에 세이는 효용가치설의 가장 중요한 선구자로 평가되고 있다. 또한 그가 주장했던 '효용'은 현대 경제학에서 주관적 만족도를 나타내는 객관적 경제 개념으로 가장 일반적인 용어가 되었다.

그렇다면 '효용'은 '사용가치(usefulness)'와 어떻게 다를까? 사용가치란 재화가 인간에게 주는 유용한 객관적 성능을 의미하는 반면, 효용은 재화에 대해 인간이 느끼는 주관적 중요도의 인식이다. 사용가치는 사람마다 공통적인 경우가 많지만 효용은 사람마다 천차만별일 수 있다. 가령 집안에 오래 보관된 축음기의 경우 집안사람 아무도 축음기로 음악을 듣지 않기 때문에 이용도나 사용가치는 모두에게 낮다. 그러나 효용 측면에서는 전혀 다를 수 있다. 대부분의 사람들에게 먼지를 뒤집어쓴 고물 정도의 효용밖에 없는 축음기가 옛 물건을 수집하는 취미를 가진 사람에게는 높은 효용을 주는 물건이 될 수 있는 것이다. 그리고 수집가들은 이 효용을 얻기 위해 기꺼이 가격을 지불한다.

세이의 효용가치설은 두 가지 의미를 담고 있다.

첫째, 시장가격의 결정은 생산자가 하는 것이 아니라 그 재화에 대해 주관적인 평가를 내리는 소비자가 한다는 것이다.

둘째, 그는 효용론을 아담 스미스나 리카도, 마르크스가 주장한 노동가치설, 즉 노동만이 부가가치를 창조한다는 이론을 반박하는 데 사용했다. 모든 재화의 가치는 노동력이 얼마나 어떤 강도로 투입되었느냐에 따라 결정되는 것이 아니라 그 재화의 사용가치를 포함한 소비자들의 주관적 효용에 달려 있다고 생각한 것이다. 노동이 아니라 효용이 가격변동을 좌우하는 가치의 본질이라는 것이다.

세이의 두번째 주장은 분배철학에 대해서도 노동가치설과는 다른 결론으로 이어지게 된다. 가령 노동이 재화의 가치창출의 유일한 원천이라면 재화에서 발생한 잉여이윤은 노동자에게만 돌아가는 것이 가장 공평할 것이다. 그러나 재화의 가치창조의 원천이 효용이라면 공평한 이윤 분배의 원리는 전혀 달라진다.

세이는 생산에 필요한 요소를 토지(모든 자연자원), 노동(모든 인적자원), 자본(기계나 설비) 등 세 가지로 분류하고 이 세 가지가 이자, 임금, 지대 등의 '잉여가치'를 낳는 독립된 원천이라고 생각했다. 왜냐하면 토지의 주인, 노동력을 제공한 사람, 자본을 제공한 사람은 각각 자신의 효용을 희생했기 때문이다.

노동력을 제공한 사람은 편히 쉴 수 있는 '여가의 효용'을 희생한 것이고, 자본을 제공한 사람은 그 돈으로 마음껏 누릴 수 있는 '사치의 효용'을 희생한 것이며, 토지를 임대해준 주인 역시 자신이 다른 작물을 가꾸어 얻을 수 있는 '생산의 효용'을 희생한 것이다. 이 세 가지 효용이 합쳐진 것이 잉여가치의 원천이며, 따라서 잉여가치 즉 이윤은 그 효용의 크기에 따라 이자, 임금, 지대 세 가지로 분배되어야 한다는 주장이었다.

당시 세이의 주장은 노동만이 잉여가치 창조의 원천이며 잉여가치를 자본가나 지주 계급이 착취하고 있다고 주장했던 마르크스주의와 대립되는 이데올로기적 성격을 갖고 있다. 자본가와 지주 등 소유 계급의 이윤 추구에 도덕적 정당성을 부여한 것이다. 세이에 따르면 자본가나 지주들은 노동자와 똑같은 정당성을 갖고 이윤을 챙길 수 있다. 이런 효용가치를 바탕으로 한 분배관에는 계급갈등이 존재하지 않는다. 세이의 효용가치론의 핵심 주장은 자본주의 경제의 소유관계를 의심 없이 받아들이도록 하는 데 있었던 것이다.

맬서스
인구재앙 – 인구는 기하급수로, 식량은 산술급수로 증가한다

역사적으로 볼 때 경제학자들이 인구를 보는 시각은 크게 두 가지로 분류된다. 하나는 인간을 생산자로서의 측면에 초점을 맞추고 출산 증가를 부의 증가와 동일시하는 견해이다. 또 하나는 인구란 단순히 식량의 소비자이며 한정된 자원을 소비하는 것에 불과한 존재로 보는 견해이다.

전통적으로 출산을 부의 증가로 보는 견해는 국가가 부를 형성하는 기초 조건으로 인구를 든다. 이 때문에 아이를 낳지 않는 수도사나 수녀 등 종교인들을 '비생산적 게으름뱅이'로 간주했고, 출생률을 높이기 위해 결혼을 빨리하거나 자녀수가 8명 이상이면 세금을 감면해주는 등 여러 가지 정책의 시행이 권장되기도 했다. 임신이 불가능한 결혼, 즉 40세 이상 여성의 결혼이나 지나치게 나이가 많은 노인에게는 결혼을 허용하지 말아야 한다는 극단적인 주장까지 등장했다.

그러나 19세기 들어 유럽 인구가 폭발적으로 증가하기 시작하면서

맬서스 Thomas Robert Malthus 1766~1834
영국 고전파 경제학자의 한 사람으로 이론적·정책적인 면에서 고전경제학자 리카도 등과 대립했다. 케임브리지대학을 졸업한 후 영국국교회의 목사가 되었다. 이 시기에 『인구론An Essay on the Principle of Population』(1798)을 집필했다. 그 외 주요 저서로는 『경제학원리Principles of Political Economy』(1820) 『경제학의 제정의Definitions in Political Economy』(1827) 등이 있다.

'높은 출생률 = 부의증가'로 생각했던 개념에 근본적인 변화가 일기 시작했다. 러시아를 포함한 유럽 인구는 1800년 1억9000만 명에서 1900년에는 4억2000만 명으로 늘어났다. 특히 농촌지역에서 일자리를 찾아 도시로 몰려든 신규 노동력 때문에 도시는 실업자들과 미숙련 노동자, 빈민들로 가득 찼다. 하수도나 상수도 등 위생시설이 미비하고 주거시설이 열악한 상황에서 도시인구가 급증하자 비좁은 대도시 거리는 쓰레기와 악취로 가득 찼다. 공중보건은 엉망이었고 일자리를 구하지 못한 미숙련 노동자와 실업자들은 굶주림으로 죽어나가고 있었다.

맬서스의 인구론은 18세기와 19세기에 거쳐 발생한 이 같은 유럽의 현실을 반영한 인구관이라고 할 수 있다. 그는 "인구는 기하급수로 증가하는 데 비해 식량생산은 산술급수로 증가하기 때문에 적절한 산아제한을 하지 않는 한 인류는 과잉인구 때문에 멸망할 수밖에 없다"고 단언한다.

기하급수는 어떤 수에서 시작해 차례로 같은 수를 곱해 만든 수의 집합을 의미한다. 가령 1로 시작된다면 곱하기 2를 해서 만든 2, 4, 8, 16, 32, 64, 128 등으로 늘어나는 것이다. 맬서스는 인구가 25년 만에 정확히 2배씩 늘어난다고 추정했다. 따라서 1800년에 유럽 인구가 1억9000만 명이라면 25년 후에는 3억8000만 명이 되고, 다시 25년이 지난 1850년에는 7억6000만 명이 된다는 예언이었다.

반면 산술급수는 어떤 수에 차례로 특정한 수를 더해 만들어지는 수의 집합을 의미한다. 가령 1에 2를 더해서 1, 3, 5, 7, 9, 11, 13 등으로 전개되는 것이다. 작황이 가능한 땅이 제한되어 있는 상황에서 아무리 열심히 일을 해봐야 식량은 산술급수적으로밖에 늘어나지 않기 때문에 기하급수적으로 늘어나는 인구를 다 먹여 살릴 방도가 없다는 것이 맬서스의 주장이었다.

늘어나는 인구 때문에 궁핍과 기아가 만연하고 위생이 나빠지면 자연은 스스로를 조절하는 '양성제어(positive check)' 기능을 발휘하게 된다. 전쟁, 기아, 전염병 등이 창궐해 인구문제를 해소하게 되는 것이다.

> 전쟁을 일으키는 인간의 악이 인구를 삭감하는 데 효율적으로 작용하기도 한다. 그러나 전쟁으로 인한 인구 감소가 충분치 못하면 페스트를 비롯한 전염병이 2차로 출현해 수천, 수만의 사람을 일소한다. 그러고도 부족하면 도저히 피할 길 없는 기아가 필연적으로 등장해 인구를 식량생산에 맞도록 단칼에 정리해준다.
>
> 『인구론』 중에서

맬서스는 이 같은 자연적 제어기능이 인간에게 발동할 경우 아무 대책이 없는 빈민들부터 우선 사망하기 때문에 국가가 적극적으로 개입해 '예방성 인구제어(preventive check)'를 해야 한다고 주장했다. 특히 자녀를 많이 낳으면 격려성 보조금을 지급하던 당시의 법안부터 당장 철폐해야 한다고 목소리를 높였다. 인류 종말에 대한 맬서스의 우울한 예언은 당시 정치·경제이론에 엄청난 충격을 던졌고, 실제 영국에서는 인구보조금이 중단되기도 했다.

그러나 그 이후의 역사를 살펴보면 맬서스의 주장과는 전혀 다른 양상이 전개되어왔다. 인구는 여전히 늘어났지만 기하급수적으로 늘어나지는 않았고 반면 농산물의 품종개량과 윤작(輪作)의 도입, 각종 농업기구의 발달로 식량생산이야말로 기하급수적으로 늘어났다.

인구의 변천은 대략 4가지 과정으로 분류된다. 1단계는 산업화가 진행되기 이전 단계이며 이때는 출생률과 사망률이 모두 높다. 2단계는 산업화 진입단계로서 출생률은 여전히 높은 반면 의학의 발달로 사망률은 줄어들기 시작해 인구가 급증하기 시작한다. 3단계에 이르면 도시화와 교육의 보급으로 사망률과 출생률이 동시에 줄어든다. 경제적 성숙단계인 4단계에서는 오히려 출산기피 현상이 발생한다. 맬서스가 경험적으로 관측한 18세기 말과 19세기 초는 바로 이 같은 '사망률 감소-출생률 증가'의 두번째 단계였던 것으로 파악된다.

인구의 경제학 네번째 단계인 산업 성숙화 단계에 와 있는 현대 산업국가들은 오히려 맬서스의 암울했던 예언과는 정반대인 역(逆)인구재앙, 즉 출산률이 지나치게 낮아지는 상황을 우려한다. 만성적인 저출산 때문에 젊은 인구는 갈수록 줄어드는데, 노동생산성이 낮으며 부양을 받고 살아야 할 노년 인구는 의학의 발달로 갈수록 늘어나 소수의 젊은 인력이 다수의 노인들을 부양해야 하는 경제상황이 벌어지고 있는 것이다.

리카도
차액지대론 – 부유한 지주 계급, 피폐해지는 노동 계급

국민소득이란 임금, 이윤, 지대 등 3가지 생산요소에 의해 결정된다. 이렇게 구성되는 국민소득이 지주 계급과 노동자, 땅을 빌려 쓰는 자본가 계급에 어떻게 분배되는가가 언제나 경제적 연구의 관심이 된다.

농작물은 산술급수적으로 증가하는데 인구는 기하급수적으로 증가한다는 맬서스의 음울한 예언에 영향을 받은 리카도는 지주-노동자-자본가 계급 사이의 분배구조에 있어 최종 승자는 지주 계급이 될 것이라는 '차액지대론'을 주장했다. 노동자 계급은 생필품 가격에 근접한 최저임금만을 받게 되고, 자본가 계급은 아무런 이윤을 남길 수 없으며, 모든 국민소득은 땅을 보유한 지주 계급이 독점하게 되기 때문에 국가가 의도적으로 개입하지 않으면 경제는 도탄에 빠질 수밖에 없다는 것이 '차액지대론'의 핵심이다.

지주, 자본가, 노동자로 구성돼 오로지 곡물만을 생산하는 단순한 경제가 있다고 가정해보자. 농업자본가들이 땅을 소유한 지주들로부터

리카도 David Ricardo 1772~1823
영국의 경제학자. 경제이론에 체계적이고도 고전적인 형식을 부여해 19세기 경제학의 발전에 기여했다. 리카도는 노동자의 실질소득을 늘리려는 시도는 모두 무익한 것이며 임금은 필연적으로 생존수준에 가깝게 유지된다고 말했다. 고전학파의 창시자인 스미스의 이론을 계승·발전시켜 고전학파의 완성자로도 알려져 있다. 1817년 노동가치설에서 분배론까지 포괄한 그의 주저 『경제학 및 과세의 원리*Principles of Political Economy and Taxation*』를 발표했다.

땅을 임대하고 노동자들을 고용해 농산물을 생산하는 경제이다.

토지는 땅이 얼마나 비옥한가에 따라 1급지, 2급지, 3급지로 분류될 것이다. 처음에는 비옥한 땅만 쓰이다가 인구가 급증함에 따라 경쟁이 치열해져 2급지, 가장 열악한 한계농지인 3급지까지 쓰이게 될 것이다. 2급지에서 생산된 농산물은 1급지에서 생산된 농산물과 양적으로나 질적으로 차이가 있게 되고, 그만큼 지대의 차이가 발생한다. 이와 마찬가지로 3급지도 2급지와 지대 차이가 발생하고 1급지와의 지대 차이는 더 커진다.

인구가 기하급수로 증가함에 따라 식량공급을 늘려야 하기 때문에 낮은 질의 3급지 토지사용이 점점 늘어날 것이며 상대적으로 비옥한 토지인 2급지나 1급지의 지대는 경쟁적으로 오르게 된다.

가령 동일한 노동을 들여 100원만큼을 생산할 수 있는 비옥한 1급지와 90원만큼을 생산할 수 있는 2급지, 80원만큼을 생산할 수 있는 3급지가 있다고 가정해보자. A가 5원을 내고 3급지를 빌려서 경작할 때 80원만큼을 벌 수 있는데, 이웃에 사는 B는 1급지를 20원의 지대를 내고 빌려서 100원을 번다면, B는 지대를 내고도 A보다 5원만큼을 더 벌 수 있다. 당연히 A는 지주에게 B보다 많은 22원을 내겠다고 할 것이다. 그 돈을 내고도 여전히 3원을 더 벌 수 있기 때문이다.

이 같은 경쟁은 결국 지대가 25원이 돼서 1급지를 빌려 경작하나 3급지를 경작하나 소득이 똑같아질 때까지 계속될 것이다. 즉 경쟁에 의해 모든 차지 농업자들(농업자본가)이 얻을 수 있는 총소득은 75원으로 동일해지는 것이다. 땅을 빌리는 차지 농업자들의 경쟁이 치열해지면서 장기적으로 지주 계급만이 모든 이윤을 독차지하게 될 것이다. 땅

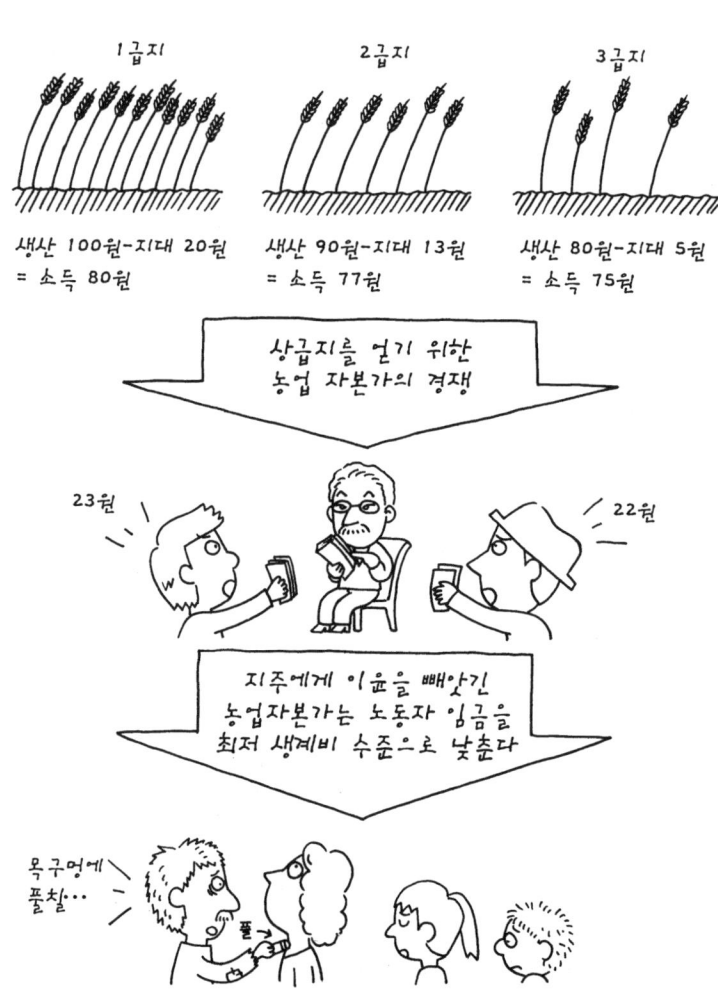

을 빌려 대규모 영농을 하는 자본가 계급은 거의 아무런 분배를 받지 못하게 된다.

노동을 제공하는 노동자 계급 역시 영원히 최저생계비 수준의 최저임금을 벗어나지 못한다. 인구가 기하급수로 증가해 노동력이 남아도는 데 비해 생산물은 산술급수적으로밖에 늘지 않기 때문에 노동자들의 임금은 겨우 생존을 유지할 수 있는 정도의 낮은 수준으로 귀결된다는 것이다. 더구나 생산기술이 발전하면서 인간노동이 기계로 대체되면서 노동자 계급은 추가로 일자리를 잃게 되기 때문에 노동 계급은 최저생계비 수준의 임금밖에 받지 못하는 것이 정해진 운명이라고 리카도는 생각했다.

어떤 경우든 노동자들이 받는 임금은 최저 생활비에 귀착한다는 것인데, 이는 후일 라살(F. Lassalle)이 1863년 라이프치히의 공개문답서에서 "한 국민의 생존유지와 번식을 위해 생필품으로 평균임금을 한정시키는 사실, 이것이야말로 임금을 지배하는 강철과 같은 참혹한 법칙이다"라고 언급해 '임금철칙'으로 불리게 된다.

리카도가 차액지대론을 통해서 특히 관심을 갖고 강조했던 것은 지주에게만 편중되는 이윤을 정책적으로 자본가 계급에게 돌려주어야 한다는 것이었다. 경제주체들을 움직이는 동인은 무엇인가? 노동자는 임금을 받기 위해 일을 할 것이고, 자본가들을 움직이는 힘은 '기대이윤(expected profit)'일 것이다. 자본가 계급이 자신들의 돈을 재생산에 적극적으로 투자하기 위해서는 화폐가치에 대한 단순 보상 개념인 이자에 더해서 미래의 불확실한 상황이나 실패까지를 보상할 수 있는 충분한 이윤이 있어야 한다.

차액지대론에 따르면 모든 이윤은 지주 계급이 가져가버리기 때문에 자본가 계급이 이윤을 확보할 수 있는 유일한 수단은 노동자들의 임금을 낮추는 것이다. 노동자들의 자연임금은 최저생계비 수준에서 결정되는데 만약 지주 계급의 로비 때문에 곡물수입이 금지되면 곡물 가격과 생필품 가격이 올라 임금이 상승할 것이다. 임금수준까지 높아지면 자본가의 자본이윤률은 제로에 가까워지고 궁극적으로 자본 축적의 동인이 사라져 사회적 빈곤이 만연하게 된다. 이것이 리카도가 봤던 '정상상태'였다.

국가가 이 같은 정상상태를 벗어나려면 자본가들에게 적정 이윤을 보장해주어야 한다. 이윤은 재화의 가격에서 임금을 뺀 것이며(이윤 = 가격 − 임금) 균형시장 가격 하에서 가격이 고정되어 있다고 생각한 리카도의 경제관에 따르면 이윤을 높일 수 있는 유일한 방법은 임금을 낮추는 것이다. 자연임금은 생필품 가격에 연동되기 때문에 임금을 낮추려면 곡물 등 주요생필품 수입을 늘려서 가격을 낮추어야 한다. 리카도는 이 때문에 수입개방과 자유무역을 강력히 주장했다.

리카도
비교우위 – 국가간 교역의 활성화 원리

 가령 시간당 100달러를 받는 변호사가 있다고 하자(미국 등지에서는 변호사가 시간당으로 수임료를 받는다). 이 변호사는 시간당 20달러에 타이핑 서비스를 담당하는 비서를 고용하고 있다. 그런데 변호사가 타이핑 솜씨가 좋아져서 나중에는 비서보다도 훨씬 빠른 속도로 일을 끝낼 수 있게 됐다. 변호사 업무는 물론 타이핑 업무에서도 비서보다 절대우위에 있는 셈이다. 그렇다면 이 변호사는 비서를 해고한 후 타이핑 업무를 함께 함으로써 20달러를 절약하는 것이 더 좋을까?

 답은 '그렇지 않다'이다. 이 변호사가 법률 업무만을 계속하면 하루 8시간을 근무한다고 할 때 800달러를 벌 수 있고 4시간을 일하는 비서에게 80달러를 지급해 순수익은 720달러가 된다. 하지만 하루 일과 중 4시간을 타이핑 하는 데 쓰면 하루 수입은 변호사 업무로 벌어들이는 400달러와 비서에게 지불하지 않아도 되는 돈 80달러를 합쳐서 겨우 480달러에 그친다.

 따라서 변호사는 자신에게 비교우위가 있는 법률업무에 전념해 800달러를 벌고 비서는 비교우위가 있는 타이핑에 전념하는 것이 서로에게 이익이 된다. 비교우위가 있는 종목에 전념해 나중에 교환을 하는 것이 서로에게 이익인 것이다.

 리카도는 비교우위에 따른 무역과 교환을 주장했다. 당시 영국의 지

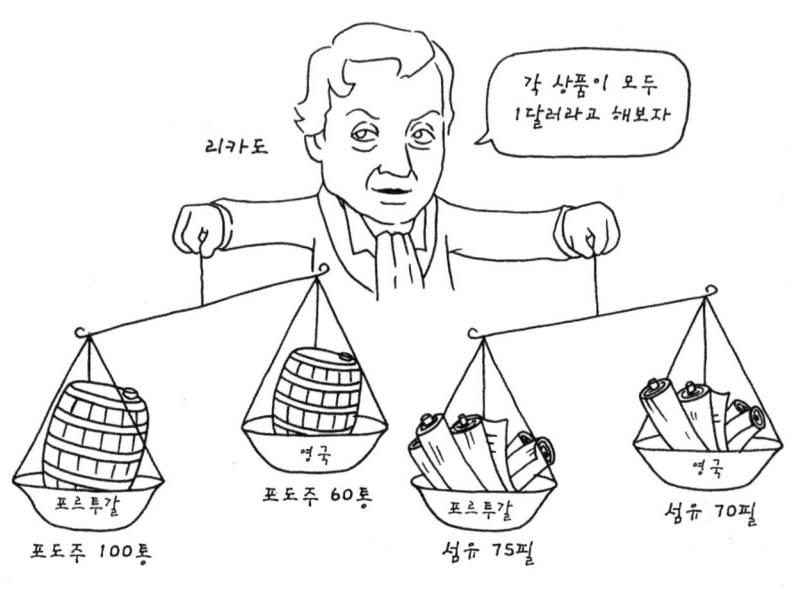

주 계급과 특정 이익집단들이 무역을 통한 생활필수품 수입을 금지시켜 자신들의 이익과 기득권을 지키려고 하자 리카도는 교역을 통해 수입을 늘리는 것이 영국은 물론 영국에 농산물을 수출하는 프랑스 등 교역 당사국 모두에게 이익이라고 주장했다.

가령 영국의 경우 섬유산업이 발전해 있고 포르투갈의 경우 포도주 생산에 우위가 있을 경우 각각의 나라가 섬유와 포도주를 모두 생산하는 것보다는 서로 전문성이 있는 산업에 집중해 자본과 노동의 생산성을 높인 후 교환(무역)을 하는 것이 서로에게 이익이 될 것이다.

그렇다면 타이핑까지도 비서보다 더 잘하는 변호사의 예처럼 어느 한 나라가 모든 분야에서 생산의 우위를 가지고 있을 경우, 즉 절대우위가 있는 경우는 어떨까? 리카도는 이런 경우라도 무역에서는 '비교우위'가 중요하기 때문에 '비교우위'에 따라 분업생산을 한 후 교환(무역)을 하는 것이 필요하다고 역설했다.

가령 포르투갈은 1년 가운데 햇볕이 풍부한 여름철과 가을철 6개월 동안에 포도주를 100통 생산할 수 있고 햇볕이 줄어드는 남은 6개월 동안 섬유를 75필 생산할 수 있다고 가정하자. 반면 햇볕이 적은 영국은 같은 기간에 포도주를 60통밖에 생산할 수 없다. 직조기술도 포르투갈보다 뒤져 섬유도 70필밖에 생산할 수 없다. 포르투갈은 두 분야 모두에서 영국보다 앞서는 '절대우위' 상태에 있는 셈이다. 계산의 편의상 포도주와 섬유가 모두 1달러라고 가정할 경우 이 두 나라가 각각 포도주와 섬유를 따로 따로 생산하면 포르투갈의 연간 총 소득은 175달러이고 영국의 연간 총 소득은 130달러가 된다.

여기에 '비교우위' 이론을 도입하면 어떻게 될까? 포르투갈은 두 상품 모두에서 우위에 있지만(절대우위), 포도주에 상대적으로 더 큰 우위를 가졌기 때문에(비교우위) 포도주만 전문적으로 생산하면 1년에 200통의 포도주를 생산할 수 있고 따라서 연 소득은 200달러가 된다. 두 상품을 모두 생산하는 경우보다 25달러 더 소득이 늘어나는 셈이다.

영국 역시 두 상품 가운데 상대적으로 비교우위가 있는 섬유 생산에만 주력할 경우 연간 140필을 생산할 수 있고 영국의 연소득은 140달러로 늘어난다. 두 상품을 모두 생산할 때보다 국민소득이 10달러 더 늘어나는 것이다.

따라서 두 나라는 각각의 상품을 모두 생산하는 것보다 비교우위에 있는 상품을 선택해 전문적으로 생산하고 나중에 무역을 통해 서로 교환하는 편이 훨씬 이익이 된다. 영국과 포르투갈 모두 국민 총소득이 증가하는 윈-윈 상황이 되는 것이다.

보호무역주의보다는 자유무역주의가 세계 전체의 빵의 크기를 늘린다는 점에는 대부분의 경제학자들의 견해가 일치하고 있다. 후진국이라도 자유무역을 통해 기초자본을 축적해야 천문학적인 초기자본이 필요한 고도 산업화 분야로 이행하는 것이 가능해지며 이를 위해서는 자유무역이 필수적이기 때문이다. 현대에 와서 보호무역의 망령은 후진국이 아니라 대부분 선진국에서 특정 이해집단이 자신들의 독점적 이익을 보호하기 위한 시도로 나타나는 것이 대부분이다.

오언
협동조합 — 피폐한 경제상황에서 꽃 핀 공상적 사회주의

 사유재산제가 없고 사회 전체가 생산한 부를 누구나 함께 나눠 쓰는 사회, 빈부격차가 없고 누구나 잘사는 사회는 고대 그리스 플라톤의 『공화국』에서부터 근원이 엿보이는 이상적인 사회다. 플라톤의 사상은 토마스 모어의 유명한 저서인 『유토피아』로 이어져 근세의 여명기 이후 성장하기 시작한 사회주의에 직간접적으로 큰 영향을 미친다.

 1829년과 1842년 사이 영국 등 유럽 사회는 급격한 경제·사회적 변화를 경험한다. 산업화가 진행되는 동안 노동 계급은 거의 인간 이하의 착취와 궁핍의 상황으로 몰락했고 이는 노동 계급의 저항으로 이어졌다. 1829년 이후 노동자들이 조직적으로 대응하려는 움직임이 거세졌고 그 결과 파업, 폭동, 태업 등이 확산돼 공포의 가을이 영국 전역으로 퍼져갔다. 노동자들은 또 자신들의 일자리를 빼앗아간 양모전단기 등 기계파괴운동을 시작했다. 극도의 혼란과 공포가 뒤따르자 공장이

오언 Robert Owen 1771~1858
웨일스 출신의 사업가·사회주의 개혁가. 19세기 초반의 가장 영향력 있는 공상적 사회주의자의 한 사람이었다. 사회보장제도 및 복지시설이 잘 갖추어진 래너크셔의 뉴래너크공장들은 정치가와 사회주의 개혁자들이라면 한번쯤 꼭 들러보는 방문지가 되었다. 또한 그는 미국 인디애나주 뉴하모니의 공동체를 비롯한 수많은 실험적인 이상적 공동체를 후원·장려했다. 주저로는 『사회에 관한 새 견해 A New View of Society』(1813~1814) 『새 도덕세계의 서(書) Book of the New Moral World』(7권, 1836~1844) 『자서전 Life of Robert Owen Written by Himself』(1857) 등이 있다.

노동자를 착취하고 억압하면 일시적으로는 이윤을 얻을 수 있다

하지만 곧 노동자들의 반발과 조직적 파업 등으로 오히려 생산성이 떨어진다

오언

노동자들 스스로 주인되는 자발적 협동조합의 형성만이 노동계급을 구원하고 생산성을 높이는 길이다

나 기계를 파괴하다가 잡힌 노동자는 사형에 처하는 법과 단결금지법이 통과되었다.

이 과정에서 왜 노동자들이 이처럼 처참한 궁핍과 파괴적 세력으로 내몰리는가에 대한 여러 가지 철학적 고민과 경제적 연구가 계속됐고, 노동자의 진정한 적은 기계가 아니라 경제적·법률적·정치적 제도라는 문제의식이 확산되기 시작했다.

인도적 중산층 자본가인 오언은 1830년대 노동운동에서 가장 영향력이 뛰어난 지도자였다. 뛰어난 경영자이기도 했던 그는 좋은 작업조건과 임금 노동자들의 자녀에 대한 교육을 주장하고 적극적으로 실천해 영국 전역에 알려지게 되었다.

그는 자본가와 노동자들이 대립적 관계가 아닌 상생의 관계가 될 수 있다고 주장했다. 자본가가 노동자들의 임금을 깎고 무리한 노동을 강요해 쥐어짜면 이윤을 높일 수는 있을 것이다. 그러나 이는 일시적일 뿐이며 노동자들의 반발과 조직적인 태업이 커져서 오히려 생산성을 떨어뜨리게 된다. 그보다는 오히려 노동자들에게 좋은 처우를 해주는 편이 훨씬 더 생산성을 높일 수 있다. 마음이 안정된 노동자들이 자발적이고 즐거운 마음으로 생산활동에 참여하기 때문이다.

더 좋은 것은 노동자가 스스로 자본가, 즉 기업의 주인이 되는 협동조합을 결성하는 것이다. 노동자는 자기 스스로의 이윤을 위해 일하기 때문에 아무리 힘든 일을 해도 기꺼이 해낼 것이며 이윤은 높아지고 나중에 그 이윤을 노동자들끼리 분배하면 된다. 오언이 구상한 협동조합은 이처럼 생산수단을 조합원 겸 노동자들이 공유하고 최종 이익도 나눠 갖는 자발적이며 자치적인 산업·농업 공동체였다.

오언은 노동자들 스스로 주인이 되는 자발적 협동조합의 형성만이 비참한 노동 계급을 구원하는 동시에 경제의 생산성을 높일 수 있는 유일한 방식이라고 생각했다. 정부나 동료 자본가 계급이 이 같은 협동조합을 받아들여 현실화할 경우 당시 영국 전역을 휩쓴 폭력·궁핍·사기는 사라질 것으로 믿었다.

오언의 인도적 사상과 협동조합 운동은 사회주의적 노동운동과 결합해 1830년대 이후 사회주의자들에게 큰 영향을 미쳤다. 밀(J.S. Mill)은 자본주의 계급구조는 극단적인 부와 빈곤의 양극화 때문에 장기적으로는 존립할 수 없으며 사회주의나 공산주의 사회가 자본주의보다 도덕적으로 우월하다고 주장했다. 그리고 소규모 협동조합의 육성만이 사회를 장기적으로 안정시킬 수 있는 경제적 대안이라고 보고 이를 적극적으로 도입할 것을 촉구했다. 오랜 기간에 걸쳐 협동조합이 경제적·사회적으로 성공적이라는 사실이 입증된다면 그때는 공장주와 노동자의 관계가 적대적 상하관계에서 동업관계로 바뀌고 결국은 노동자와 자본가의 조합, 혹은 노동자 자신들만의 조합이 결성될 것으로 생각한 것이다.

그러나 밀은 협동조합은 자발적이고 자율적으로 구성되어야 한다고 주장해 급진사회주의자들과는 입장을 달리했다. 밀은 사회주의의 이상에 공감을 나타냈고 지지했지만, 그의 진정한 목적은 사회주의의 실현이라기보다는 자본주의의 개혁이었던 것이다.

오언의 협동조합본이 보다 급진적으로 받아들여진 곳은 영국이 아닌 프랑스였다. 한때 자본가 계급과 노동자 계급이 연대해서 몰아냈던 프랑스의 몰락한 귀족가문 출신들이 이번에는 노동자 계급의 동지가 되어 자본가 계급을 비난하는 데 앞장섰다. 생시몽(Comte de Saint-Simon) 등은 당시 부유한 자본가들의 반사회적 이기주의에 대해 경고하면서 자본주의적 경쟁이 가져오는 유해한 도덕적 타락을 비난했다. 그는 사유재산제야말로 만악의 근원이며 인간의 역사는 유한 계급과 노동 계급이 대립하는 항쟁사라고 주장하고 자본주의적 사유재산제의 대안으로서 오언이 주장한 협동조합의 구성과 노동자들의 자치적 생산이 지닌 사회적 가치를 강조했다. 푸리에(Charles Fourier) 역시 1830년대 프랑스에서 사회주의적 협동조합운동을 구체적으로 도입했다. 그는 자본주의 경제체제하에서 인구의 1/3만이 생산적인 일에 종사할 뿐 나머지 대부분의 인구는 시장제도가 만들어내는 타락과 왜곡 때문에 노동 계급에 기생해 사는 쓸모없는 사람들로 간주했다. 따라서 그는 생산적 계층이 자발적으로 협동조합을 구성함으로써 기생계층의 전제와 억압에서 적극적으로 벗어날 것을 촉구했다.

이들 공상적 사회주의 운동은 이를 조직화하고 정치적 세력으로 연결하려는 구체적 노력보다는 게으른 자본가 계급을 비난하거나 노동자들에 대한 정신적 계몽을 실시하는 데 그쳤다. 그러나 참혹한 현실에 대한 이들의 비판과 분석, 그리고 통찰력은 다음 세대 사회주의자들에게 큰 영향을 미치게 된다.

마르크스
노동 잉여가치 – 노동만이 잉여가치 창출의 원천이다

어떤 재화나 물건을 직접 지배할 수 있는 권리, 즉 소유권의 근원은 어디에 있을까? 로크는 어떤 물건을 직접 지배할 수 있는 소유권은 노동을 통해서만 발생된다고 주장했다. 인간이 근원적으로 자기 것이라고 소유권을 정하고 태어난 것은 육체뿐이며 나머지 자연물질에 대한 소유권 일체는 노동을 통해서만 얻어질 수 있다는 것이다. 자연이 제공한 모든 사물의 소유권은 최초로 노동을 제공한 사람에게 있다는 것은 노동가치설의 핵심이었다. 노동 없이는 어떤 재화도 있을 수 없으며 노동이야말로 부(富)를 만들어내는 유일한 원천이며 속성이라는 주장이었다.

문제는 그 다음 단계이다. 노동을 통해 자연물의 소유권을 최초로 확보한 사람은 화폐라는 매개를 통해 다른 사람에게 소유권을 넘겨주는데, 이 과정에서 특정 노동을 제공한 사람이 다른 사람보다 더 많은 부를 확보하는 경우가 발생하게 된다. 어떤 목축업자가 양을 키워 양

마르크스 Karl Heinrich Marx 1818~1883
독일의 사회학자 · 경제학자 · 정치이론가. '마르크스주의'의 창시자. 엥겔스와 함께 『공산당 선언Manifest der Kommunistischen Partei』(1848) 『자본론Das Kapital』(1867, 1885, 1894)을 집필했다. 마르크스는 『자본론』에서 잉여가치법칙이 자본주의의 운동법칙이며 자본주의적 생산의 절대적 법칙이라는 것을 밝혔는데, 잉여가치법칙의 발견과 그 본질 및 자본주의 발전에서의 역할을 밝힌 것은 후세에 그 오류를 지적하는 비판에도 불구하고 커다란 공적으로 꼽히고 있다.

가죽을 생산했다고 하자. 그런데 솜씨 있는 재단사가 이 목축업자로부터 양가죽을 사들인 다음 가죽옷을 만들어 시장에 비싼 값으로 판다. 이 거래가 되풀이되면서 적지 않은 사유재산과 부를 축적하게 된 재단사는 자본가 계급으로 성장하고 자신은 더 이상 노동을 하지 않은 채 수많은 목축업자와 재단사를 고용해 자신의 부를 점점 키워나간다. 그렇다면 자본가는 잉여가치를 독점할 권리가 있는 진정한 소유자일까?

마르크스는 로크와 리카도 등에 의해 이론적으로 정립된 노동가치설을 정교하게 다듬어 오로지 인간의 노동만이 잉여가치를 낳는 원천이며 자본가가 가져가는 이윤은 노동의 잉여가치를 착취하는 것에 불과하다고 주장했다.

마르크스에 따르면 노동은 '구체적 노동'과 '추상적 노동' 두 가지가 있다. 이른바 노동의 이중성이다. '구체적 노동'이란 일상생활에 필요한 물건, 즉 상품의 사용가치를 만든다는 의미이며 '추상적 노동'이란 그 물건을 만들어내는 데 들어간 노동자의 땀과 에너지를 의미한다. 비싼 포도주를 만든 노동자가 있고 값싼 빗자루를 만든 노동자가 있다고 할 경우 시장에서 팔리는 가치는 포도주가 훨씬 더 높을 것이다. 그러나 포도주와 빗자루를 교환할 때 단순히 사용가치, 즉 '구체적 노동'의 가치만으로 교환비율을 따져서는 안 된다. 교환비율을 정할 때는 상품의 본질적 가치인 '추상적 노동'에 대해서도 고려가 되어야 한다. 마르크스가 생각한 '추상적 노동'에 대한 교환비율은 포도주나 빗자루를 만드는 데 '투하된 노동시간'이었다. 이것이 '투하노동가치설'이다.

가령 어떤 기계를 만드는 데 10시간의 노동이 투입되었다면 이 기계

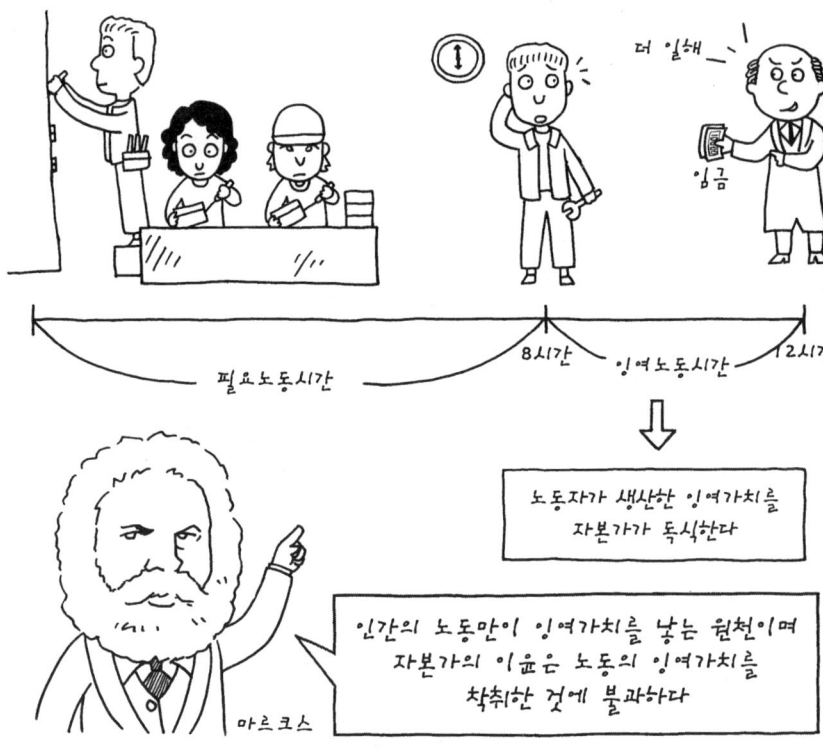

는 5시간이 걸려 만든 기계보다 2배 비싸다. 투입된 노동만이 가치를 창조해내는 유일한 원천이기 때문에 가격은 투입된 노동시간에 비례하는 것이다.

마르크스가 '투하노동가치설'을 동원해 주장하려고 했던 핵심 개념은 잉여가치의 이론화였다. 이를 설명하기 위해 마르크스는 '사회적 필요노동시간'이라는 개념을 도입했다. 이 개념은 현재의 기술상황에서 사회 평균적인 노동의 숙련도와 강도로 어떤 상품 한 단위를 만들어 내는 데 필요한 평균 노동시간이다. 이 평균 노동시간이 얼마인가에 따라 상품의 교환가치가 결정되어야 한다는 것이 마르크스의 생각이었다.

가령 어느 농민이 일주일간 먹고살기 위해 필요한 쌀이 한 되이고 쌀 한 되에 해당하는 '사회적 필요노동시간'이 8시간이라면 이 농민은 8시간만 일하면 된다. 그런데 농민을 고용한 대지주나 자본가는 쌀 한 되를 임금으로 지급하면서 8시간이 아닌 12시간의 일을 시킨다. 여기서 추가로 발생하는 4시간이 잉여가치이다. '필요노동시간'이란 노동자가 스스로의 생계를 위해 제공하려는 노동시간이며 잉여노동은 임금을 미끼로 자본가가 노동자에게 추가로 강요하는 노동인 셈이다.

이를 도식화하면 '잉여노동시간 = 실제노동시간 − 필요노동시간'이며, '잉여가치율 = 잉여노동/필요노동'이다. 앞서의 예를 적용해보면 '잉여가치율 = 4시간/8시간' 즉 50%가 되는 것이다.

자본가는 4시간의 초과노동이 만들어낸 잉여가치를 이윤이라는 형태로 고스란히 가져간다. 임금 이상의 초과노동이 창출하는 가치가 잉여가치이고 이는 생산물의 유통을 통해 이윤·지대·이자라는 '불로소득'의 형태로 자본가·지주·금융가 등에게 분배되는 것이다. 자본가가 임금을 초과하는 노동, 즉 잉여가치를 착취해가기 때문에 발생하는 잉여가치 대 임금의 비율을 마르크스는 '착취율(ratio of exploitation)'이라고 명명했다.

마르크스의 노동착취 개념과 공산주의적 이상은 산업사회 초기 프랑스와 영국 등 대도시 노동자들의 비참한 삶이라는 토양에 급진 사회주의의 전통이 결합되어 나타났다. 대도시의 저소득층으로 오랜 가난과 병고에 시달리던 마르크스는 프롤레타리아에 의한 부르주아 사회의 혁명적 변화만이 비참한 노동자들의 삶을 근원적으로 해결하고 경제를 정상화하는 길이라고 믿었다.

마르크스
사적 유물론 – 자본주의의 필멸, 사회주의의 완성

물질이 정신에 우선하는가 아니면 정신이 물질에 우선하는가? 유럽 철학의 핵심문제 가운데 하나는 존재에 대한 사유의 관계, 자연에 대한 정신의 관계에 대한 고찰이었다.

정신이 자연보다 먼저 존재한다고 주장하는 것이 '관념론'이며, "존재가 의식을 규정한다(Das Sein macht das Denken)"는 명제를 통해 사유에 대한 존재의, 정신에 대한 물질의 근원성을 강조하는 것이 '유물론'이다. 관념론이 플라톤과 칸트, 헤겔, 베버 등을 거치면서 이론적으로 완성되어 가는 동안, 사물은 이미 우리 외부에 존재하고 있으며 정신적 지각은 이미 물리적으로 존재하는 사물에 대한 모사(模寫)에 불과하다고 주장하는 '유물론' 역시 만만치 않는 이론 진영을 형성하고 있었다.

마르크스의 유물론은 철학적 유물론이 '물질'이라고 부르는 것을 보다 구체적으로 '생활수단으로서의 물질' 즉 '사용가치'로 정의했다. 인간이 생존을 위해 필수 불가결하게 필요한 경제적 재화나 생필품 등을 의미하는 것으로 규정한 것이다. 따라서 마르크스의 유물론은 이렇게 요약될 수 있다.

첫째, 사용가치를 지닌 경제적 재화들을 생산하고 분배하는 시스템이라고 할 수 있는 토지·노동·자본·기술이라는 물적 토대가 먼저 생겨난다.

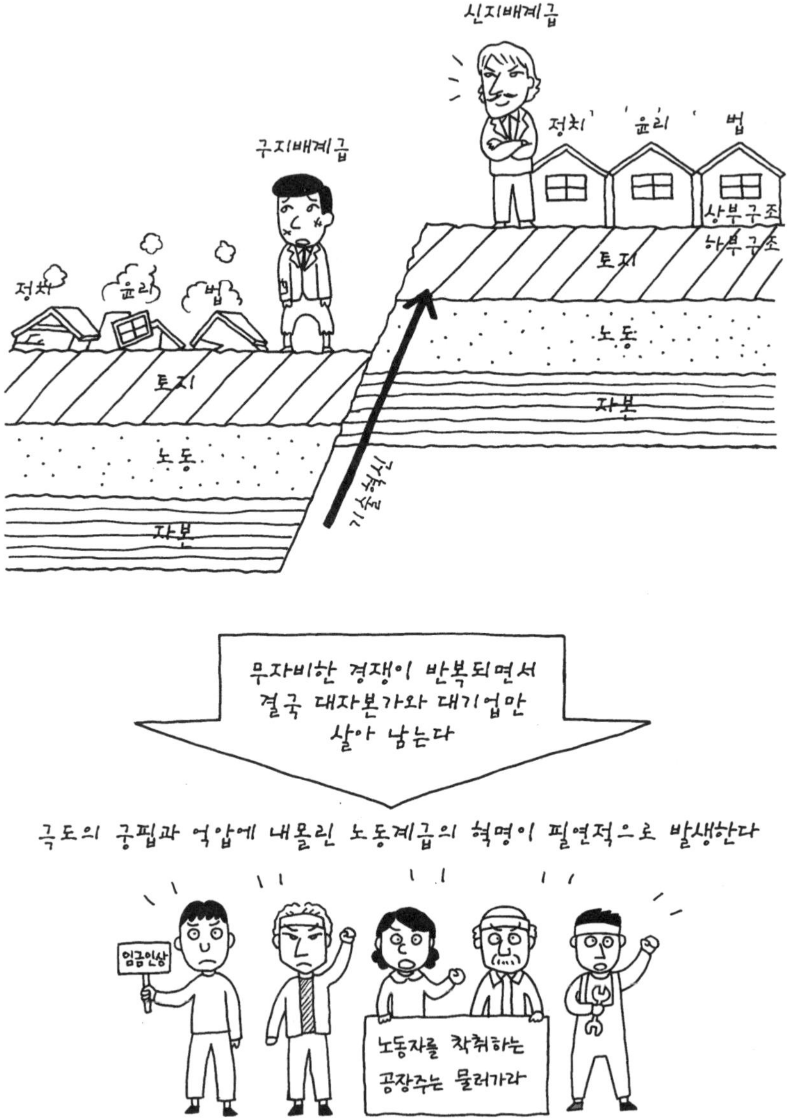

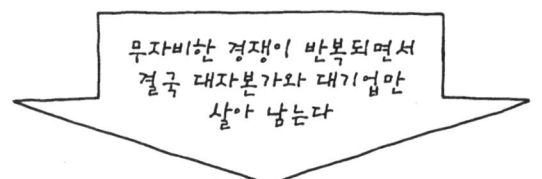

둘째, 물적 토대 위로 생산수단과 생산물의 소유, 임금체계 등 생산관계가 형성된다.

셋째, 피라미드의 정점에 법률적·정치적 상부구조가 형성된다.

이 같은 유물론에 역사성을 부여한 것이 유물사관, 혹은 사적(史的) 유물론이다. 유물론을 인간사회와 역사에 적용해 역사발전 법칙을 물적 생산력과 생산관계의 변증법적 운동으로 파악한 것이다.

마르크스가 생각한 역사적 발전의 틀은 다음과 같은 3단계로 구성되어 있다.

> 1단계 : 기존사회의 해체가 발생한다. 기존사회를 해체하는 동력은 생산력의 발전과 생산관계, 소유관계 사이에서 발생하는 갈등, 충돌, 알력이다.
> 2단계 : 기존 사회를 해체하는 결정적인 힘은 사회주의 혁명이다.
> 3단계 : 인류의 선사시대가 종언을 고하고 진정한 역사의 새로운 막이 열리며 전도유망한 새로운 사회가 탄생한다.

생산의 독점과 노동 잉여가치 착취라는 물적 토대를 지속적으로 유지하기 위해 지배 계급은 법과 제도를 만들고 자신들에게 유리한 이데올로기를 종교·도덕·윤리·애사심·애국심 등 정신적인 상부구조로 만들어낸다. 잉여가치 착취구조와 시스템을 유지하기 위한 '그들만의 상부구조'가 만들어지는 것이다. 노동을 게을리 하면 도덕적으로 열등한 인간이라고 생각하도록 주입이 이뤄진다.

이 같은 상부구조의 안정은 한동안 계속되지만 하부 물적 토대에서 발생하는 끊임없는 경쟁과 혁신은 기존 상부구조의 몰락과 갈등을 야기한다. 격화된 경쟁은 신기술을 낳고 신기술은 토지·노동·자본의 물량과 품질을 바꿔놓는다. 그러나 정치·윤리·법과 같은 사회제도는 기술혁신의 속도를 따라가지 못해 상부구조는 여전히 옛날 형태를 유지한다. 하부구조는 격변했는데 상부구조가 이 변화의 속도를 쫓아가지 못하면 구 지배 계급과 새로운 지배 계급 사이에 갈등이 격화돼 시민 계급이 봉건영주들을 몰아내고 시민 계급 내에서 또다시 주도권 갈등이 발생한다. 이번에는 대상공인과 소상공인들의 대립이 격화된다. 이 싸움은 자본주의에 내재된 경쟁적 속성이기 때문에 중간에 멈출 수가 없다.

무자비한 경쟁의 결과 대자본가와 대기업만이 살아남는다. 대기업이나 대자본가는 사업 확장을 통한 규모의 경제와 기술개발 측면에서 훨씬 유리하기 때문이다. 경쟁에서 참패한 소규모 자본가들은 자신들이 가진 것을 모두 대자본가에게 넘긴 채 빈곤층으로 밀려나고 몇몇 대기업들만이 시장을 독식한다.

이제 모두 대자본가의 수중에 넘어가 시장이 안정될 것 같지만 무한경쟁을 기본으로 하는 자본주의적 속성은 살아남은 몇몇 대자본가와 대기업들 역시 그대로 내버려두지 않는다. 일자리를 잃고 빈곤계층으로 추락한 수많은 실업노동자들과 산업예비군들은 대기업이 만들어낸 상품들을 사서 쓸 돈이 없다. 대기업들이 물건을 만들어도 팔리지 않는 것이다.

마침내 경제는 불황으로 치닫고 기업들이 도산하기 시작한다. 투자자들은 돈을 회수하지 못한다. 기업은 다시 노동자들을 해고하고 비슷한 악순환의 고리를 통해 경제는 바닥으로 추락한다. 프롤레타리아의

곤궁과 핍박, 타락은 극에 달하며 갈등의 역사는 대자본가와 이들에 의해 극도의 궁핍에 내몰린 노동 계급의 반발로 이어져 마침내 프롤레타리아 혁명이 발생하게 된다.

자본주의 사회는 생산력과 생산관계의 구조적 모순 때문에 역사적으로 내부로부터의 붕괴와 몰락의 운명을 갖고 있다는 예언이 실현되는 것이다. 예언의 실현, 프롤레타리아에 의한 혁명이 마르크스가 생각한 사적 유물론이다.

혁명을 통해 노동자들은 '절대적 필요성에 의해 필연적으로 승리'하고 사회는 마침내 갈등이 없는 무계급사회, 공산주의에 이르게 된다. 수세기에 걸친 잉여가치의 착취와 수탈이 종언을 고하면서 노동자들은 비로소 자유로워지고 무한경쟁 없이 누구나 잘사는 사회주의 시스템이 완성된다. 이 완성이야말로 역사발전의 최종단계라고 마르크스는 생각했다.

주의할 점은 마르크스가 자본주의 자체를 전면 부인한 것이 아니라는 점이다. 그는 경쟁과 이기적 동기를 통해 기술혁신을 일으키는 자본주의의 속성이 일정 부분 사회를 절대빈곤으로부터 구해냈다는 사실을 인정했다. 자본주의를 악의 무리에 의해 고안된 사악한 제도로 생각해 과거로 되돌아가자고 주장했던 당시 일부 낭만적 사상가들과는 달리 마르크스는 자신이 꿈꿨던 이상사회인 공산주의로 가기 위해 반드시 거쳐야 하는 중간 지점으로 자본주의를 지목했던 것이다.

리스트
총체적 생산력 – 경제는 각국의 총체적 생산력의 집합체다

아담 스미스 등 고전학파가 주장한 것은 시공을 초월해 보편적으로 적용되는 경제원리였다. 공간적으로는 세계주의, 시간적으로는 영원주의, 단위로는 철저한 개인주의에 입각한 이론이었다.

이 같은 보편주의, 철저한 개인주의에 대해 유럽 각국, 특히 독일의 정치경제학자들은 반론을 제기했다. 당시 프랑스는 국민 대부분이 농업에 종사하는 농업국가였다. 그런데 프랑스가 공업이 발달한 영국과 동일한 경제적 목표와 방법론을 설정해야 한다는 말인가? 또 공업이 극도로 발달한 영국이 개방경제와 자유무역을 주장해 자신들이 만들어낸 제품들을 다른 나라에 수출하려고 시도할 경우 독일이 영국의 자유무역주의를 비판 없이 받아들여야 하는 것인가? 그렇게 하는 것이 독일 경제, 독일 국민을 위해 이익인가?

일반적으로 경제는 국가라는 틀 안에서 이루어진다. 국가는 고유한

리스트 Friedrich List 1789~1846
독일의 경제학자. 관세부과를 통해 국내산업 보호론을 주장했다. 독학으로 공부한 그는 중남부독일기업인협의회를 설립해 간사로 활약하면서, 독일연방의 각 주(州)를 단절시키고 있던 관세장벽을 철폐하는 데 공헌했다. 자유주의를 표방하던 리스트는 1825년 추방당하면서 미국으로 건너갔다. 1834년 미국 시민권을 얻어 독일로 돌아와 1837년에는 라이프치히와 드레스덴을 잇는 철도건설에 참여하기도 했다. 그후 프랑스로 건너가 『정치경제학의 국민적 체계 Das nationale System der politischen okonomie』(1841)를 집필한 리스트는 경제적 어려움을 비롯한 여러 문제로 끊임없이 시달리다가 마침내 자살로 생을 마감했다.

언어와 문화, 제도, 법, 역사를 가진다. 따라서 모든 국가는 나름대로의 역사적 발전과정을 거치고 사회적 합의를 이룬 경제적 제도와 질서 하에서 유지되고 발전한다. 19세기 중반 독일에서 발전한 역사학파는 경제이론의 세계성·보편성을 부인하고 경제가 국가와 역사라는 틀 내에서 재해석되어야 한다고 주장했다. 또 고전학파가 주장한 개인주의 대신 개인과 범인류의 중간항이라고 할 수 있는 국가와 민족공동체를 경제의 기초단위로 설정했다.

국가가 중간항이라는 것은 단순히 개인과 인류 사이의 중간에 위치하는 관념적인 존재라는 의미가 아니라 독자적인 전체성을 가진다는 능동적인 의미를 지니고 있다. 국가는 단순한 개인의 물리적·공간적 집합체로 끝나는 것이 아니다. 고유의 언어와 학문적 전통, 독자적 개성과 역사·관습·법률·제도가 존재하며 이 모든 독자성을 오랜 역사와 시간 속에 함축한 전통을 지닌다. 독자적인 주체성과, 역사성, 개성을 획득해 내적으로는 국가에 속한 개인의 삶에 영향을 미치고 밖으로는 인류역사와 상호작용하는 적극적인 존재인 것이다. 독특한 개성과 역사를 지닌 만큼 국가와 민족마다 경제적 번영의 목표가 다르고 방법론도 다른 것이 당연할 것이다.

독일에서 역사학파를 이끈 리스트는 이 같은 독자적 개성과 역사를 지닌 국가·민족공동체 개념을 바탕으로 해서 '총체적 생산력 이론'을 전개했다.

국민으로서 개인은 고전학파 경제학자들이 생각하는 것처럼 몰개성적이고 기계적으로 움직이는 개인이 아니다. 국가나 민족공동체에 속해 있기 때문에 스스로의 정신적·지적·육체적 능력뿐 아니라 자신

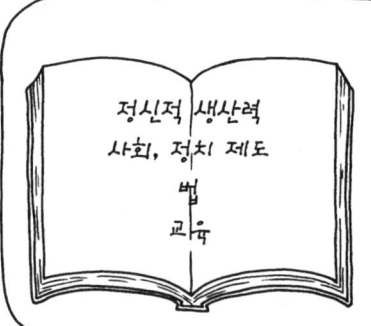

— 두 생산력의 결합 및 균형적 발전 —

개인이라는 분리된 형태가 아니라 국가 전체로 파악해야 총체적 생산력을 제대로 알 수 있다

리스트

총체적 생산력

— 국가 전체의 집단적 통일성 —

 +  +  + ...

개인   개인   개인

개인의 진취성, 창의성, 노력이 국가 전체의
지향성이나 목표에 부합하도록 한다

이 속한 사회와 정치·제도·법률 등에 의해 생산력이 더 높아지거나 낮아질 수 있다. 또 개인의 생산력은 자신이 속한 국가의 자연자원이나 이미 존재하고 있는 기계나 용구, 상거래 관행이나 관습에 의해서도 영향을 받는다. 과거로부터 현재를 거쳐 미래로 향하는 역사성 역시 개인의 생산능력에 영향을 미친다.

개인이라는 분리된 형태가 아니라 국가 전체로 파악해야 한 국가나 민족공동체의 '총체적 생산력'을 제대로 파악할 수 있다. 개개인이 분업을 해서 교환을 하는 것도 중요하지만, 개개인이 아무리 창의적이고 진취적이며 지적이더라도 집단으로서 통일성이 없고 개인적 생산력을 전체로 묶는 노력이 없이는 총체적 생산력으로서 시너지를 얻지 못한다. 이것이 총체적 생산력 이론의 핵심 내용이다.

국가의 총체적 생산력은 정신적 생산력(사회적·정치적 제도, 법, 교육 등)과 물질적 생산력(농업, 공업, 상업)의 결합에 의해 결정되며 양자의 균형적 발전이 중요하다.

개인의 진취성, 창의성, 노력을 집단의 통일성으로 묶는 것은 정신적 생산자들이다. 이들은 도덕, 계몽, 교육, 종교적 신앙심, 지식의 확산, 자유와 질서를 보장하는 법이나 규정을 제정함으로써 개인의 노력이 국가 전체의 지향성이나 목표와 일치하도록 만드는 역할을 한다. 한 나라의 국부와 총체적 생산력은 물질적 가치를 창조하는 사람뿐 아니라 법, 질서, 교육, 과학, 기술 육성에 참가하는 사람들의 정신적 노동에도 달려 있는 것이다.

물질적 생산에 있어 국민적 규모에서 분업과 협업의 상태가 되려면 일정한 균형이 존재해야 하는데 리스트는 이를 '총체적 생산력의 균형'이라고 불렀다. 이때의 균형은 시간과 공간, 분야를 총괄하는 개념으로 현 상태에서 각 부문의 상관적 균형과 미래의 동태적 균형 두 가지 모두가 포함된다.

농업만 중요한 것이 아니라 공업과 상업도 중요하기 때문에 이 세 분야가 균형적 발전을 이룩해야 한다는 것이 각 부문의 상관적 균형이다. 동태적 균형은 상관적 균형이 장기적으로 더 발전하는 것을 의미한다. 리스트는 후자의 발전적·동태적 균형을 더 중요시하고 이를 설명하기 위해 항구성과 작업계속의 원리를 주장했다. 즉 국민이 장기적으로 발전적 균형을 이루기 위해서는 국가 전체가 몇 세대까지라도 동일한 목표를 설정해 항구적으로 노력해야 한다는 것이다.

리스트는 공동의 번영목표를 설정하고 항구적으로 노력을 계속하는 국가의 국민을 '사명국민' 혹은 '자격국민'으로 부르면서 자격국민이 총체적 생산력을 결합해 항구적으로 노력하면 농업으로만 구성된 국가경제가 최종적으로는 농업·공업·상업이 고루 발전한 경제로 발전하게 된다는 단계적 발전론을 주장했다.

바그너
국가사회주의 – 국가가 주도하는 자본주의 경제의 도덕성

　국가를 정의하는 정확한 개념은 무엇일까? 리스트 등 구역사학파가 국가는 영토라는 물리적 공간으로 묶인 것이라고 주장한 것과 달리 바그너 등 신역사학파는 국가가 영토라는 물리적 공간보다는 동일한 역사와 언어·윤리·도덕·감정을 공유한 공동체라는 정신적 측면을 더 강조했다. 만약 국가가 동일한 윤리와 도덕적 감정을 공유한 관념적 공동체라면 국가가 국민의 동의를 기초로 경제에 대해 도덕적 해석을 내리고 사회를 개량해나갈 수 있을 것이다.

　바그너에 따르면 국민경제 조직은 2개의 상이한 원인에 의해 지배된다. 하나는 전통 경제학이 다루는 자연적·기술적 원인이며, 다른 하나는 국민의 심리적·도덕적 생활에서 발생하는 정신적 원인이다. 국가는 이 2가지 요인을 모두 분석하고 체계화해서 구성원들에게 좀더 바람직한 사회로 개량해나갈 수 있다. 경제학은 자연적·물리적 법칙만을 다룰 것이 아니라 경제현상의 도덕적 문제를 총체적으로 이해해야 하며 양자를 종합적으로 고려해야 비로소 제대로 된 정책을 만들어

바그너 Adolf Heinrich Gotthilt Wagner 1835~1917
독일의 경제학자·재정학자·통계학자. 슈몰러, 로셔, 브렌터 등의 영향을 받아 1873년 이들과 함께 사회정책학회 설립에 참여하는 등 독일 역사학파의 재정학자로서 활약했다. 1868~1869년 프라이부르크대학, 1870~1917년 베를린대학 교수를 지냈다. 저서로는 『정치경제학의 기초』(1876) 『재정학』(4권, 1877~1901) 등이 있다.

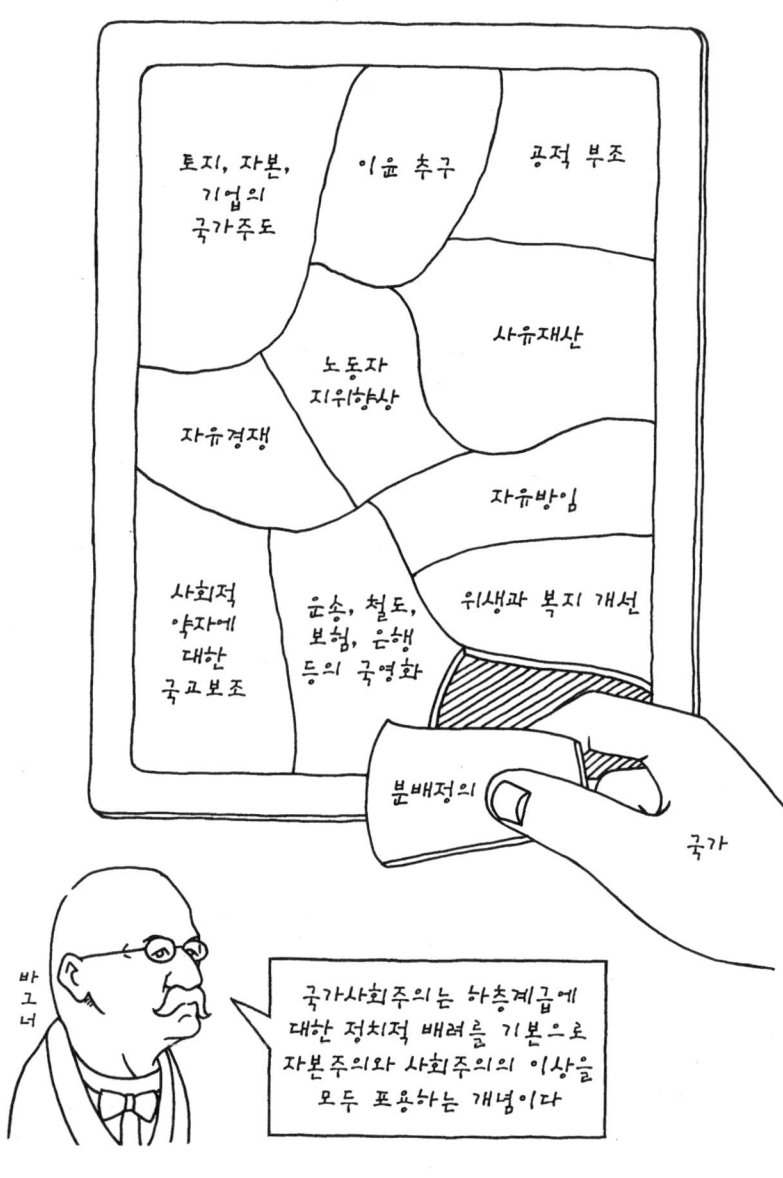

낼 수 있다.

  자본주의 체제의 무한경쟁은 인간의 능력을 최대한 이끌어내 빵의 크기를 키우며 새로운 기술을 창출해내는 동력으로 작용하지만 동시에 극심한 부의 편중현상을 키우며 이 때문에 피폐한 노동 계급과 빈민층이 많이 발생한다. 장단점 모두가 자본주의라는 경제 시스템의 자연스러운 결과이며 물리적 법칙이다.

  그렇다면 국가는 자본주의의 부작용을 그냥 좌시하고만 있어야 하는가? 바그너는 국가가 개입해 자본주의의 극단적인 경제현상에 도덕적 가치와 잣대를 들이대서 이를 개선할 수 있어야 하며 이를 고려해야 진정한 경제학적 연구가 완성된다고 생각했다. 경쟁을 통해 생산성을 높이는 자본주의의 기술적 장점은 그대로 살리되 빈익빈 부익부의 폐해에 대해서는 국가공동체가 도덕적 판단을 근거로 적극 개입해 분배적 정의를 실천해야 한다는 '국가사회주의'를 주장한 것이다.

  바그너의 국가사회주의는 자유경쟁과 자유방임, 사적 소유를 핵심으로 하는 자본주의와 마르크스가 주장한 사회주의의 도덕적 이상을 모두 포용하는 개념이었다. 경제의 물리적 법칙은 그대로 살리되 국가공동체가 나름대로의 가치관에 따라 도덕적 재단을 하고 사회를 개량하면 자본주의의 경쟁적 장점을 유지하면서도 노동의 피폐화 문제나 지나친 부의 편중 등 각종 문제점을 극복해나갈 수 있다는 것이다.

  국가사회주의는 노동자 계급이나 기타 하층 계급에 대한 정책적 배려를 기본으로 한다. 이를 위해 노동자들의 저임금을 올려주고 사회적 지위를 향상시켜주며 노동시간을 단축해준다. 또 어린이와 여성은 힘든 공장노동을 시켜서는 안 되며 노인이나 고아 등 사회적 약자들에 대해서는 정부가 국고보조를 해줘야 한다.

　국가사회주의는 또 특정 계층에 대한 지나친 부의 편중을 경계한다. 지대와 이자, 기업이윤, 경기변동 이득 등 각각의 소유계급에 유입되는 국민소득은 적정 비율의 세금으로 거둬들여 사회의 공적 부조를 위한 재원으로 써야 한다고 본다.

　부의 편중을 막고 빈민계층과 노동자들의 생활을 개선하며 국민 전체의 위생과 복지를 높이기 위한 수단으로 국가는 적극적인 조세정책을 시행해야 한다. 세금을 통해 지나친 사적 소유를 제한하고 부당하고 지나친 이익의 편중을 시정하며 국가가 주도하는 사회 보험망을 갖춰 국민이 고른 사회보험 혜택을 받아야 하는 것이다.

　국가사회주의는 특히 토지·자본·기업은 국가와 공공기관이 주도해야 하며 특히 거대자본의 발언권이 커져 공공의 이익을 해칠 우려가 있는 산업부문, 즉 운송·철도·은행·보험산업 등은 국영화나 공영화를 해야 한다고 주장했다.

　경제적 이상과 목표를 달성하기 위한 도덕적 잣대는 국가와 역사마다 다르다. 따라서 사회를 개량하고 올바른 국가사회주의를 달성하기 위해서는 특정 국가나 국민의 경제적 욕망과 이를 만족시키는 법적·제도적 수단이 거둔 효과를 역사적이고 객관적으로 분석하는 것이 필요하다.

　1870년대 독일에 사회개량의 목소리가 높아진 것은 통일국가 독일이 직면한 자연스러운 결과였다. 그러나 19세기 말에 접어들면서부터는 사회개량을 위한 전제가 크게 변화하기 시작했다. 우선 강대한 사회민주당과 노사가 동등한 권리를 갖는다고 주장하는 노동조합이 생기면서 독일의 노동자 계급이 더 이상 불쌍하고 권리가 없는 소외계층이 아니라 독자적인 세력을 지닌 거대권력 계층으로 등장한 것이다. 또 사회개량을 장기적으로 추진한 결과 사회보험 정책의 경제적 부담이 누적되어 독일산업의 경쟁력이 약화되었고 영국과의 국가경쟁에서 뒤처지는 결과를 낳기도 했다. 노동자들을 소외받은 계층으로 규정하고, 이들을 정부와 사회가 보호해야 한다는 주장이 점차 힘을 잃게 된 것은 이 같은 독일사회의 변화와 맥을 같이 한다.

제3장

한계혁명의 시대

한계효용
세테리스 파리부스
준지대
무차별 곡선
파레토 최적
불완전경쟁

마셜
한계효용 – 총량이 아니라 단위가 결정하는 경제

고전학파적 세계관에서는 자본주의의 핵심 원리를 설명하는 데 있어 소비자들이 별로 중요한 역할을 하지 못했다. 세이의 "생산은 수요를 창조한다(Supply creates its own demand)"는 주장에는 생산자에 초점을 맞추고 생산자가 주인공인 고전학파 이론의 핵심이 단적으로 담겨져 있다.

신고전학파가 등장하면서 비로소 소비자와 소비자의 주관적 효용, 경제적 선택이 경제이론의 주인공이 된다. 경제문제의 본질은 일정한 자원을 소비자의 만족을 극대화하도록 최적 분배하는 데 있다는 미시적 문제가 연구 대상이 된 것이다.

소비자 선택이론은 한계효용, 무차별 곡선, 현시선호(顯示選好) 등 3가지로 요약할 수 있는데 이 가운데서도 신고전학파의 핵심이론은 '한계효용'에 초점이 맞춰져 있다.

마셜 Alfred Marshall 1842~1924
신고전학파의 창시자이다. 처음에는 수학과 물리학을 공부했으며, 후에 형이상학과 윤리학 연구를 거쳐 경제학을 연구했다. 1885년 케임브리지대학 경제학 교수가 되었으며, 영국 경제학계의 지도자로서는 물론 왕립위원회 위원으로서도 학문과 정책면에 공헌했다. 케인스와 피구를 비롯해 수많은 제자를 양성, 신고전학파(케임브리지학파)의 아버지라고 일컬어졌다. 주요 저서로는 『경제학 원리 Principles of Economics』(1890) 『산업과 무역 Industry and Trade』(1919) 『화폐·신용 및 상업 Money, Credit and Commerce』(1923)의 3부작이 있다.

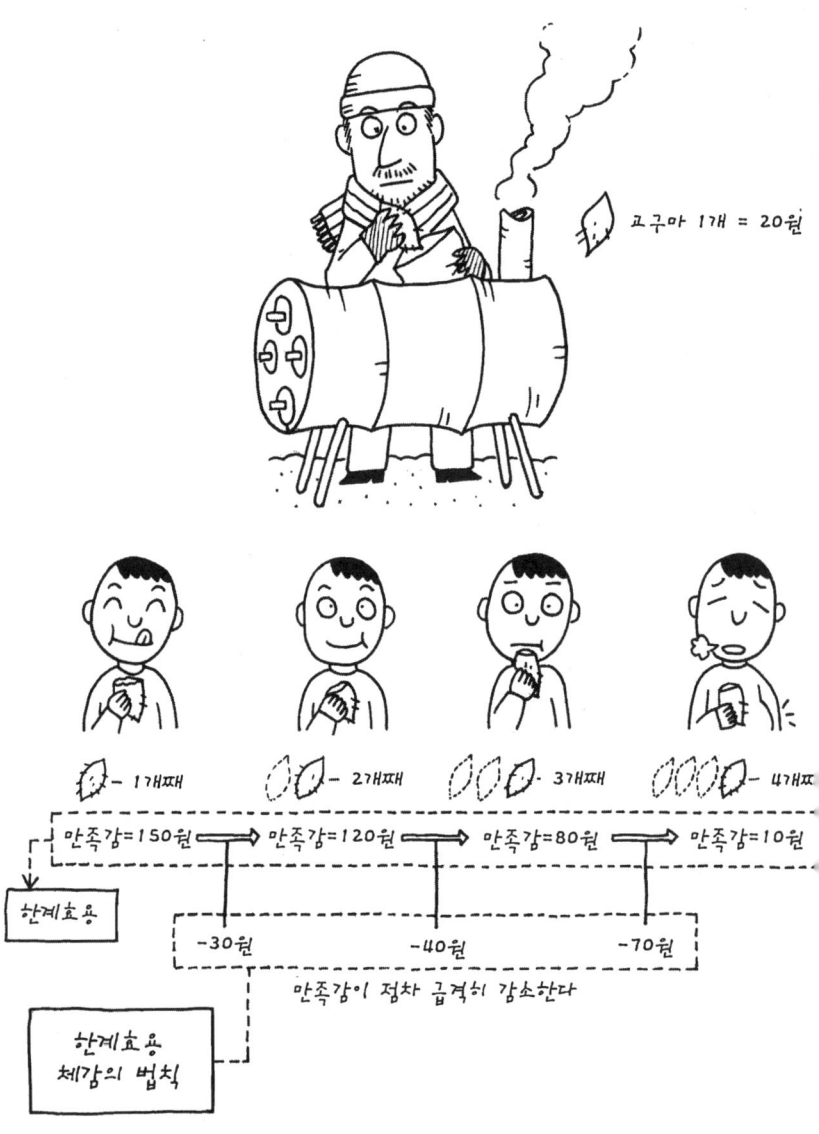

한계효용의 개념을 처음으로 연구한 학자는 멩거, 발라, 제본스 등이었다. 그러나 이를 재화의 가격과 비교해 소비자 균형조건으로 완성한 사람은 마셜이었다. 마셜은 또 한계의 개념을 전 분야로 확산시켜 신고전학파 미시경제학의 핵심이라고 할 수 있는 한계전통을 확립했다. 이른바 한계소비성향, 한계저축성향, 한계비용, 한계생산력, 한계이윤, 한계자본 등 이른바 '한계혁명'을 주도한 것이다.

그렇다면 '한계'라는 말은 어떤 의미일까? 운동을 많이 해서 배가 고픈 어느 날, A가 길거리에서 따끈따끈한 군고구마를 사먹기로 했다. 배고픈 상태에서 처음 먹은 군고구마는 엄청난 만족감을 줄 것이다. 2개를 먹고 3개째에 접어들면 여전히 만족감은 있지만 처음보다는 분명히 만족감이 줄어들 것이다. 4개째에는 이미 배가 불러와서 더는 못 먹겠다는 생각이 들 것이고 그 상태에서 5개째를 사려는 사람은 없을 것이다.

편의상 첫번째 고구마를 먹었을 때의 만족감을 돈으로 환산했을 때 150원쯤이라고 해보자. 고구마 하나는 20원이다. 당연히 첫번째 고구마를 살 것이다. 두번째 고구마를 살 때는 만족감이 줄어들어서 120원쯤 된다고 치고, 세번째에는 그보다 훨씬 줄어서 80원정도가 되더라도 여전히 계속 고구마를 살 것이다. 그렇다면 네번째 군고구마는 어떨까? 이때는 이미 배가 불러서 추가로 고구마를 먹을 때의 만족감이 10원에 불과하다고 하자. 그런데 가격은 여전히 20원이기 때문에 네번째 고구마는 사지 않게 될 것이다. 여기서 군고구마를 먹어서 얻게 된 전체 만족도를 총효용이라고 부르고 추가로 사는 군고구마 하나가 주는 만족도를 '한계효용'이라고 부른다. 따라서 한계라는 말은 '추가적'

이라는 말과 동의어가 된다.

이 사례에서 소비자는 추가적인 한 단위의 한계효용이 비용보다 높은 상태에서는 계속 물건을 사다가 한계효용이 비용보다 낮아지면 비로소 구매를 중단한다는 사실을 알 수 있다.

또 첫번째와 두번째 군고구마 사이의 효용 감소를 돈으로 환산하면 30원인데, 두번째에서 세번째로 가게 되면 효용은 40원만큼 줄고, 네번째에 이르러서는 70원만큼 급격히 감소한다. 이를 '한계효용 체감의 법칙'이라고 하며 어떤 재화의 양과 한계효용의 크기와의 관계를 효용표에 따라 도표로 그린 것을 '한계효용 곡선'이라고 한다.

지금까지는 고구마라는 상품 하나만을 가지고 분석했지만 고구마 외에 초코파이라는 다른 상품이 있다면 소비자는 어떻게 행동할까? 마셜은 다른 두 상품의 가격을 도입해 한계효용이 어느 상태에서 균형에 이르는지를 분석했다. 가령 고구마와 초코파이가 가격 제한이 없을 때는 같은 만족감을 주지만 고구마 하나의 값은 20원인 반면 초코파이 하나는 100원을 내야 한다면 당연히 만족도가 달라질 것이다.

마셜은 소비자 행동의 균형조건(예산 제약 내에서 효용을 극대화하는 조건)은 효용에 대한 가격의 비례라고 주장했다. 즉 소비자는 각 재화에 대한 추가적 지출(각 재화의 단위당 가격)로부터 얻어지는 한계효용이 같도록 재화의 소비량을 최종 결정한다는 것이다. 고구마와 초코파이의 예를 들면 다음과 같다.

$$\frac{\text{고구마의 한계효용}}{\text{고구마의 단위당 가격}} = \frac{\text{초코파이의 한계효용}}{\text{초코파이의 단위당 가격}}$$

이 식이 성립하는 선에서 고구마와 초코파이 각각에 대한 수요를 결정한다는 것이다.

한계적 시야에서 결정을 내리는 것은 소비자뿐만 아니라 생산자인 기업도 마찬가지다. 소비자가 한계효용과 한계가격을 비교해서 최종적으로 몇 개를 살지를 결정하는 것처럼 기업 역시 한계수익과 한계비용을 비교해 하나를 추가로 생산해서 얻는 수익이 비용과 같아질 때까지 생산을 할 것이다.

위와 같은 '한계주의(marginalism)'는 근대경제학의 일반적 성격을 규정하고 고전학파 이론과 명백한 한계선을 긋는다는 의의를 갖고 있기도 한다. 학설을 근본적으로 재구성해 완성된 이론이라는 점에서 '한계혁명'이라고 부르기도 한다.

마셜
세테리스 파리부스 – 다른 모든 조건이 같다면…

　한계분석이론을 완성시킨 마셜은 균형이론을 전개하는 데 있어서도 '한번에 하나' 방식을 선호했다. 복잡한 문제일수록 잘게 쪼개서 하나씩 단계적으로 분석하고 생각해야 한다는 주장이었다. 이를 위해 마셜은 유명한 '세테리스 파리부스(ceteris paribus)', 즉 다른 모든 변수들은 불변이라고 가정하는 방식을 선택했다. 다른 변수들을 일단 모두 묶어놓고 관심이 있는 몇 개 변수의 상호관계 분석에만 관심을 집중하는 방법이다.

　소비자가 특정 상품을 얼마만큼 구입하는지에 영향을 미치는 변수는 여러 가지가 있을 것이다. 가령 소비자가 특정 상표의 대형 승용차를 구입하려 할 때는 큰 차에 대한 개별 소비자의 선호나 가족의 숫자, 소비자의 소득수준, 차 자체의 가격, 휘발유 가격(휘발유 가격이 비싸지면 큰 차에 대한 수요가 줄어들기 때문), 다른 회사에서 생산하고 있는 대형차의 종류, 다른 대형차의 가격, 대형 수입차 시장이 얼마나 개방되어 있는지 등등이 모두 주요 결정요인이 될 것이다.

　이 모든 변수들을 한꺼번에 분석하는 것은 쉽지 않다. 이때 대형차 가격과 대형차 수요에는 어떤 관계가 있는지를 분석하려면 일단 '다른 모든 조건은 변하지 않는다고 가정하고' 대형차의 가격 변화에 대한 대형차의 수요 변화량만을 측정하면 된다. 또 휘발유 가격 인상이 대형차 수요에 얼마나 영향을 미치는지 두 변수만의 관계를 보려면 다른 조건은 불변이라고 가정하고 휘발유 가격 변화에 대한 대형차의 수요 변화량만을 분석하면 된다.

구체적으로 특정 변수에 대한 수요 변화량을 측정하기 위해 마셜이 쓴 개념은 '탄력성' 분석이었다. 탄력성은 반응도를 의미한다. 가령 소금값을 올려도 소금 수요는 별로 달라지지 않을 것이다. 생필품인데다 다른 대체 수요가 없기 때문이다. 이 경우 가격에 대한 소금 수요의 '탄력성이 낮다'거나 '비탄력적'이라고 말한다.

반면 사치재인 대형차의 경우는 어떨까? 대형차 가격이 싸지면 웬만한 중산층도 대형차를 사고 싶어하기 때문에 수요가 대폭 늘 것이다. 이를 대형차의 가격 탄력성이 높다고 표현한다.

보다 구체적인 탄력성(e)의 정의는 해당 재화의 가격이나 소득, 보완재인 휘발유의 가격 등 관심이 있는 변수의 변화율(%)을 수요량의 변화율(%)로 나눈 숫자이다. 이를 기호로 표시하면 다음과 같다.

$$e = -\frac{p}{q} \times \frac{\triangle q}{\triangle p}$$

(p는 재화의 가격, q는 재화의 양, $\triangle p$는 가격 변동분, $\triangle q$는 수요 변동분)

즉 변화가 있기 전의 가격과 수요량을 먼저 측정하고 가격 변화량과 이에 따른 수요 변화량을 측정하면 탄력성을 구할 수 있는 것이다. 만약 탄력성이 1 미만이면 상대적으로 가격 변화에 대해 수요 변화가 비교적 적다(비탄력적)는 뜻이며, 탄력성이 1보다 크면 수요가 민감하게

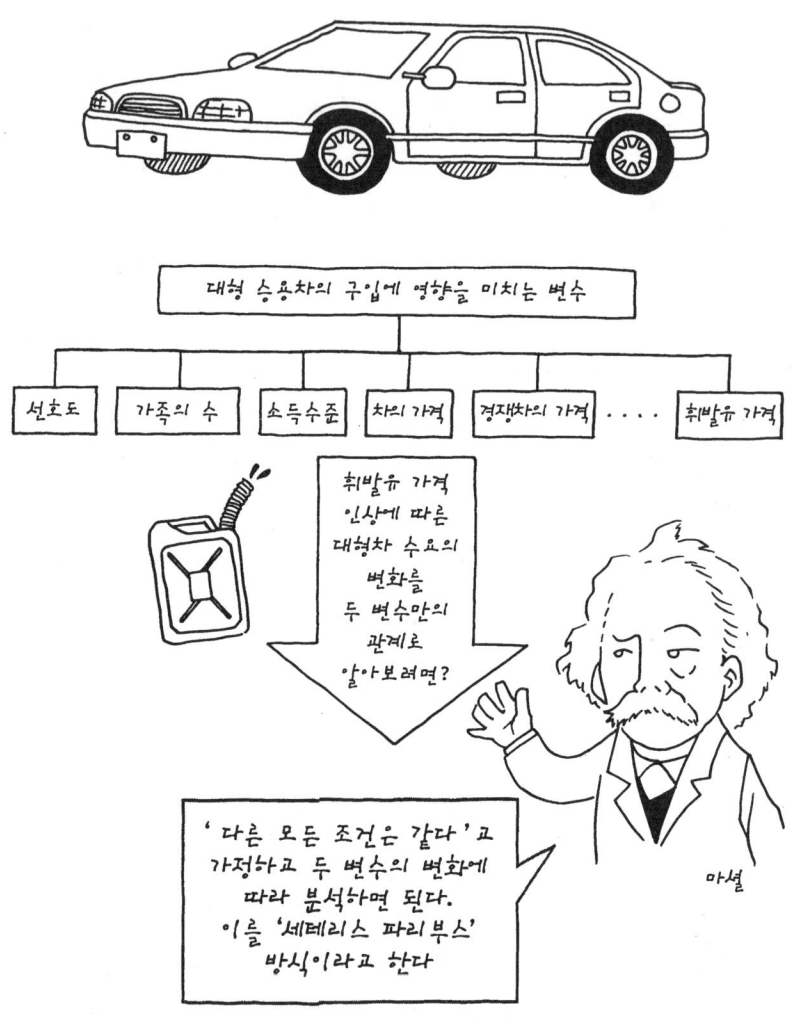

변화한다(탄력적)는 뜻이 된다.

탄력성은 시간에 따라서도 변화한다. 가령 9·11 테러와 이라크 사태 이후 휘발유 가격이 폭등하는 상황에서 어느 자동차 회사가 향후 대형차 생산량을 예측하기 위해 석유 가격의 대폭 인상이 대형차 수요에 얼마만큼 영향을 미치는지를 분석하려 한다고 가정해보자. '휘발유 가격을 리터당 50원씩 더 인상한 후 대형차 수요량을 분석해보니 별로 유의할 만한 차이가 나타나지 않았다'는 분석이 나왔다면 이 보고서는 옳은 보고서일까? 직관적으로도 옳지 않다고 느낄 것이다. 이 보고서에는 시간의 변화가 잡혀 있지 않기 때문이다. 휘발유 가격이 아무리 올라도 당장 현재 쓰고 있는 대형차를 소형차로 바꿀 리는 없다. 따라서 단기적인 수요에는 큰 변화가 없을 것이다. 그러나 시간이 흐르면서 새로 차를 구매하는 사람이나 현재 쓰고 있는 대형차를 바꾸려는 사람은 휘발유 가격과 연비를 생각해 소형차로 바꿀 것이다. 따라서 '휘발유 가격 인상에 대한 대형차 수요 변화 보고서'가 정책적 시사점을 가지려면 '단기는 비탄력적이지만 중기나 장기에는 탄력적으로 변화한다'고 해야 할 것이다.

다른 변수의 움직임을 묶어놓고 특정 변수의 관계만을 분석하는 이 같은 '세테리스 파리부스' 방식 때문에 마셜의 균형이론은 '부분균형이론'으로 불리고 있다. 또 일반균형보다는 부분균형이론이 경제정책적 시사점을 찾기 쉽다는 장점이 있다. 가령 정부가 동일한 세금을 물린다고 치고 단순히 세금 수입을 늘리는 것만이 목적이라면 소금과 대형차 어느 것에 세금을 물릴까? 당연히 소금일 것이다. 대형차에 세금을 많이 물리면 대형차 수요가 감소해서 전체 세금 수입은 별로 늘어나지 않거나 오히려 줄어들 위험이 있기 때문이다.

반대로 정부가 과열된 경기를 진정시킬 목적으로 과세를 한다면 어느 상품에 세금을 물려야 할까? 당연히 대형차일 것이다. 대형차에 세금을 많이 물리면 수요가 줄어들어 시장이 위축되기 때문이다.

마셜
준지대 – 진입장벽이 만들어낸 과다이익

지대(rent)는 3가지 생산요소, 즉 토지·자본·노동의 소유자인 지주·자본가·노동자에게 돌아가는 정상적인 분배 몫을 제외하고 남는 잉여부분을 말한다. 가령 시장에서 인기가 많은 과일이 어느 특정 지역에서만 생산된다면 이곳에 땅을 가진 사람들은 자신들이 정상적으로 땅을 빌려주고 받을 수 있는 소득보다 훨씬 높은 잉여이익을 챙길 수 있을 것이다. 강남에 부동산을 가진 사람들은 그 곳에 좋은 학군이 있고 좋은 사설학원들이 있기 때문에 다른 곳보다 훨씬 비싼 값에 부동산을 팔거나 임대해줄 수 있다. 정상적인 이익을 넘어서는 과도한 이익, 이것이 전통적인 지대 개념이다.

마셜은 경제가 발전하고 복잡해짐에 따라 원래 땅에서 생겨난 이 지대 개념을 다른 산업분야로 확장시키고 땅으로부터의 잉여이익과 차별화하기 위해 '준지대(quasi-rent)'라는 이름을 붙였다. 즉 특정 산업부문에 진입장벽이나 규제가 있어 진입장벽을 넘은 사람들이 실제보다 더 많은 잉여이익을 얻는 경우를 모두 총괄해서 준지대라고 하는 것이다. 가령 정부가 변호사와 의사 숫자를 대폭 제한하는 법이나 규제를 만들 경우 이미 진입장벽을 넘은 변호사나 의사들은 자신들이 제공하는 전문적 서비스 이상으로 소득이 늘게 되는데 이것이 준지대가 되는 것이다.

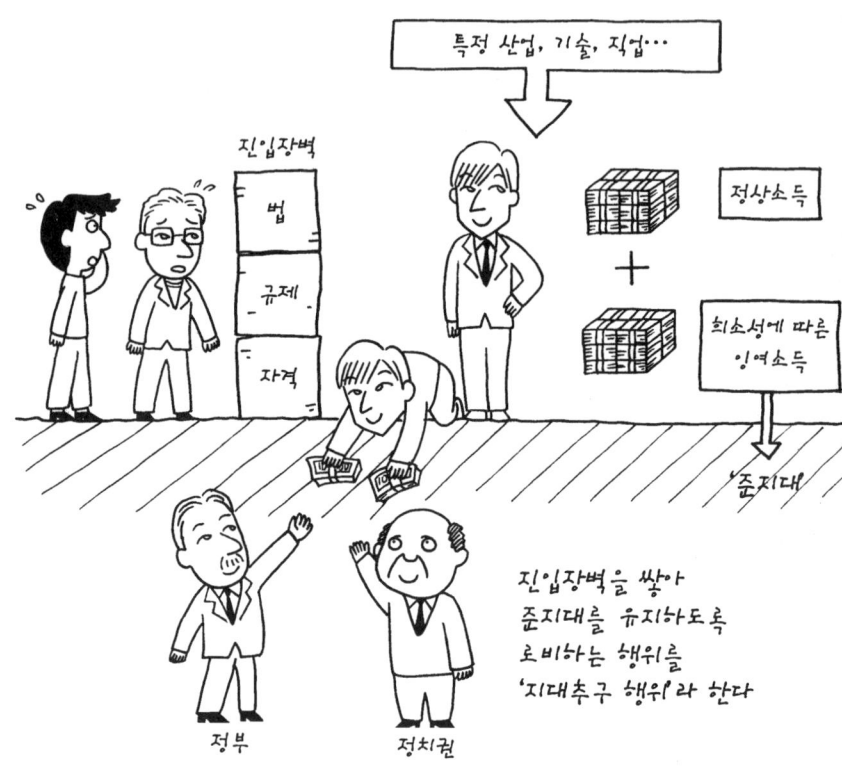

또 특정 IT기술자에 대한 수요가 급증했는데 자격을 가진 사람이 적어서 노동 공급이 한정된 경우 임금이 정상적 상태를 넘어서 대폭 상승한다. 이때의 임금상승은 생산요소의 한정적 공급에 따른 것으로 역시 준지대적 성격을 갖는다.

원래 마셜이 생각했던 준지대는 일시적 현상으로서 시간이 지나면 해소되는 것이었다. 가령 특정 IT기술자에 대한 수요가 오랫동안 꾸준

할 경우 이 기술을 배우려는 사람이 늘어나고 노동공급이 증가해 임금이 하락하게 된다. 시간이 지나면서 준지대가 해소되는 것이다.

그러나 정부가 어떤 이유로든 규제장치나 법률을 제정해 진입을 못하도록 장벽을 쌓으면 준지대는 계속 유지될 수 있다. 특정 산업의 로비스트들이 준지대를 유지할 수 있도록 정부에 로비를 하고 정치권에 줄을 대는 행위를 '지대추구 행위'라고 한다.

역사적으로 지대추구의 대표적인 사례는 길드조직이다. 남들보다 먼저 도시에 자리 잡은 수공업자들은 각종 길드를 만들어 업종 칸막이를 했다. 한 길드는 비슷한 품목을 만들어내는 다른 길드의 영역을 침범할 수 없었고 심지어 큰 포도주 통을 만드는 사람은 작은 포도주 통을 만들지 못하도록 금지되었다.

당시 길드가 만들어진 가장 큰 목적은 새로운 인력의 진입을 봉쇄하는 데 있었다. 중세 봉건사회가 해체되면서 도시로 몰려들고 있는 저임금 노동자들이 더 싼 임금으로 수공업에 진출하려고 하자 기득권을 지닌 도시 수공업자들이 귀족들의 비호 아래 길드조직을 법으로 보호해 저임금 신규인력 진출을 막고 자신들의 높은 이익을 보호하려 한 것이다.

현대에도 지대추구 행위는 도처에 널려 있다. 현대판 지대추구의 대표적인 사례로 미국 '전미총기협회'의 로비를 들 수 있다. 미국 전역을 떠들썩하게 할 정도의 학교 총기난사 사건이 아무리 발생해도 총기소유 금지법안은 절대로 통과되지 않고 있다. 왜 그럴까? 유명한 전미총기협회의 로비 때문이다. 총기협회는 회원들로부터 엄청난 회비를 모금해 선거철마다 대통령 후보나 상원의원 후보들에게 정치헌금을 낸다. 액수가 워낙 엄청나 미국 정치권의 최대 자금줄 가운데 하나가 되어 있을 정도다. 이 때문에 여전히 미국에서는 각종 총기가 '등록'이라는 명분 하에 상업적으로 거래되고 있다.

정부가 아니라 각종 협회 차원에서 진입장벽을 만들어 준지대를 유지하는 경우도 있다. 미국의 미식축구협회(NFL)는 교묘한 지대추구 행위로 유명하다. 미국인들이 워낙 미식축구에 열광하고 경기 자체가 돈을 많이 벌다 보니 대부분의 도시들이 미식축구팀을 창단하기를 원하고 있다.

그러나 미식축구협회는 엄격한 창단 조건 등을 내세워 축구팀 수를 크게 제한했다. 미식축구팀을 보유하기를 원하는 도시는 줄을 서 있고 창단된 팀은 얼마 안 되다 보니 미식축구팀들은 경매와 협상에 따라 좀 더 좋은 조건과 돈을 주는 도시로 소속을 옮겨 다닌다. 이들을 유치하기 위해 도시들은 엄청난 재정적자를 무릅쓰고서라도 수억 달러에 달하는 경기장을 짓고 천문학적인 이주비용을 제시한다.

이 같은 지대추구 행위는 필연적으로 자원분배의 비효율을 초래한다. 생산이 고정되어 있고 원칙적으로 증가할 수 없는 상황에서 시장 독점적 권리, 즉 지대를 확보하기 위해 지출되는 비용은 가치를 창출하는 데 전혀 기여하지 못한 채 공중으로 사라지고 만다. 따라서 지대를 늘리기 위해 쓰는 비용은 곧 로비 비용이 되고, 이 비용이 크면 클수록 비효율적인 사회가 되는 것이다.

파레토
무차별 곡선 – 효용은 서수적으로 측정된다

마셜을 포함한 초기 효용학파들은 주관적 효용을 직접 측정할 수 있으며 이를 숫자로 나타낼 수도 있다고 믿었다. 마셜이 한계효용 체감의 법칙을 주장했을 때 각 재화의 한계효용, 예를 들어 고구마의 한계효용과 초코파이의 한계효용은 직접적인 측정이 가능하다고 생각한 것이다. 이것이 기수적 효용(基數的 效用)이다.

그러나 초기 효용가치설이 부딪힌 가장 큰 비판은 '한계효용을 실제로 어떻게 정확하게 측정할 수 있는가'였다. 실증적으로 측정 불가능한 이론을 아무 증명 없이 주장하고 받아들였다는 비판이었다. 이 때문에 학설사적으로 소비이론은 효용의 측정 가능성 문제를 극복하려는 시도의 연장선상에 있다고 볼 수 있다.

후기 효용학파는 효용은 어디까지나 주관적이므로 직접적인 기수적 효용 측정이 불가능하며 측정할 필요도 없다고 주장했다. 이들은 효용을 직접적으로 측정하려고 고생할 필요 없이 단지 한 재화의 효용이 다

파레토 Vilfredo Pareto 1848~1923
이탈리아의 경제학자·사회학자. 발라의 후계자이며, 로잔학파의 대표자 중 하나이기도 한 그는 발라의 한계효용가치론을 버리고, 계측 가능한 무차별 곡선에 의한 선택이론을 전개, 발라가 수립한 일반균형이론을 재구성했다. 또한 그의 사회학은 인간행동을 합리적인 행동으로서 파악했을 뿐 아니라 불합리한 행동면도 중시한 점에서, 이탈리아 파시즘의 사상적 원류가 되었다고 평가받는다.

른 재화의 효용보다 크거나 적다는 서수적 크기만을 알면 충분하다고 주장했다. 어떤 사람이 사과를 배보다 좋아한다거나 싫어한다는 것을 알기만 하면 되지 숫자로 얼마만큼 더 좋아하거나 싫어하는지를 일일이 측정할 수도 없고 그럴 필요도 없다. 소비자가 실제 시장에서 선택하는 결과만 관찰해도 효용을 서수적으로 파악할 수 있으며 소비자 이론을 전개할 수 있다는 것이다. 이것이 서수적 효용(序數的 效用)이다.

서수적 효용에 대한 보다 구체적인 접근은 파레토의 무차별 곡선으로 이론화된다. 파레토는 시장에서 관찰된 서수적 효용의 성질만으로 소비자 행동을 설명할 수 있는 무차별 곡선 이론을 만들어냈다.

무차별 곡선은 시장가격이 주어져 있을 때 같은 정도의 만족감(효용)을 주는 2개의 재화나 서비스의 배합의 집합을 연결한 곡선을 말한다. 소비자는 무차별 곡선상의 모든 재화집합에 대해 동일한 선호를 갖는다. 가령 사람들은 빵만 사거나 포도주만 사지는 않을 것이다. 목마른데 빵만 사거나 배가 고픈데 포도주만 마시는 것보다는 두 상품을 동시에 적당량 구매해서 고르게 소비하는 것이 더 만족도(효용)가 높기 때문이다.

어떤 사람이 '빵 7개, 포도주 1잔'을 사든지, '빵 3개, 포도주 2잔'을 사든지, '빵 1개, 포도주 4잔'을 사든지 동일한 만족감을 느낀다고 가정하자. 이처럼 비슷한 만족감을 주는 상품구매 집합을 하나의 선으로 연결하면 그림처럼 원점에 대해 볼록한 선이 만들어진다. 이것은 소비자가 무차별 곡선상의 임의의 두 점에 대해서는 어느 하나를 다른 점에 비해 선호하지 않는다는 것을 보여준다. 곡선 위의 점들이 나타내는 두 재화의 다양한 조합은 소비자에게 동일한 만족을 주는 것이다. 이

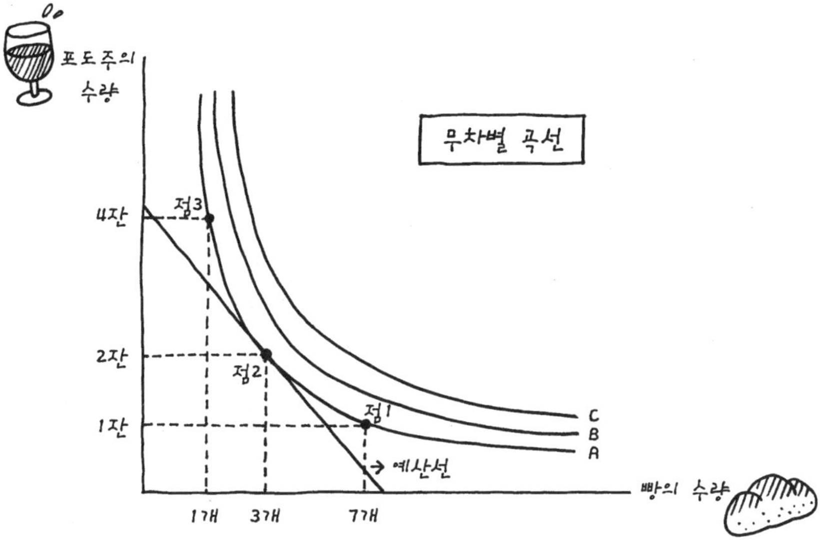

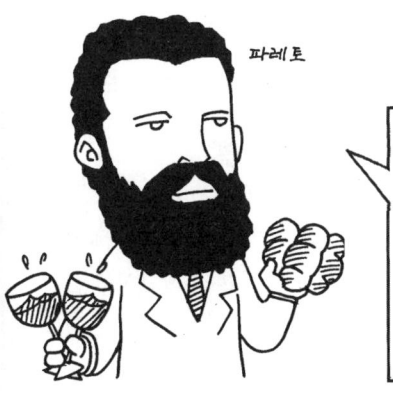

무차별 곡선

파레토

무차별 곡선에서 어떤 상품집합을 선택해도 비슷한 만족감을 주므로 각 집합간의 효용은 '무차별'하다 다만 점 2가 예산범위 내에 있으므로 가장 합리적인 선택이 될 것이다

선에 있는 어느 상품집합을 선택해도 비슷한 만족감을 주기 때문에 상품집합간의 효용이 무차별하다는 뜻에서 '무차별 곡선'이라고 부른다.

이렇게 얻어진 무차별 곡선은 다음과 같은 특징을 갖는다.

첫째, 이 무차별 곡선은 밖으로 확장될 수 있으며 교차하지 않는다. 구체적으로 얼마의 효용인지는 모르지만 무차별 곡선 C의 서수적 효용이 곡선 B보다 크고, 무차별곡선 B는 곡선 A보다 서수적 효용이 크다고 할 수 있다. 즉 무차별 곡선 A〈B〈C 의 순서인 것이다. 이 순서는 상품을 많이 가질수록 만족도가 높아진다는 단순한 사실을 의미한다. 다다익선인 것이다.

둘째, 무차별 곡선은 대부분 우하향선을 그린다. 무차별 곡선의 기울기는 소비자가 만족수준을 동일하게 유지하면서 한 재화를 다른 재화로 바꿀 때 교환되는 두 재화간의 비율, 즉 한계대체율을 뜻한다. 한 재화의 소비량이 감소하면 동일한 만족을 유지하기 위해 다른 재화의 소비량이 늘어나야 하기 때문에 무차별 곡선은 일반적으로 우하향선을 그린다고 할 수 있다.

셋째, 무차별 곡선은 원점에 대해 볼록하다. 앞서 설명한 것처럼 무차별 곡선의 기울기는 두 재화간의 한계대체율을 나타낸다. 그런데 대부분의 소비자가 자기가 많이 가진 것은 더 내놓으려고 하고 자신이 조금 보유한 재화는 덜 내놓으려고 하는 경향이 있기 때문에 원점에 대해 볼록한 형태가 되는 것이다.

파레토는 이 무차별 곡선에 소비자가 어떤 상품집합을 구매하기 위해 쓸 수 있는 돈을 의미하는 '예산선(budget line)'을 결합시켰다. 즉 예산선과 무차별 곡선의 접점에서 상품을 구매하는 것이 현실적인 예산 내에서 가장 높은 효용을 주는 선택이며 소비자 균형조건이라는 것이다.

가령 점 1(빵7개, 포도주 1잔)은 도표상의 점 2(빵 3개, 포도주 2잔)와 만족도는 같지만 예산 범위 밖에 있기 때문에 현실적으로 구매를 할 수 없다. 점 3(빵 1개, 포도주 4잔) 역시 점 2와 동일한 만족도을 주지만 예산 범위 밖에 있다. 따라서 소비자는 구매 가능한 빵 3개와 포도주 2잔을 선택하는 것이 가장 합리적일 것이다.

기수적 효용이론에 대한 대안으로 등장한 것이 무차별 곡선이며 현재까지도 소비자 선택이론을 전개할 때는 무차별 곡선과 예산선이 일반적으로 쓰인다. 하지만 이 역시 무차별 곡선이라는 것이 존재한다고 상정하고 그 곡선의 주어진 성질로부터 이론을 전개한다는 한계가 있다. 이에 따라 새뮤얼슨은 시장에서 수요지출 행동에 소비자의 선호가 나타난다는 현시선호이론을 제기하기도 했다. 시장의 가격·수량 데이터가 현시하는 선호관계에 대해서만 가설을 두어 수요법칙을 이끌어내려는 실증주의적 성격 이론이다. 이를 기준으로 해서 이론을 전개할 경우 소비자 균형조건은 관념적으로만 존재하는 무차별 곡선을 이용한 조건과 비슷한 결론이 나오게 된다. 따라서 새뮤얼슨은 무차별 곡선 없이 직접 관찰된 현시선호만 가지고도 수요에 관한 여러 가지 법칙을 도출해낼 수 있다고 주장했다.

파레토
파레토 최적 – 자원분배의 이상적 상태

　경제적 자원은 희소성을 기본 속성으로 한다. 희소한 자원을 어떻게 효율적으로 분배할 것인가 하는 문제가 경제연구의 핵심주제이기도 하다. 우선 개별 소비자 측면에서는 그 재화를 가장 원하는 사람에게 분배하는 것이 가장 효율적일 것이다. 사과를 좋아하는 사람에게 배가 분배되거나 바나나를 좋아하는 사람에게 사과가 분배된다면 똑같은 양을 가지고 모두가 불만족스러운 분배를 하게 된다.

　생산 측면에서는 소비자가 가장 원하는 재화의 생산에 목적을 두어야 하고, 자원은 가장 생산적인 산업과 기업에 돌아가야 한다. 공룡기업이 어떤 생산품에 대해 비효율적인 생산방식을 유지하고 있는데도 단지 뛰어난 로비 능력만으로 금융과 정책적 보호막을 등에 업은 채 그들보다 훨씬 효율적으로 생산할 수 있는 기업을 시장에서 퇴출시킨다면 이 역시 비효율적인 자원분배 방식이 될 것이다. 따라서 전체 구성원이 다같이 만족하는 자원분배 방식은 대단히 중요한 의미를 지니며 최적분배에 대한 고민과 연구는 미시경제학의 핵심 주제 가운데 하나라고 할 수 있다.

　전체 자원을 분배하는 방식은 여러 가지가 존재할 수 있다. 분배 방식 A, B, C가 있다고 할 때 어떤 사람은 A가 더 낫다고 생각하지만 다른 사람은 B나 C 방식이 더 낫다고 생각할 수 있다.

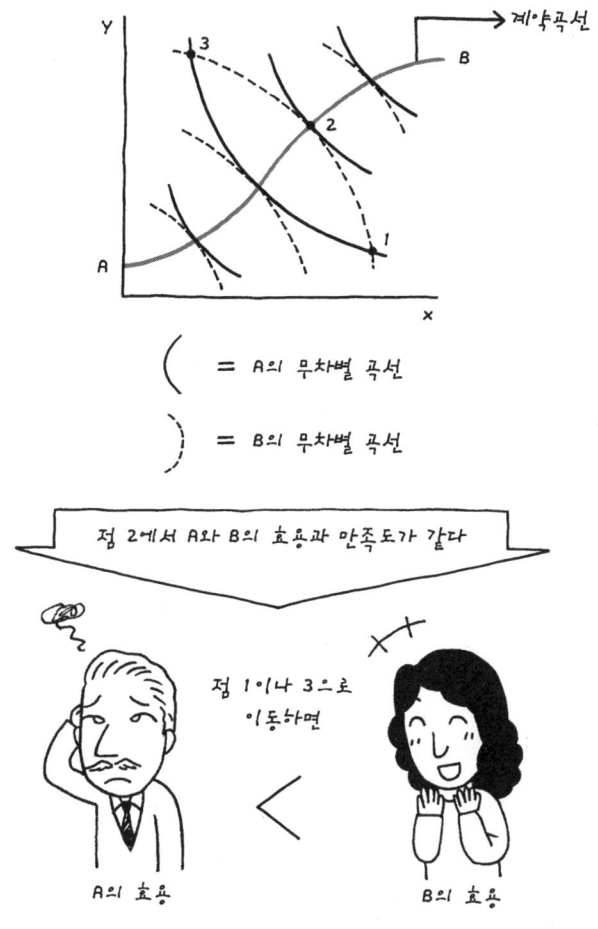

이처럼 다른 사람의 희생을 전제하지 않고서는
더 이상 개선될 수 없는 분배를 '파레토 최적'이라 한다

한계혁명의 시대

국민경제 내의 소비자들이 완전히 만족스럽진 않지만 A 방식이 그래도 B보다는 더 낫다고 느낄 경우 자원분배 방식 A는 B보다 '파레토 우월(Pareto superior)'을 지닌다고 말한다. 경제학자 파레토가 생각해낸 개념이기 때문이다. 이 경우 기존의 자원분배 방식 B를 A로 바꾸면 당연히 사회 전체의 만족도는 물론 개인의 효용이나 만족도도 높아진다.

　그런데 실현 가능한 분배 방식 C보다 파레토 우월을 지니는 실현 가능한 다른 분배 방식이 존재하지 않는다면 C 방식 내에서 어떻게 재분배하더라도 국민 모두의 만족도가 일제히 증가하지는 않는다. 한 사람의 만족도가 높아지면 다른 사람의 만족도가 낮아지고, 한 분야의 효용이 높아지면 다른 분야의 효용이 낮아지는 것이다.

　이처럼 다른 사람의 희생을 전제하지 않고서는 더 이상 개선될 여지가 없는 분배를 '파레토 최적(Pareto optimum)' 혹은 '파레토 효율'이라고 한다.

　그림의 '파레토 최적 계약곡선'에서 편의상 두 사람만 존재하고 두 개의 상품이 존재하는 경제가 있다고 가정해보자. 왼쪽 하단 원점 쪽으로 볼록한 무차별 곡선은 A라는 사람의 서수적 효용을 나타내는 무차별 곡선이며, 오른쪽 상단 원점 쪽으로 볼록한 무차별 곡선은 B라는 사람의 서수적 효용을 나타내는 무차별 곡선이다.

　이때 두 무차별 곡선이 마주치는 점 2가 두 사람 사이에서 파레토 최적을 달성하는 교환 가운데 하나라고 할 수 있다. 하지만 분배나 교환이 점 1로 옮겨가면 B의 효용은 같지만 A의 효용은 명백하게 하락한다. 또한 점 3에서 이뤄질 경우에도 B의 효용은 동일하지만 A의 효용은 하락한다. 다른 한쪽의 희생 없이 동일하게 만족도가 일치하는 분배나 교환은 점 2이다.

그림에서 알 수 있듯이 파레토 최적을 달성할 수 있는 분배·교환·생산 지점은 점 2 외에도 무수히 많아 하나의 궤적을 이루며 이어진다. 이처럼 파레토 최적을 달성하는 가상의 궤적을 '계약곡선'이라고 부른다.

그렇다면 시장에서 파레토 최적은 어떻게 달성되는가? 고전학파가 생각한 완전경쟁 시장에서 가격이 충분히 조정 역할을 하면 일반경쟁 균형에 따른 분배는 파레토 최적의 분배라고 할 수 있다. 자원이 가격의 조정에 따라 가장 필요한 곳으로 흘러가는 이상적인 분배 상태인 것이다. 이 같은 생각은 후생경제학에서 보통 '후생경제학의 제1 정리(the first theorem of welfare economics)'로 알려져 있다.

파레토 최적의 개념은 교환과 자원분배, 생산요소, 소득분배 등 모든 면에 적용할 수 있지만 현실경제 차원에서 보면 도저히 불가능한 몇 가지 전제조건을 내포하고 있다. 완전한 시장, 즉 무임승차 문제, 외부효과, 독과점, 정부간섭이나 규제, 노동조합 등이 없고 소비자나 생산자가 충분한 정보를 공유한 시장은 현실적으로 존재하기 어렵기 때문이다.

또 일반경쟁 균형에 따른 파레토 최적은 '불확실성'이라는 현실 경제의 또 다른 핵심 성격이 결여되어 있다. 설령 아주 이상적인 고전학파적 시장이 존재해 사람들이 전부 '현재'의 분배 방식에 만족한다고 하더라도, 이 방식이 불확실한 미래가 현실로 닥쳐왔을 때도 반드시 최선의 상태를 보장할 수 있을지는 알 수 없기 때문이다.

따라서 불확실성의 요인을 포함시킨다면 후생경제학의 제1 정리는 사전적 효율성(ex ante efficiency)일 뿐 사후적 효율성(ex post efficiency)을 보장하지 못한다. 따라서 파레토 최적은 경제에 있어 자원분배의 최적 효율을 상징하는 이상적 개념이지만 현실적으로는 달성하기 어려운 목표이기도 하다.

로빈슨
불완전경쟁 – 불완전한 시장, 보이지 않는 손의 실종

경제와 경제제도가 진화를 거듭하면서 아담 스미스 등 고전학파가 주장한 완전경쟁 시장과 보이지 않는 손의 신화는 거센 도전을 받게 된다. 고전학파가 주장하는 완전경쟁 시장과 일물일가(一物一價)의 법칙이 성립하려면 다음과 같은 몇 가지 전제조건이 필요하다.

조건 1 다수의 소비자와 다수의 기업이 존재하는 시장일 것
조건 2 이 소비자와 기업은 시장 상황에 대해 완전한 정보를 공유하고 있을 것
조건 3 시장 진입과 탈퇴가 언제 어느 상황에서나 가능할 것
조건 4 동일한 상품일 것
조건 5 시장의 가격기능을 방해하는 어떤 규제나 외부요인도 존재하지 않을 것

로빈슨 Joan Violet Robinson 1903~1983
영국의 경제학자. 제2차 세계대전 전에는 독점 하에서의 경쟁에 관한 불완전경쟁이론을 확립해, 케인스 이론의 장기화를 목표로 한 고용이론을 전개하는 등 케인스학파의 일원으로 그 이론의 보급과 확충에 노력했다. 전후에는 마르크스 경제학 분야에도 진출해 자신의 적극적 주장을 체계화한 자본축적론·경제성장론·분배론 등 이론적 연구와 방법론에 관한 많은 저작을 통해 다채로운 활동을 계속했다. 저서로 『불완전경쟁의 경제학 The Economics of Imperfect Competition』(1933) 『고용이론 연구 Essays on the Theory of Employment』(1937) 『자본축적론 The Accumulation of Capital』(1956) 『경제연구 Economic Philosophy』(1962) 등이 있다.

그런데 현실적으로 이런 완전경쟁 시장이 존재할 수 있을 것인가? 완전경쟁 시장은 부분적·일시적·국지적으로는 존재 가능할지 모르지만 장기적이고 전체적으로 존재하는 경우는 드문 것이 현실이다. 심지어 동일한 품질·기능·가격의 상품에 대해서도 소비자들은 광고를 통한 브랜드 이미지의 차이 때문에 서로 다를 것이라고 '생각'한다. 적지 않은 '인지적 차이'가 존재하는 것이다.

완전경쟁 시장의 대척점에 있는 것이 완전독점이다. 마이크로소프트처럼 전 세계 시장의 컴퓨터 운영체계를 사실상 독점한 기업이 존재할 경우 경쟁적 시장가격에 의한 자동조절은 의미가 없어진다.

대부분의 현실적 시장은 완전경쟁과 완전독점의 중간적 성격을 갖는 경우가 많을 것이다. 이른바 '불완전경쟁 시장'이라고 할 수 있는데, 1933년 미국과 영국에서 불완전경쟁 시장을 분석한 획기적인 책 두 권이 발간되었다. 미국의 체임벌린(Edward Chamberlin)이 저술한 『독점적 경쟁론Theory of Monopolistic Competition』과 영국의 로빈슨이 저술한 『불완전경쟁의 경제학The Economics of Imperfect Competition』이었다. 두 사람은 서로 연관이 없이 독자적인 연구를 했으나 비슷한 결과의 저작물을 내놓은 것이다. 체임벌린이 생산물의 분화와 광고문제 등에 의한 불완전경쟁을 강조한 데 비해 로빈슨은 독점기업의 가격차별화 정책 분석과 노동시장에서 독점적 요소의 효과 분석 등에서 탁월한 견해를 보였다.

로빈슨에 따르면 완전경쟁 시장에서 다수의 기업과 소비자들은 가격 순응자(price taker)들이다. 가령 한 기업이 제품 A의 시장 가격이 낮아져서 다른 기업들은 모두 가격을 내리는데 혼자만 가격을 안 내리면

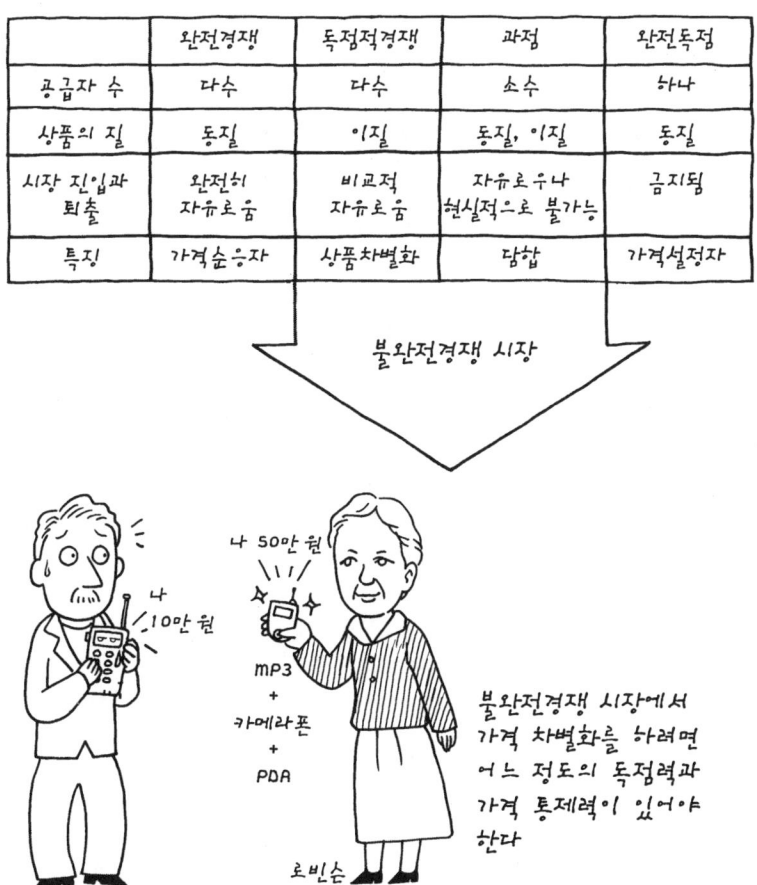

정보를 꿰고 있는 소비자들이 모조리 다른 기업으로 가버리기 때문에 도산으로 직행하게 된다. 시장에서 살아남으려면 가격변화에 순응할 수밖에 없는 것이다.

그런데 이 기업이 어느 정도 상품독점력을 갖게 되면 어떻게 될까? 적어도 다른 경쟁 기업의 출연 전까지는 가격 순응자가 아닌 '가격 설정자'로서 힘을 갖게 된다. 가령 아이스크림 프랜차이즈 업체가 있다고 하자. 똑같은 아이스크림이라도 서울 시내에서 팔 때는 제값을 그대로 받는다. 다른 비슷한 아이스크림 가게들이 주변에 많기 때문이다. 그러나 같은 프랜차이즈라도 더운 여름날 유원지에서는 더 비싸게 받을 수 있다. 제한된 지역 내에서의 독점력 때문이다. 유원지에서는 소비자 잉여가 줄어드는 대신 생산자의 수입이 늘어나는 것이다. 독점 판매권을 확보한 유원지에서 아이스크림 판매량이 급증하면 서울 시내 판매량을 줄여서라도(갑자기 아이스크림 생산량을 많이 늘릴 수는 없으니까) 유원지의 물량을 충족시키려고 노력할 것이다. 이것이 유명한 '가격차별이론'이다.

불완전경쟁 시장에서 기업이 가격을 차별화할 수 있는 조건은 무엇일까?

첫째, 시장에 반드시 한 기업만 있을 필요는 없지만 기업에 어느 정도의 독점력과 가격 통제력이 있어야 한다.

둘째, 기업이 생산물 시장을 분리할 수 있어야 한다. 앞서 예로든 유원지의 아이스크림 가게는 일반 도심지 가게와는 분리된 시장이라고 할 수 있다. 유원지에 놀러온 사람들이 가격이 더 비싸다는 것을 알더라도 아이스크림 하나를 싸게 먹기 위해 도심으로 나가지는 않을 것이기 때문이다.

생산물 시장뿐 아니라 노동시장 등 요소시장에서도 독점적 요소들이 존재할 수 있다. 다른 생산요소들이 고정되었을 때 노동자 한 사람을 더 고용할 경우 추가로 산출되는 생산물의 양을 '한계생산물'이라고 했을 때, 완전경쟁 시장에서 노동자의 임금은 '한계생산물 가치'를 지닌다. 즉 노동자 한 사람이 산출할 수 있는 한계생산물의 가치보다 더 많은 임금을 주면 기업이 망하고 그보다 덜 주면 노동자들이 다른 기업으로 옮겨버린다. 그런데 만약 어느 지역에 독점 기업이 존재해 지역 노동자들을 고용할 경우 기업은 자신이 정한 저임금으로 노동자를 고용할 수 있다. 노동자들은 자신의 노동력으로 더 높은 임금을 받을 수 있다는 것을 알면서도 울며겨자먹기로 그 임금에라도 채용되려고 할 것이다. 경쟁이 될 만한 다른 기업이 없는 상황에서는 기업의 임금횡포가 가능해지는 것이다.

한 기업의 독점이 이루어질 때 경쟁적 균형에서 받을 수 있는 임금보다 낮은 수준의 임금을 받는 현상을 로빈슨은 '독점착취(monopoly exploitation)', 보다 일반적으로는 '노동착취'라고 불렀다.

창조적 파괴
자본계수
빈곤의 악순환
장기파동
기술지식
래퍼 곡선
로렌츠 곡선

제4장

경제성장과 돈 이야기

교환방정식
케임브리지 방정식
유동성 선호
유동성 함정
승수효과
구축효과
자연실업률
항상소득 가설
신화폐수량설
토빈의 q
자산선택
합리적 기대
필립스 곡선
스태그플레이션

슘페터
창조적 파괴 – 경제를 움직이는 동인

  인구는 큰 변동이 없고 노동은 늘 비슷한 정도로 공급되며 생산이나 소비가 매년 비슷하게 이루어지는 어떤 경제가 있다고 하자. 노동증가분에 맞는 자본이 해마다 축적돼 자본–노동 비율에 별 변화가 없고, 따라서 노동과 자본 생산량이 모두 비슷한 비율로 성장하는 이 의사균형상태의 경제는 매년 기본적으로 동일한 경로를 걷는 순환적 흐름을 계속할 뿐이다. 이를 정태(靜態)라고 한다. 고전학파와 신고전학파의 이론은 이 같은 정태경제를 가정하고 정상상태에서 자원의 최적분배 문제에 관심을 집중시켰다.

  그런데 어느 나라건 이처럼 정태적인 경제에 어떤 변화가 생겨 경제성장이 기존의 경로를 이탈함으로써 완전히 새로운 경로를 택해 발전하는 경우를 목격하게 된다. 이 같은 긍정적 이탈이 자주 발생하면 경제는 큰 폭으로 성장해 선진국으로 도약하는 것이다.

  거시경제학은 한 나라의 경제가 경로 이탈을 만들어내는 요인과 생

슘페터 Joseph Alois Schumpeter 1883~1950
오스트리아 출신의 미국 경제학자. 제1차 세계대전 후 오스트리아의 재무장관과 비더만 은행 총재를 지내기도 한 그는 1932년 미국으로 건너가 하버드대학 교수로 있으면서 미국에 귀화하여 여생을 그곳에서 보냈다. 케인스와 더불어 20세기 전반의 대표적 경제학자로 평가되고 있다. 주요 저서로는 『경기순환론Business Cycles』(1939) 『자본주의, 사회주의, 민주주의 Capitalism, Socialism and Democracy』(1942) 등이 있다.

산성을 올리는 내재적 원인을 분석하고 경제가 장기적 성장과정에서 왜 순환을 일으키는지를 규명하려고 노력한다. 또 경제성장 경로가 꾸준히 지속적으로 이뤄지는지, 아니면 비연속적·구조적으로 변화하는지 등을 연구한다.

경제성장이 투입요소량의 변화에 따라 지속적으로 이뤄진다고 생각한 경제학자는 케인스이며, 비연속적으로 이뤄진다고 본 대표적인 학자들이 마르크스·슘페터·로스토우 등이다. 마르크스는 생산양식의 변화가, 로스토우는 경제구조의 변화가 있을 때 집중적으로 경제성장이 이뤄진다고 생각했다.

한편 슘페터는 한 국가의 생산성을 높이고 경제도약을 일으키는 내재적 원인은 이윤을 극대화하려는 기업가적 정신과 기술혁신이라고 생각했다. 슘페터의 동태적 역사관에 따르면 자본주의의 역사적 과정은 단순히 인구나 자본의 증가에 따른 연속적 변화가 아니라 끊임없는 생산방법의 변화와 혁신의 역사이며 비연속적으로 일어나는 도약에 의해 이루어진다. 따라서 전통 경제이론에서 중요시하는 가격 경쟁보다는 비용과 질의 우위를 위한 경쟁이 훨씬 중요해진다. 기업가 정신이 만들어낸 혁신은 신상품 생산, 신생산방식 도입, 신시장 개척, 신자원 획득과 이용, 신조직 달성 등의 결과로 이어진다. 기존 생산방식을 파괴하면서 동시에 완전히 새롭고 효율적인 생산방식을 만들어내 경제발전의 기초와 원동력을 이루기 때문에 슘페터는 혁신을 '창조적 파괴'라고 불렀다.

예를 들어 범선이 주류를 이뤘던 시대에 어떤 운수업자가 좀더 속도가 빠르고 많은 물건을 실을 수 있는 배를 찾다가 이제 막 세상에 등장한 증기기관에 착안했다고 하자. 이 운수업자는 증기기관을 배에 장착하면 훨씬 속도도 빨라지고 물건도 더 많이 실을 수 있다고 생각해 증기로 가는 배를 건조하기로 했다. 실패하면 엄청난 돈을 손해 보겠지만 대신 성공하면 다른 경쟁자들을 적어도 몇 년은 앞설 수 있는 황금

같은 기회가 된다. 돈이 부족한 이 운수업자는 은행으로부터 대규모 자금을 빌려 증기기관 선박을 건조했다. 결과는 대성공이었고 경쟁 운수업자들이 느리고 비효율적인 범선에 매달려 있는 동안 신기술을 효율적으로 도입한 운수업자는 엄청난 돈을 벌게 된다. 모험이라는 걸 알면서도 이 운수업자에게 거액을 대출해준 은행까지 돈을 벌게 된 것은 물론이다.

부자가 된 이 운수업자를 지켜보던 경쟁업자들이 약간의 시차를 두고 증기기관 도입에 나서기 시작해 비효율적인 범선은 점차 역사 속으로 사라지고 효율적인 증기기관의 시대가 열린다. 증기기관 선박 도입에 자극을 받은 다른 기계업체나 철도 등 모든 분야에 증기기관이 응용되고 발전되기 시작해 경제는 지금까지와는 전혀 다른 차원으로 도약한다. 이것이 영국의 산업혁명에서 벌어진 한 양상이었다. 증기기관이라는 혁신적 기술이 위험을 무릅쓴 왕성한 기업가 정신에 의해 전 산업 분야로 확산되면서 범선이라는 산업을 파괴하는 동시에 새로운 경제 도약이라는 창조적 에너지로 전환된 것이다. 모험을 무릅쓴 기업가의 이윤추구 동기가 전 산업에 창조적 파괴의 과정을 불러온 셈이다.

슘페터에 따르면 혁신은 계속해서 모방투자를 자극해 다른 혁신으로 이어지며 경기의 상승, 즉 번영이 이뤄지게 된다. 이익이 큰 신규투자 가능성을 발견한 영리한 소수 기업가가 은행으로부터 거대자본을 차입해 투자를 늘리고 그 결과로 화폐공급이 늘어나 가격이 상승하고 강제저축이 일어남으로써 추가자본 형성에 필요한 저축이 일어난다고 주장한 것이다.

게다가 창조적 파괴에 의한 성공적 일탈은 일회성으로 그치지 않는다. 그 기업가의 성공에 자극받은 다른 기업가들이 신규로 모방투자를 하게 되고 이들의 성공과 실패는 새로운 시장을 만들어내고 또 다른 기술혁신과 발명, 새로운 연구 등으로 이어진다. 정체상태에 있던 경제는 동태적으로 새로운 성장괘도에 접어들게 된다.

모방투자가 과잉상태에 접어들고 기술혁신에 의한 비용절감 가능성이 사라지고 나면 경기후퇴의 후유증을 겪게 되는 부작용도 발생하지만, 그럼에도 경제는 새로운 성장경로에 접어들고 보다 높은 자본-노동 비율이 형성되는 것이다.

해러드
자본계수 – 자본축적이 경제성장을 일으킨다

    경제성장의 비연속성을 주장했던 마르크스나 슘페터 등과는 달리 일단의 다른 학자들은 저축 등을 지속적으로 늘리는 것이 국민소득을 늘리고 빵의 크기를 키우는 데 훨씬 더 중요한 요인이라고 생각했다. 특히 케인스는 투자의 이중성이 경제성장에 미치는 영향에 주목했다. 투자는 우선 한 나라에 존재하는 자본의 총량을 늘려 생산능력을 높인다. 동시에 다른 한편으로는 기업수요의 한 구성요소로서 경제의 총수요를 증가시켜 경제성장을 촉진시킨다. 이것이 투자의 이중성이다. 가령 투자가 늘면 공장이나 기계 등 생산설비가 늘고 수송시설과 물류기반 시설이 증가한다. 주택공급도 늘어나고 토지개량이 이뤄지는 등 사회 전체의 생산력이 확대된다. 또 기업이 투자를 늘리면 자본재에 대한 대량 소비가 이뤄지기 때문에 소비 측면에서도 경제성장에 도움을 주는 것이다.

해러드 Henry Roy Forbes Harrod 1900~1978
영국의 경제학자. 케인스의 제자로 옥스퍼드대학과 케임브리지대학에서 공부했으며, 동태적 성장이론과 거시경제학 분야에서 선구적인 업적을 남겼다. 해러드는 1930~1940년대에 '성장동학'이라는 개념을 최초로 정식화했는데, 그는 균형성장률에 대한 수량적 분석보다는 그것의 결정요인들에 대한 분석을 강조했다. 이러한 그의 견해는 『동태경제학서설 Towards a Dynamic Economics』(1948)에서 언급되고 있다. 해러드-도마 경제성장 모형은 해러드와 미국의 경제학자인 E.D. 도마의 이름을 딴 것으로 경제발전 문제에 응용되고 있다.

해러드는 지속적 투자가 지속적 경제성장을 가져온다는 케인스의 주장을 받아들여 동태적 성장이론을 전개시켰다.

국민총생산 Y가 노동력 L과 자본재 K만으로 이뤄진다고 가정하자. 그러면 Y=f(L, K)로 표시된다. 이 식에서 생산요소인 노동 L의 국민총생산 Y에 대한 비율을 '노동계수(L/Y)'라고 한다. 자본 K의 국민총생산에 대한 비율은 '자본계수(K/Y, capitial coefficient, capital-output ratio)'라고 정의된다. 또 성장률을 1%포인트 높이려면 자본이 몇 %포인트 증가해야 하는지를 정의한 것이 '한계자본계수'이다.

해러드는 생산요소 가운데 자본계수의 역할에 주목했다. 경제성장을 사후적으로 분석한 결과 경제성장률과 현재의 자본총량(K)을 국민총생산(Y)으로 나눈 비율인 자본계수가 서로 밀접한 관계가 있다는 사실을 밝혀낸 것이다. 축적된 자본의 양(K)은 투자에 의해 이뤄지며 투자의 재원은 저축이기 때문에 성장률과 저축률은 깊은 상관관계가 있다. 즉 적정성장률은 항상 저축률을 한계자본계수로 나눈 값과 같다.

이 같은 결론은 무엇을 의미할까? 만약 어떤 경제가 버는 대로 다 써버리고 저축이 없다면 이 경제의 미래는 암울할 수밖에 없다. 저축이 이뤄지지 않으면 기업들이 투자할 재원이 없고 기업들이 투자를 하지 않으면 생산능력이 확충되지 않는다. 부가가치가 높은 산업은 의류나 신발 등 노동집약적 산업이 아니라 반도체, 철강, 자동차 등 자본집약적 산업이며 경제가 고도로 발전한 선진국으로 향하려면 저축을 통한 자본형성이 필수적인 것이다.

실제로 1960년부터 1991년까지 각국의 경제성장률을 보면 투자가 경제성장에 중요하다는 해러드의 이론이 맞는다는 사실을 경험적으로

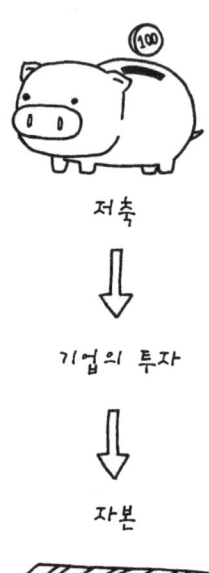
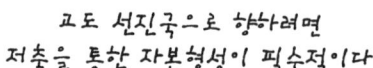

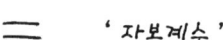

확인할 수 있다. GDP 대비 투자율이 5%에 미치지 못한 방글라데시나 르완다는 1인당 GDP 성장률이 1%를 가까스로 넘긴 반면, 투자율이 20~30%에 이르는 한국, 일본, 싱가포르 등은 성장률이 6~7%에 이르렀다. 경제성장률과 투자율 사이에는 강한 상관관계가 있다는 사실이 통계적으로 입증된 것이다.

그렇다면 투자가 경제성장을 위한 만병통치약일까? 그렇게 간단하다면 왜 모든 국가가 투자를 통해 빵의 크기를 키우지 못하는 것일까?

해러드는 모든 기업이 가장 합리적으로 투자할 때의 자본계수를 '필요자본계수'라고 정의하고, 필요자본계수 하에서의 경제성장률을 '적정성장률(warranted rate of growth)'이라고 했다. 즉 적정성장률은 현재의 자본을 완전히 이용해서 바람직한 분야에 적정 타이밍으로 투자했을 때 기대할 수 있는 사전적 성장 기대치인 것이다.

반면 사후적으로 관찰된 현실성장률을 '실제성장률(actual rate of growth)'이라고 하고 인구 증가율에 따라 설비가 완전히 이용되었을 때의 성장률을 '자연성장률(natural rate of growth)'이라고 하는데, 해러드는 이 3가지 개념의 차이를 이용해 자본주의의 불안정한 경제성장과 실업의 원인을 설명했다.

만약 어떤 경제의 실제성장률이 적정성장률과 일치한다면 시간이 흘러도 경제변수들 상호간의 비율은 일정하게 유지되기 때문에 성장경로는 균형성장경로가 되며 그 경제는 동태적으로 균형상태에 있다고 할 수 있다. 그러나 어떤 이유로 적정성장률보다 현실경제성장이 더 높을 경우에는 호경기가 발생하며 인플레이션 갭이 생긴다. 반대로 적정성장률보다 현실성장률이 더 낮으면 불경기가 발생한다.

경제성장의 현실이 적정성장률보다 낮게 나타나는 이유는 얼마든지 있다. 아무리 국민들이 허리띠를 졸라매고 저축을 해도 기업이 이를 제 때 적재적소에 투자하지 못하면 경제성장으로 연결되지 않는다. 정치적인 이유 때문에 투자가 성장으로 연결되는 고리가 차단되기도 한다. 자연스럽게 정리해야 할 산업분야에 정치적인 이유로 과잉투자가 되기도 하고 정작 투자가 필요한 분야에는 투자가 제대로 이뤄지지 않는 경우가 많기 때문이다.

또 저축률이 자연성장률이 요구하는 저축률보다 많으면 만성적인 저축과잉이 생긴다. 반대로 현실저축이 자연성장률이 요구하는 투자 수준보다 부족할 때는 장기적인 저축률 부족으로 구조적 실업이 생겨날 가능성이 있다.

이처럼 해러드는 저축과 투자의 관계에서 생기는 괴리가 누적적으로 경기를 변동하게 만드는 내재적 요인이며 불안정한 경기변동 때문에 안정적인 성장이 매우 어렵다고 주장했다. 자본주의 시장경제는 장기적으로 동태적 불안정성을 내포하고 있다는 것이다.

넉시
빈곤의 악순환 – 후진국의 투자부족과 저성장

최초에 동일한 자본과 노동 등 생산요소를 보유한 두 국가가 있다고 하자. 한 나라는 해마다 지속적인 경제성장을 이룩하고 다른 나라는 경제성장률이 거의 제로에 가깝거나 마이너스 성장을 할 경우 몇 년이 지나면 두 나라의 경제는 선진국과 후진국으로 확연하게 갈라지게 된다. 넉시는 1953년의 저서 『저개발국의 자본형성의 제문제』에서 저개발국들이 왜 지속적인 경제발전 궤도에 오르지 못하는지를 분석했다.

넉시에 따르면 후진국 경제개발의 필수요건은 자본형성이다. 그런데 후진국일수록 자본축적이 빈약하여 투자가 부족하고 생산성이 낮으며 따라서 실질소득도 낮다. 소득이 빈약하다보니 하루 벌어 하루 먹고 살기도 부족해 저축이 부족할 수밖에 없고 따라서 심각한 자본부족에 직면한다.

국민들이 소득이 낮으면 구매력이 떨어지고 시장이 협소해진다. 물

넉시 Ragnar Nurkse 1907~1959
미국의 경제학자. 에스토니아 출생. 『저개발국 자본형성의 제문제 *Problems of Capital Formation in Underdeveloped Countries*』(1953)를 통해 개발도상국 경제의 부진 원인을 1차산품 수출의 저조와 빈곤의 악순환에 두고, 이의 극복을 위해서는 각 산업이 수요에 대응하는 균형적 성장을 이룩해야 한다고 주장했다. 주요 저서로는 『국제자본 이동론 *Internationale Kapitalbewegungen*』(1935) 『국제통화 *International Currency Experience*』(1944)가 있다.

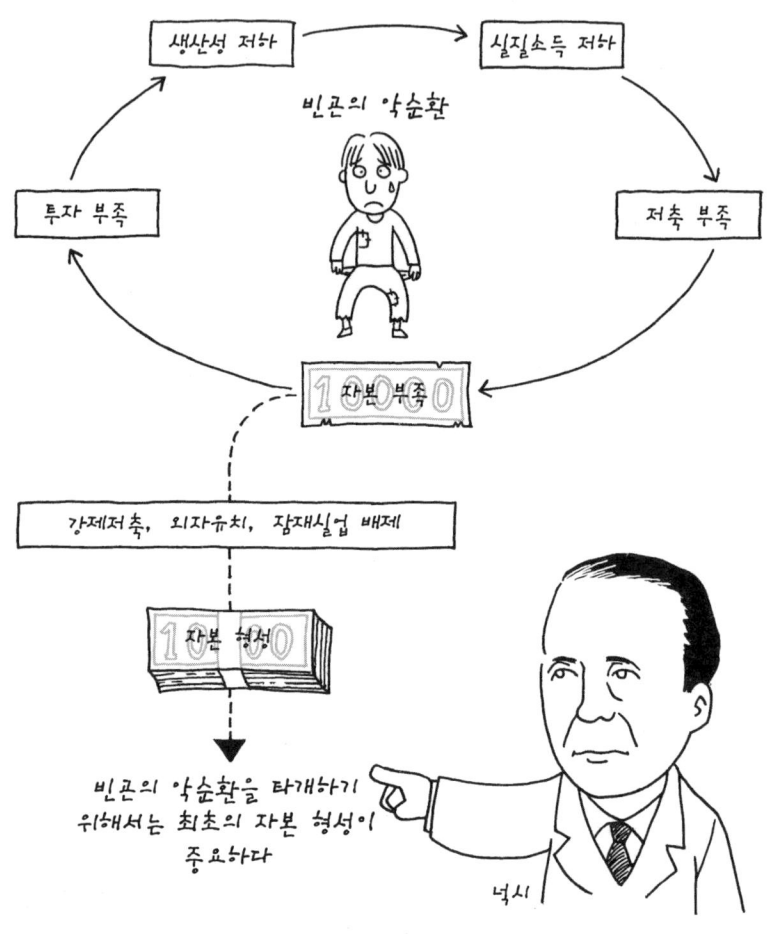

건을 만들어봐야 팔릴 데가 없으니 기업들은 투자를 안 하고 투자수요는 부족해진다. 당연히 고용이 줄어들고 실업자가 늘어나며 봉급수준도 낮아져 저소득이 심화된다. 넉시는 투자의 공급(저축)과 수요(기업투자)가 이처럼 서로 얽혀 경제를 바닥으로 떨어뜨리는 현상을 '빈곤의 악순환'이라고 불렀다.

빈곤의 악순환을 타개하기 위해서는 강제저축이든 외자유치든 최초의 자본형성이 결정적이다. 그러나 소득이 낮은 후진국에서는 국민들의 자발적 저축을 기대하기 어렵기 때문에 자본형성을 이룩할 수 있는 여러 가지 수단이 필요해진다.

전통적인 자본축적의 방법은 소비를 절약해서 저축을 증가시키거나(고전학파의 방식) 정부가 대량소비를 해서 경기를 진작시키고 가계소득을 늘려 저축을 하는 방식(케인스 방식) 등이다. 그러나 넉시는 두 가지 방식 모두가 후진국에는 적용되기 어렵다고 봤다. 후진국은 워낙 소득이 낮아 더 절약할 여지가 없으며 정부가 대량으로 돈을 쓴다고 해도 실질소득이 증가한다고 볼 수도 없기 때문이다.

그가 생각한 방법은 잠재실업(위장실업)의 배제였다. 즉 후진국 산업의 대부분을 차지하고 있는 농촌이나 가족형 기업의 경우 실업이 적은 것 같지만 실제로는 그 사람이 없어도 전혀 생산에 지장이 없는 잠재실업자들이 많다. 따라서 잠재실업자들을 국가가 빼내 훈련을 시키고 다른 생산분야로 돌리면 농업이나 가족형 기업이라도 인건비가 줄어들어 일정량의 초기 자본형성이 가능해진다는 것이다. 넉시는 이렇게 생겨나는 자본형성을 잠재적 저축이라고 했다. 또한 그는 후진국의 일부 부유층들이 외국 수입품을 구매해 사용하는 전시효과적 소비를 억제해도 일부 저축이 가능하며, 강제저축이나 외자유치도 생각해봐야 한다고 주장했다.

그렇다면 일단 형성된 자본은 어떻게 투자하는 것이 효과적일까?

넉시는 후진국에서는 모든 산업이 빈곤할 뿐 아니라 빈곤의 악순환은 수요와 공급 양측에 다같이 존재하고 있으므로 모든 부문으로부터 동시에 빈곤을 추방해야 한다고 봤다. 더구나 자본형성 부족이 빈곤의 악순환의 근본 원인이므로 강제저축이나 투자유치 등 무슨 수단을 써서든지 자본형성을 늘려 각 산업에 전면적으로 투자해야 한다고 주장했다. 광범위한 이종산업에 동시에 투자해야 한다는 것이다. 산업 전반에 걸쳐 투자를 늘리는 것은 모든 산업이 서로가 새로운 시장을 제공하기 때문이며, 이 같은 동시 투자가 균형성장과 시장의 전면적 확대를 가져온다고 했다. 예를 들면 A산업의 투자가 증가해서 생산이 늘더라도 다른 부문의 생산과 소득이 증가하지 않으면 A산업이 아무리 많이 생산을 해봐야 다른 부문으로 파급이 되지 않고 수요가 없어 지속성장이 불가능하다는 것이다. 넉시가 주장한 것처럼 전면투자와 상호수요에 의한 시장의 확대를 균형성장이라고 한다.

넉시의 주장처럼 전 산업에 투자하기 위해서는 천문학적인 자본이 필요하다. 그런데 후진국일수록 자본이 부족하다보니 충분치 못한 투자가 불가피해져서 어느 쪽에도 효과를 내지 못하고 경제를 불안정하게 하는 경우가 많다. 지속적 성장에 필요한 생산력의 증가 없이 화폐소득의 증가가 선행됨으로써 물가 불안정만 초래할 우려가 발생하는 것이다. 또 투자에 기준을 두지 않고 전면적 투자방식을 택할 때 후진국은 일반적으로 경공업에 치중하며 외국에서 원료와 시설재를 수입하기 때문에 환율위험에 자주 노출돼 외환위기에 직면할 가능성이 높고 선진국 경제에 대한 의존성이 높아진다. 전면적 투자방식은 또 대외의존도가 크고 가격기구가 불완전한 후진국에서는 큰 효과를 기대하기 어렵다.

  이 때문에 전방위 투자를 강조하는 넉시의 주장과는 달리 '선택과 집중'을 주장하는 불균형성장이론이 최근에는 설득력을 얻고 있다. 허쉬만(A.O. Hirschman)은 한 산업의 성장은 다른 산업의 성장에 연관성이 있으며 어떤 산업이 다른 산업에 가장 큰 영향을 미치는가를 먼저 생각해야 한다고 주장한다. 투자에 있어 주도적인 산업 부문을 선택한다고 해서 다른 부문이 전멸하는 것은 아니라는 것이다. 가령 2차 산업에 집중 투자하면 원료가 필요하기 때문에 1차 원료산업이 함께 발달할 것이고 판매를 위해 3차 유통업이 추가로 발전할 것이라는 주장이다.

콘트라티에프
장기파동 – 장기에 걸친 경제순환

경제는 자주 불안한 움직임을 보인다. 호황이라면서 인플레이션을 걱정하고 정책금리를 올리던 정부가 경기가 불황국면에 접어들면 투자를 늘리기 위한 정책을 걱정하게 된다.

경제는 일정한 순환을 그리며 성장하는 경향이 있다. 경기순환을 일으키는 요인은 계절적 변동과 순환적 변동, 추세적 변동, 그리고 도저히 예측하기 어려운 불규칙한 변동 등 4가지로 분류할 수 있다. 이 가운데 순환변동은 광의의 경기변동론에서 연구대상으로 하는 것이며, 단기파동·중기파동·장기파동으로 세분하는 것이 일반적이다.

자본주의 경제의 역사는 단기·중기·장기파동을 기록하면서 번영과 침체과정을 반복해왔다고 할 수 있다. 생산·고용·물가 등이 한번 어떤 방향으로 움직이기 시작하면 똑같은 방향으로 누적적으로 발전해 호황이나 불황의 과정을 겪게 되는 것이다. 이 같은 파동은 일정한

콘드라티에프 Nikolay Dmitriyevich Kondratieff 1892~1938(?)
러시아의 경제학자·통계학자. '콘드라티에프 파동'이라고 하는 50년 주기의 장기적인 경기순환에 관한 분석과 이론으로 알려져 있다. 그는 소련의 경제성장에 영향을 미치는 경제적 요인들을 분석하기 위한 방법론을 고안했을 뿐만 아니라 제1차 소련 경제개발 5개년 계획의 입안을 도왔다. 하지만 스탈린의 농업 집단화 정책과 공업과 농업의 불균형적인 발전계획을 비판하다 체포되어 1938년 사형이 언도되었다. 그가 죽은 날짜와 장소는 알려지지 않았으며, 1987년에 사면되었다.

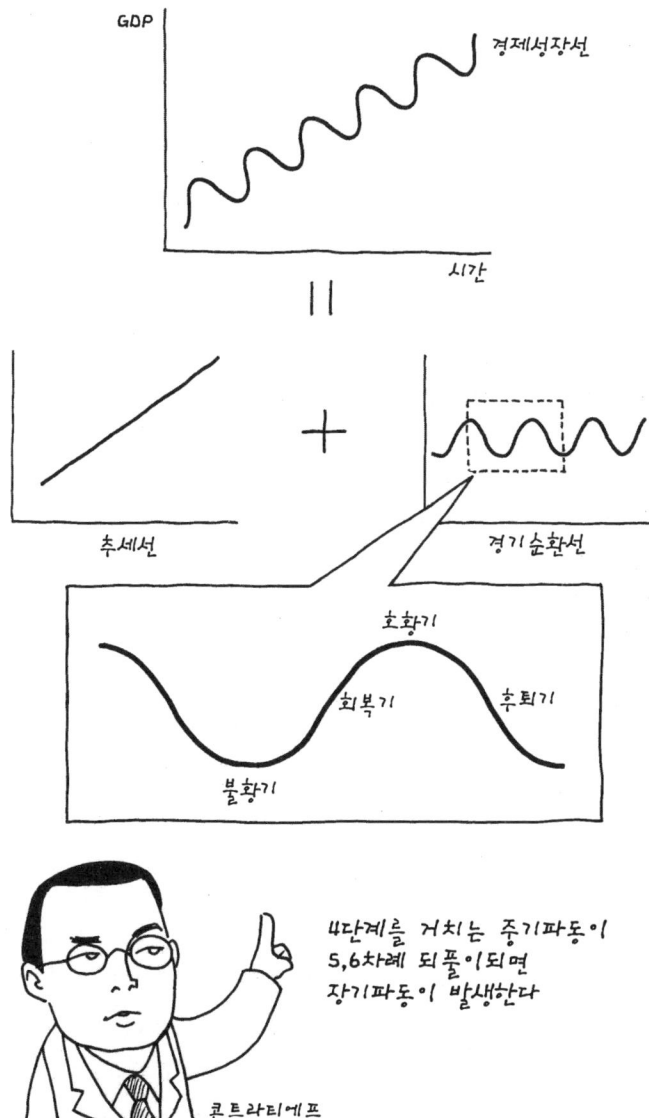

경제성장과 돈 이야기

주기를 갖고 반복되는 특징이 있기 때문에 이를 경기순환 혹은 경기변동이라고 부른다.

경기변동은 기간이나 진폭에 따라 주순환(主循環)과 소순환으로 분류된다. 주순환과 소순환을 명확하게 분리할 수 있는 만족할 만한 통계적 연구는 아직 나와 있지 않다. 그러나 일반적으로 주순환은 사회적·정치적·경제적 생활의 온갖 측면에 영향을 주는 현상으로 지속기간이 최저 6년에서 최고 13년에 미치고, 따라서 평균 9~10년을 1순환과정으로 하는 것을 뜻한다. 소순환은 역시 경기순환 현상이기는 하지만 주순환만큼 변화의 폭이 격심하지 않고 변동의 진폭이 작으며 기간은 최저 18개월에서 최고 4년에 걸치는 것으로 생각된다. 일반적으로 주순환은 설비투자의 변동에 영향을 미치고 소순환은 재고투자의 변동에 영향을 미친다.

불황기·회복기·호황기·후퇴기 등 주로 4단계를 거치는 중기파동이 5,6차례 되풀이 되면 장기파동이 발생한다. 경제학자 콘트라티에프에는 자본주의 발생 이후의 유럽경제를 물가·이자율·생산량 등의 요인에 따라 통계적으로 분석한 결과 실제로 이 같은 장기파동이 발생한다는 사실을 밝혀냈다. 콘트라티에프에 따르면 장기파동은 50~60년 간격으로 발생하며 1780~1850년까지 제1파, 1850~1890년까지 제2파, 1890~1920년까지 제3파가 발생했다.

경제가 이처럼 50~60년 주기로 장기파동하는 원인은 무엇일까? 전쟁설, 금생산설 등이 있지만 일반적으로는 혁신적 기술의 발명과 도입이 원인인 것으로 추정되고 있다. 실제로 콘트라티에프 파동의 1기에는 영국에 산업혁명이 발생했고, 2기에는 철강업과 철도산업이 발달해 공업 전반에 영향을 미쳤으며, 3기에는 전력·화학·자동차 공업 등이 발달한 것이 원인인 것으로 보여진다.

한편 미국의 흑인 경제학자 루이스는 실질국민소득만으로 경제성장 추세를 분석했을 때 10년 주기의 중기파동과 50~60년 주기의 콘트라티에프 파동 사이에 20년 정도의 성장순환 사이클이 존재한다는 사실을 발견했다. 이 사이클은 순수하게 국민소득 성장률의 순환만을 분석했기 때문에 경제성장에 관한 기복을 분명하게 알 수 있다는 장점이 있다. 실질경제성장에 왜 이 같은 중장기 파동이 존재하는가 하는 의문에 대해서는 여러 가지 분석이 현재형으로 진행되고 있는데, 일부에서는 인구와 자본 이동이 영향을 미쳤다고 주장하고 있다.

솔로
기술지식 – 경제성장의 관건은 기술지식이다

생산성(productivity)은 근로자 한 사람이 주어진 시간 안에 생산해낼 수 있는 재화와 서비스의 양으로 정의할 수 있다. 가방을 만들어내는 생산공장에서 다른 노동자들은 1시간에 1.5개의 가방을 만들어내는데, 홍길동은 1시간에 2개씩 가방을 만들 수 있다면 홍길동의 생산성이 다른 노동자들보다 높다는 것을 의미하는 것이다.

생산성이 높은 기업은 같은 비용을 가지고도 더 많은 상품을 만들어낼 수 있고 생산성이 높은 국가는 더 높은 경제성장을 이룩할 수 있다. 한국의 생산성이 앙골라의 생산성보다 높다는 것은 한국 국민들이 앙골라 국민들보다 같은 시간 안에 더 많은 재화와 서비스를 창출해낸다는 뜻이기 때문이다.

그렇다면 각 나라별 생산성의 차이는 왜 발생하는 것일까? 생산성은 물적자본과 인적자본, 자연자원, 그리고 기술지식 등 4가지 요인에 의해 결정된다고 할 수 있다.

솔로 Robert Merton Solow 1924~
미국의 경제학자. 1950년대에 국민경제의 지속적인 성장을 가능하게 하는 여러 가지 요인들의 상대적인 기여도를 보여주는 수리 모형을 개발하는 데 성공했다. 그의 연구결과는 1960년대부터 각국 정부로 하여금 경제성장을 촉진시키기 위해 기술적인 연구개발에 보다 많은 투자와 노력을 기울이도록 설득하는 데 중요한 역할을 했다. 경제성장이론을 크게 발전시킨 공로로 1987년 노벨 경제학상을 받았다.

가령 손으로만 가방을 만들던 노동자들이 실과 바늘 등 연장을 갖게 되면 생산성이 더 높아질 것이고, 아예 재봉틀을 들여놓으면 같은 시간에 훨씬 많은 가방을 만들 수 있게 돼 생산성이 훨씬 높아질 것이다. 아예 가방을 자동적으로 찍어내는 자동화 시설을 들여놓으면 생산성은 비교할 수 없을 정도로 높아진다. 이때 실과 바늘, 재봉틀, 자동화 설비 등을 '물적자본(physical capital)'이라고 한다. 물적자본이 많으면 같은 노동자들이라도 더 생산성이 높아진다.

그런데 똑같은 자동화 설비를 갖춘 기업이라도 생산량에 차이를 나타내는 경우가 많다. 비슷한 물적자본을 가지고도 어느 기업이 다른 기업보다 더 많은 가방을 만들어낼 수 있는 것은 그 기계를 다루는 노동자들이 더 숙련되어 있기 때문이다. 교육과 훈련을 받고 경험이 많은 노동자들은 기계를 훨씬 더 잘 다룰 수 있게 돼 생산성이 높아지는 것이다. 이것이 바로 '인적자본'이다.

자연자원이 풍부해도 생산성은 높아진다. 석유가 많이 생산되는 나라는 다른 나라에 비해 훨씬 싼 값에 화학 원료와 자동차 연료 등을 만들어낼 수 있다.

최근 그 중요성이 높아지고 있는 네번째 생산성 요인은 바로 '기술지식(technological knowledge)'이다. 재화와 서비스를 만들어내는 최상의 방법에 대한 지식과 이해인 것이다. 인구는 기하급수적으로 증가하는데 농산물은 산술급수적으로 증가하는 데 그치기 때문에 인구재앙이 닥칠 것이라던 맬서스의 예측을 보기 좋게 빗나가게 만든 요인이 바로 기술지식이다. 산업혁명 이후 기술지식이 급격히 확산되고 영농기술이 발전하면서 농산물을 기하급수적으로 생산할 수 있게 된 것이다.

경제성장에 기여하는 요소는 다음과 같은 생산함수를 통해 좀더 명확하게 이해할 수 있을 것이다. 한 나라의 생산함수는 다음과 같이 정의된다.

$$Q = A \times f(e \times L, K, N)$$

여기서 L은 노동인구, e는 인적자본의 질과 양(교육·기술훈련·경험 등), K는 자본의 양, N은 자연자원의 양, A는 기술지식을 의미한다.

이 생산함수에 대해 규모에 대한 수확불변을 가정해 인구수로 나누면 다음과 같이 정리가 된다.

$$Q/L = A \times f(e \times 1, K/L, N/L)$$

Q/L은 국민총생산을 인구수로 나눈 것으로 1인당 산출량이기 때문에 생산성의 지표가 된다. 이 식을 통해 알 수 있는 것은 생산성은 근로자 한 사람당 물적자본의 양(K/L)과 각 근로자의 인적자본(e×1), 근로자 한 사람당 자연자원(N/L), 그리고 이 모든 것을 결합하는 기술지식(A)의 수준에 의해 결정된다는 것을 알 수 있다.

같은 양의 인구·자본·자연자원을 가진 국가라도 인적자본의 수준이나 이 모든 것을 통합하는 기술지식의 수준에 따라 생산성에 크게 차이가 발생해 국민총생산 Q가 얼마든지 달라질 수 있는 것이다.

그렇다면 기술지식은 경제성장에 어느 정도의 영향을 미치는 것일까? 솔로는 미국의 경제성장을 분석한 결과 기술지식의 영향력이 전체 경제성장의 절반 정도를 차지할 만큼 큰 기여를 하고 있다는 사실을 밝혀냈다.

그는 경제성장의 원천을 첫째 자본/노동 등 양적 투입이 증가해서 나타나는 성장, 둘째 기술진보 등 생산성을 높이는 다른 요소에 의한 성장 두 가지로 나누어서 구분했다. 또 각 요소의 경제성장 공헌도를 분리해서 산출해낼 수 있는 계산식을 완성했다. 전체 경제성장에서 자본과 노동 투입량에 의한 성장 몫을 뺀 나머지 잔차(殘差)를 분리해낸 것이다. 이것을 '솔로의 잔차(Solow's Residual)'라고 한다. 솔로는 잔차를 통계적으로 분리해서 신기술에 의한 성장 몫으로 보았다. 그의 분석 결과 미국의 경제성장에는 신기술 도입에 의한 공헌도가 50%나 된다는 사실이 밝혀졌다.

일본의 경우도 부존자원은 거의 없지만 높은 기술지식으로 꾸준한 경제성장을 지속해 현재 세계에서 가장 잘사는 국가 가운데 하나로 자리 잡고 있다.

래퍼
래퍼 곡선 – 세금을 깎아주면 조세수입이 늘어난다

 1970년대 이후 선진국 경제가 직면한 가장 심각한 문제는 높은 실업률과 인플레이션 그리고 이로 인한 만성적 저성장의 문제였다. 당연히 실업률과 저성장의 원인을 찾는 것이 경제정책의 큰 과제로 등장했다. 그리고 선진국의 병폐 가운데 하나로 지목된 것이 지나치게 무거운 세금이었다. 국민들을 요람에서 무덤까지 돌보는 데 따르는 과다한 복지지출과 큰 정부를 유지하는 데 따르는 누적 재정적자, 그리고 개인과 기업에 대한 지나친 조세부담이 경제의 활력을 빼앗고 성장 잠재력을 저하시켰다는 비판이었다. 큰 정부와 복지정책을 유지하기 위해서는 과세 규모가 커질 수밖에 없는데, 조세부담이 커지면 개인이나 기업이 열심히 일할 의욕을 잃게 된다는 것이다.

 래퍼는 세율과 조세수입과의 상관관계를 나타내는 '래퍼 곡선'을 제시하면서 세율이 적정치를 넘어서면 오히려 조세수입이 줄어든다고

래퍼 Arthur Laffer 1940~
미국의 경제학자. 래퍼는 조세율의 인하가 기업의 생산활동 촉진과 근로자의 근로의욕 고취로 소득을 증대시키고, 그 결과 조세수입도 증가시킬 수 있음을 보여준 래퍼 곡선으로 유명하다. 그의 공급중시 경제학은 자유경쟁에 의한 시장의 기능을 존중하는 고전학파의 정신을 따른다. 공급중시 경제학은 케인스 이후 중점을 두고 있는 총수요관리 정책 외에 공급 측면도 중요하다는 점을 재인식시켜 주었다. 즉 조세율의 인하에 의해 근로의욕과 생산의욕을 고취시켜 총공급을 증대시키는 것도 실업 문제와 인플레이션 문제를 해결하는 데 도움이 될 수 있다는 면에 관심을 갖게 하는 계기를 마련했다.

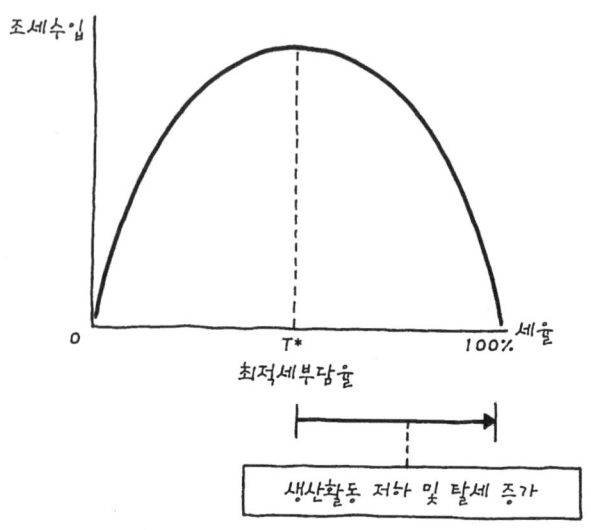

주장했다.

래퍼 곡선을 보면 정부의 조세수입은 두 지점에서 제로가 된다. 아예 과세를 하지 않는 지점과 100% 과세를 한 지점이다. 번 돈을 모조리 정부가 가져가면 일할 의욕이 있는 개인과 기업이 전무할 것이기 때문이다.

래퍼 곡선에 따르면 조세수입은 세율이 낮은 상태에서는 세율을 올릴수록 늘어나서 적정세율이 될 때 최대가 된다. 그러나 세율이 그 이상 증가하면 너무 많은 몫을 정부에 빼앗기게 된 기업이나 개인이 일할 의욕을 잃게 돼 생산활동이 줄어들기 때문에 조세수입이 오히려 감소한다. 게다가 탈세가 기승을 부리고 지하경제가 극성을 부리게 돼 세율이 올랐는데도 불구하고 정부 조세수입이 감소하게 되는 것이다.

그는 적정세율 이상의 세율을 '금지영역(prohibited zone)'이라고 불렀다. 미국의 세율은 이미 적정세율을 넘어선 금지영역에 존재하고 있어 생산성을 떨어뜨리고 고실업과 저성장을 야기하고 있다는 것이다.

래퍼가 비행기 안에서 냅킨 종이에 그린 이 간단한 그래프가 시사하는 경제정책은 법인세나 소득세의 인하였다. 미국의 세율이 적정세율 이상이기 때문에 세율을 인하하면 기업과 개인의 생산의욕이 오히려 늘어나고 소비가 증가해 경제가 활기를 되찾을 수 있을 것이다. 단기적으로는 재정적자가 커질지 모르지만 경제성장이 높아지고 거래가 활발해지면 고용이 늘고 정부의 조세수입이 급증해 장기적으로는 세율 인하로 인한 감소분을 만회하고도 남을 것이기 때문이다.

래퍼는 특히 고소득층에 대한 대폭적인 감세를 주장했다. 고소득층에 무거운 세금을 물릴 경우 이들은 여러 경로를 통해 탈세를 하거나 해외로 돈을 빼돌린다. 탈세를 하게 만드느니 차라리 세금을 깎아줘서 이들의 투자의욕을 고취시키고 경제를 활성화시키는 것이 낫다는 주장이었다.

생산성을 높이기 위해 과감한 감세정책을 주장한 래퍼의 아이디어는 미국 레이건 행정부의 강력한 정책기조였던 '공급중시 경제학'과 사고의 기초를 같이하고 있다.

공급중시 경제학은 국민소득 수준이나 물가 수준을 결정할 때 전통 경제학이 주로 연구한 수요 측면보다는 공급 측면이 더 중요하다고 인식한다. 케인스는 실업을 낮추고 경제를 성장시키기 위해 정부가 총수요를 늘리는 수요 측면을 주장했지만, 공급중시 경제학은 노동공급자인 근로자와 투자공급자인 기업 등 공급적 측면을 강조한다. 불합리한 세제와 높은 한계세율이 근로자의 근로의욕과 저축의욕, 그리고 기업의 투자의욕을 떨어뜨려 생산성을 둔화시키고 자본형성을 막고 있기 때문에 각종 세금을 감면해 노동공급과 투자공급을 늘리고 경제를 활성화시켜야 한다는 것이다. 큰 정부는 몸집을 줄이고 정부는 지나친 정책 개입을 하지 말아야 하며 복지도 대폭 줄여야 한다.

이들은 따라서 근로소득세를 감면시켜 노동공급을 늘리고 법인세를 낮춰서 기업의 시설투자를 촉진하며 이자소득세를 감면해 투자재원을 늘려야 한다고 주장한다. 감세정책이 성공을 거둔다면 생산능력이 확대되고 인플레이션은 억제되며 고용은 늘어나게 된다.

공급중시 경제학은 대폭적인 감세라는 단순하고 명쾌한 해결책을 제시해 미국 레이건 행정부 시절 급격한 호응을 얻었다. 그러나 완성된 학문적 체계를 정립하지 못하고 있으며 현실적으로도 적용하기 어럽다는 비판을 받았다.

　래퍼 곡선의 경우 감각적인 설득력은 있지만 과연 어느 정도가 적정 세율인지를 찾아내지 못하고 있는 실정이다. 또 공급중시 경제학의 주장대로 대폭 감세를 했을 경우 기업들이 줄어든 돈을 곧바로 투자로 쓴다는 것도 지나치게 단순화된 가정이다. 기업들의 투자 결정은 법인세율보다는 향후 수익성에 따라 주로 결정되기 때문이다. 아무리 법인세율을 인하해도 수익성 있는 사업전망이 없을 경우 그 돈이 투자로 연결되지는 않는다는 사실이 경험적으로 밝혀진 것이다.

　또 조세감면이 노동의욕과 저축의욕을 높여 저생산성과 낮은 저축률을 해소할 수 있다는 주장도 지나치게 단순화된 논리라고 할 수 있다. 감세가 오히려 소비수요를 자극해 인플레이션만 악화시킬 가능성이 있고 근로소득세를 낮춰준다고 해서 곧바로 노동공급이 늘어나지도 않는다. 오히려 대책 없는 감세가 사회불안과 재정적자만 악화시키는 결과를 낳을 수도 있다.

로렌츠
로렌츠 곡선 – 분배의 불평등도를 한눈에 알아본다

거시정책의 두 가지 큰 목표는 빵의 크기를 키우는 것과 빵을 나누는 문제일 것이다. 자본주의 국가에서는 소수의 부유층과 다수의 빈곤층이 존재하고 있어 빈부격차 문제가 주요 사회문제로 등장하곤 한다.

그렇다면 한 사회의 분배 정도가 어느 정도인지, 빵의 크기와 상대적 분배를 둘러싸고 사회구성원간, 계층간, 조직간의 갈등이 어느 정도 수준인지를 한눈에 파악하는 방법은 어떤 것이 있을까?

소득분배의 불평등도를 측정하는 방법 가운데 가장 많이 쓰이는 방법이 로렌츠가 고안한 도표인 '로렌츠 곡선'이다. 로렌츠 곡선은 한 사회의 구성원을 소득이 가장 낮은 사람으로부터 높아지는 순서에 따라 차례로 배열한다고 할 때, 전체 소득 가운데 하위 몇 %에 속하는 사람들이 몇 %의 부를 차지하고 있는지를 실증적으로 파악해 연결해놓은 곡선이라고 할 수 있다. 가로축에 소득자수의 누적 백분비를 표시하고, 세로축에는 소득액의 누적 백분비를 표시한다.

가령 하위 10%의 사람이 국가 전체가 생산한 부의 10%를, 하위 20%에 속한 사람들이 20%를, 30%에 속한 사람들이 30%를 가져가는 식으

로렌츠 Max O. Lorenz 1880~1962
미국의 통계학자. 1905년, 소득분배의 불평등도를 나타내는 로렌츠 곡선을 개발했다. 통계학에서 널리 사용되는 지니계수도 로렌츠 곡선에 근거해 만들어졌다.

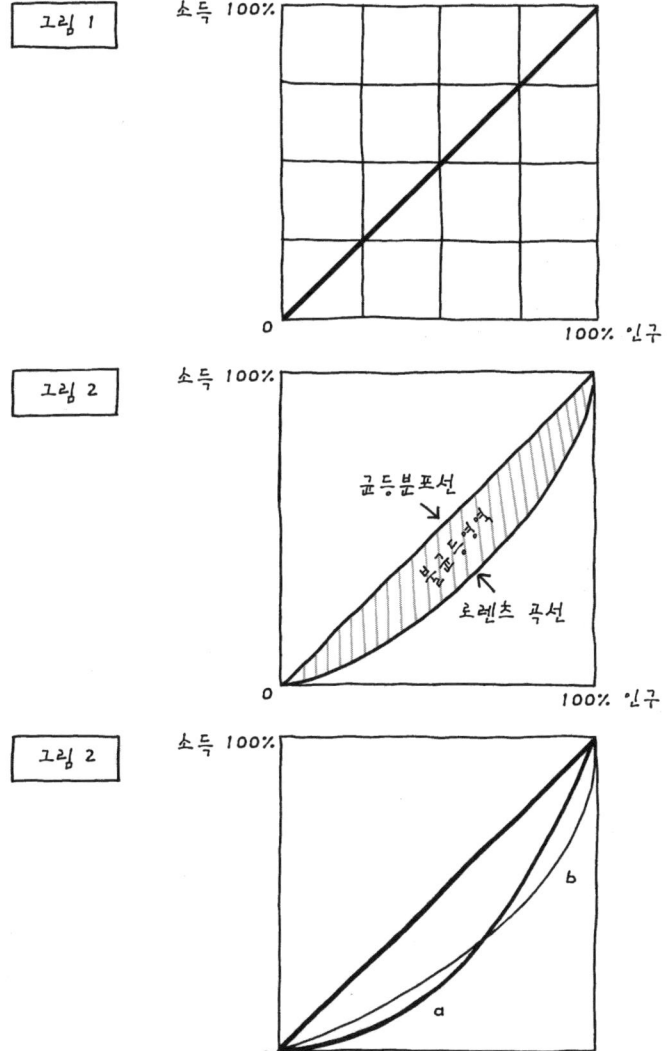

로 완벽하게 소득이 균등 분배된다면 개인소득의 누적 분포는 그래프의 가운데를 통과하는 45도선이 될 것이다(그림 1).

그러나 실제로는 어떨까? 1988년 통계에 따르면 한국의 경우 하위 10%의 사람들이 가져가는 부는 전체 생산된 부의 2.8%에 불과한 반면 상위 10%의 사람들이 가져가는 부는 27.6%가 넘는 것으로 나타나고 있다. 이 때문에 분배곡선은 직선이 아니라 아래로 볼록하게 처진 형태가 된다(그림 2).

그림 2의 빗금 친 부분은 가로축의 각 점이 나타내는 비율만큼의 저소득 인구가 몇 %에 해당하는 소득을 얻고 있는가를 나타낸다. 현실에서 얻어지는 통계로 도출된 로렌츠 곡선이 완전한 평등분배인 대각선에 가깝게 위치하면 할수록 평등한 소득분배가 이뤄지고 있다는 뜻이고 멀어질수록 불평등도가 심각하다는 사실을 의미한다.

로렌츠 곡선은 단일한 도표로 전체적 불평등의 정도를 한눈에 알아볼 수 있다는 유용성이 있다. 그러나 균등분포선과 로렌츠 곡선 사이의 면적에 의존하기 때문에 빈부격차의 정도를 정확하게 나타낼 수 없다는 한계를 지닌다. 또 소득분포에 변화가 생겨서 볼록한 선이 그림 3과 같이 곡선 a에서 b로 교차이동하게 된 경우, 분배 왜곡의 정도가 더 개선된 것인지 악화된 것인지를 판단하기가 어렵다는 것이다.

이 때문에 빈부격차를 정확하게 알기 위해서는 지니계수 등 수량적인 평가방법이 보완적으로 사용된다. 지니계수는 로렌츠 곡선과 관련된 면적의 비율을 통해 구할 수 있으며, 보다 구체적으로는 대각선과 로렌츠 곡선 사이의 면적을 대각선 아래 전체 삼각형의 면적으로 나눈 것으로 이해하면 된다. 지니계수는 0과 1 사이의 값을 가지는데 0에 가까울수록 소득분배의 불평등도가 낮다는 것을 뜻하고, 보통 0.4를 넘으면 소득분배의 불평등도가 심한 것으로 평가된다.

지니계수를 계산할 때 또 하나 주목해야 할 점은 명목소득과 세금이나 연금 등을 뺀 가처분소득으로 다시 계산했을 경우 나타나는 지니계수이다. 이 차이가 의미를 가지는 이유는 일반적 소득에서는 지니계수가 높게 나타났더라도 세금을 떼고 난 후 지니계수가 낮아졌다면 정부의 세금정책이 부의 불평등을 일정 부분 해소하고 있는 것으로 볼 수 있기 때문이다.

로렌츠 곡선이나 지니계수 등 단일 모형만으로 사회의 복합적 불평등도와 불만도에 대해 정밀하게 측정하는 것은 불가능하다. 소득의 분배 정도에 대한 전반적인 경향이나 추세를 개략적으로 판단하기 위해 참고하는 자료 정도로 보는 것이 타당하며 종합적으로 사회 불평등도를 측정하기 위해서는 보다 정밀한 연구가 추가로 필요하다고 할 수 있다.

피셔
교환방정식 – 통화량이 늘면 물가가 오른다

20세기 초반에 들면서 돈에 대한 관심이 높아지고 돈이 경제에 미치는 영향에 대한 연구가 많아지기 시작했다. 화폐와 인플레이션과의 관계, 화폐의 유통속도를 결정짓는 요인은 무엇인지, 통화팽창이나 수축이 이자율에 미치는 영향 등이 관심대상으로 부상한 것이다.

전통적 고전학파 경제학자들의 일반적인 생각은 화폐의 유통량이 늘어나면 인플레이션이 발생해 화폐의 가치가 떨어지고, 유통량이 줄어들면 화폐가치가 올라간다는 이른바 '화폐수량설(quantity theory of money)'이었다.

왜 화폐량의 증가가 곧바로 물가로 이어질까? 돈이 늘어나면 사람들은 늘어난 현금으로 물건과 서비스를 더 많이 구입하려 할 것이다. 그런데 고전학파는 완전고용의 균형상태를 전제로 하고 있기 때문에 수요가 늘어나고 물건과 서비스에 대한 주문이 밀려도 기업들이 생산을

피셔 Irving Fisher 1867~1947
미국의 경제학자·통계학자. 계량경제학의 창시자 중 한 사람으로 1932년 계량경제학회 초대 회장을 역임했다. 경제분석에 수학적 방식을 도입함으로써 근대 경제이론 개척자의 지위를 확보했다. 피셔의 교환방정식으로 널리 알려진 화폐수량설을 전개했다. 이 이론은 기계론적 수량설의 전형으로 여겨지고 있으나 원리적 분석은 높이 평가되고 있다. 『가치와 가격 이론의 수학적 연구 Mathematical Investigations in the Theory of Value and Prices』(1892)는 수리경제학의 고전적인 저서로 알려져 있다. 『지수작성법 The Making of Index Numbers』 (1922)에서의 지수공식에 관한 연구는 피셔식 지수로 유명하다.

더 늘릴 수가 없다. 공급은 한정돼 있는데 수요가 늘어나면 물가만 오르게 된다. 즉 통화량 증가가 실물경제에는 별 효과를 못 미치면서 물가만 올리게 된다는 결론으로 이어지는 것이다.

1911년 예일대학의 피셔 교수는 다음과 같은 항등식을 만들어냄으로서 통화량의 변동이 물가에 미치는 영향인 화폐수량설을 표현했다.

$$MV \equiv PT$$

이것이 유명한 '피셔의 교환방정식'이다[같은 값을 나타내는 등호(=)가 아니라 정의상 항상 성립하는 항등식(≡)임에 유의할 것]. 여기서 M은 통화량, V는 통화의 유통속도, P는 물가, T는 재화와 서비스의 거래량인 실질 GNP, 즉 한 나라의 경제가 1년 동안 생산해낸 실제 재화와 용역의 총량이다. PT는 따라서 명목 GNP가 된다. 한마디로 어떤 일정한 기간 내에 사용된 화폐의 유량과 재화의 거래량은 같다는 것을 의미하는 항등식이다. 만약 식료품점에서 쌀과 반찬 등을 사고 만 원을 냈다면 내가 지불한 만 원은 식료품점 주인의 지갑에 들어가 있을 것이다.

즉, '재화와 용역에 대한 총화폐지출 = 재화와 용역 판매로부터 받은 총화폐수입'이라는 등식이 성립하는 것이다. 피셔의 항등식은 이처럼 단순한 사실을 화폐의 양과 화폐가 1년 동안 거래된 회수, 재화의 가격과 재화의 거래 회수라는 유량(flow)으로 표현한 것이라고 보면 된다.

이 방정식의 핵심 가정 가운데 하나는 돈(통화)의 유통속도(V)가 일정하다는 것이다. 전통 화폐수량설은 사람들이 돈을 주로 사용하는 목적이 물건이나 서비스를 구매하기 위해서라고 본다. 이를 화폐수요의 거래적 동기라고 한다. 그런데 지출습관, 관습, 기술, 경제제도 등은 단기적으로는 거의 변화하기 않기 때문에 돈이 사용되는 속도 V는 적어도 단기적으로는 일정한 숫자, 즉 상수가 된다.

화폐의 유통속도가 일정하고 경제성장에도 급격한 변화가 없다면 T 역시 상수가 될 것이다. 위의 항등식에서 4개의 변수 가운데 2개, 즉 T와 V를 단기간에 변동이 없는 상수로 간주할 수 있다면 남은 2개인 통화량과 물가가 변수로 남게 된다. 그렇다면 정부가 통화량을 늘릴 경우 어떤 현상이 벌어질까? 화폐공급이 늘어나면 실질 경제에는 아무런 영향이 없고 물가가 오르게 되는 것이다.

피셔의 교환방정식으로 상징되는 화폐수량설은 고전학파 경제이론의 본질을 잘 설명해준다. 고전학파는 단기적으로 토지·자본·기술수준은 불변이라고 본다. 생산수준은 노동수준에 의해서만 결정되며 임금가격의 신축성을 통해 경쟁적 노동시장에서는 언제나 완전고용이 달성된다.

이런 상황에서 정부가 화폐량을 두 배로 늘리면 일시적 소득 증가 때문에 사람들은 재화와 서비스 구입을 늘리려고 할 것이다. 그러나 토지·자본·기술수준이 불변인데다 노동시장 역시 완전고용이기 때문에 초과수요가 아무리 발생해도 생산을 단기간에 늘릴 수가 없다. 생산은 한정되어 있는데 수요가 두 배로 늘어나면 물가가 두 배로 오를 수밖에 없다. 화폐공급이 실질임금과 실질이자율, 상대가격, 투자, 생산, 고용 등 실물에 아무 영향을 미치지 못하는 것이다.

고전학파의 세계관에서 사람들이 화폐를 보유하는 유일한 이유는 임금이나 소득을 화폐로 받고 재화나 서비스를 구입할 때도 역시 화폐를 이용하는 등 거래를 할 때 편리하고 효율적이기 때문이다. 공급이 수요를 창출한다는 고전학파의 세계관은 실질경제에 화폐라는 새로운 요소가 첨가된다고 하더라도 아무런 변화 없이 적용된다고 봤다. 돈이 순수하게 재화와 재화간의 교환을 매개하는 목적으로만 쓰일 뿐이라고 생각했다는 점에서 고전학파의 화폐수량설을 이론화한 피셔의 방정식은 '교환방정식'이라고 불린다.

피구
케임브리지 방정식 – 왜 사람들은 현금을 보유하려 하는가

사람들은 벌어들인 소득 가운데 일정액을 쓰고 남은 돈은 저축한다. 그렇다면 정부가 돈을 풀었을 때 사람들은 얼마만큼을 현금으로 보유하고 얼마만큼을 저축하려고 할까? 사람들의 현금 보유 성향과 화폐의 수요에 초점을 맞춰서 화폐수량설을 설명한 것이 '케임브리지 방정식'이다.

앞서 설명한 $MV \equiv PT$로 표현된 피셔의 교환방정식에서 좌항에 M만 남겨놓고 풀어보자. 그러면 $M \equiv PT/V$가 된다. 이를 다시 정리하면 $M \equiv 1/V(PT)$가 되고, $K \equiv 1/V$라고 한다면 '$K \equiv kPT$'라는 변형된 형태의 항등식이 나온다.

이 항등식은 케임브리지 학파의 전통을 잇는다고 해서 '케임브리지 방정식'으로 불리며 현금의 보유 성향에 분석의 초점을 맞추고 있기 때문에 '현금잔고 접근법'이라고도 한다. 케임브리지 방정식에 등장하는 k는 마셜의 화폐이론에서 나온 개념이라고 해서 '마셜 k(Marshallian k)'

피구 Arthur Cecil Pigou 1877~1959
영국의 경제학자. 케임브리지대학에서 공부하고 마셜의 뒤를 이은 신고전파경제학의 대가로서 1904~1943년 케임브리지대학 교수로 재직했다. 공리주의 철학에 기초한 주요저서 『후생경제학The Economics of Welfare』(1920)에서 케임브리지학파의 전통을 계승, 규범적인 경제학에 강한 관심을 보이고 사회의 경제적 후생을 증대하기 위한 생산과 분배의 조건 및 이를 실현하기 위한 방책을 추구하여, 이후 후생경제학의 기초를 구축했다.

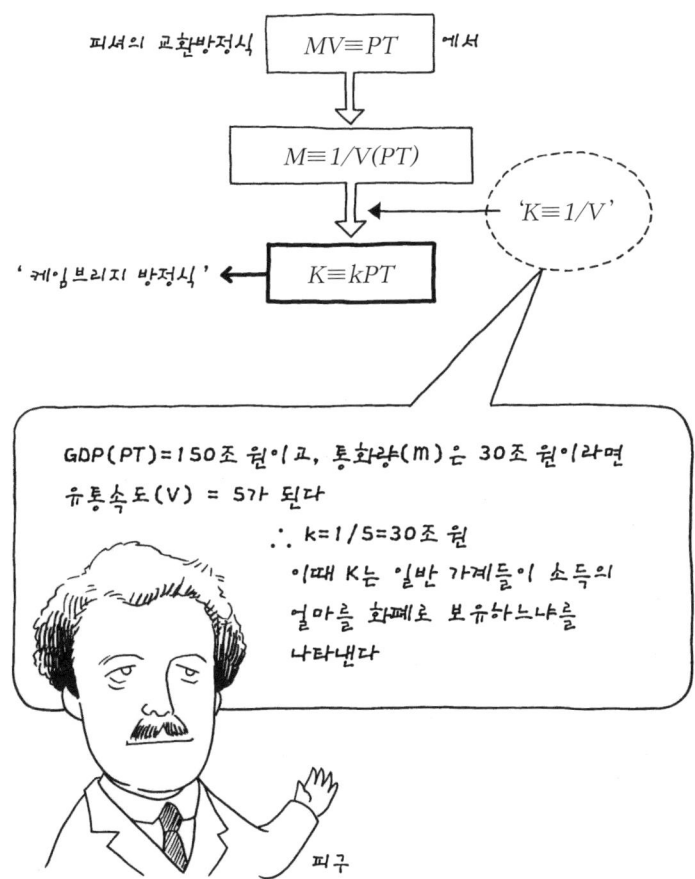

라고 한다. 화폐수량설을 이 같은 현금잔고 접근법으로 이론화시킨 학자는 영국의 경제학자 피구였다.

피셔의 '교환방정식'과 '케임브리지 방정식'은 수학적으로 볼 때는 별다른 의미가 없는 위치상의 변형에 불과하지만 경제학적으로는 상당히 다른 해석이 나온다.

첫째, k와 V는 역관계이지만 의미는 다르다. V는 화폐의 유통속도로서 일단 공급된 화폐가 상품이나 서비스 거래의 매개체로서 1년 동안 몇 번 회전했는가를 나타내는 것인 데 비해(따라서 유량 접근법이다), k는 사람들이 현금을 얼마만큼 잔고로 보유하고 있는지를 나타낸다. 국민경제 전체로 보면 연간 국민총소득 가운데 사람들이 현금으로 보유하고 있는 비율을 나타내는 것이다.

예를 들어보자. 한 나라의 GDP가 연간 150조 원이고 화폐 공급액이 30조 원이라면 교환방정식에서 PT가 150조 원이고 M이 30조 원이기 때문에 유통속도 V는 5가 된다.

이를 케임브리지 방정식으로 바꿔보면 k=1/5이 된다. 다시 말해 연간 150조 원을 생산해낸 나라는 이 총소득 가운데 1/5인 30조 원을 현금의 형태로 보유하는 경향이 있다는 의미다. 결론적으로 교환방정식은 사람들이 왜 돈을 지출하는가에 주목하는 반면, 케임브리지 방정식은 '왜 사람들이 현금을 보유하려 하는가'에 초점을 맞추고 있다고 할 수 있다.

또 하나 차이점은 교환방정식에서는 V가 왼쪽에 위치하지만(MV≡PT), 케임브리지 방정식에서는 k가 오른쪽에 위치한다는 점이다(M≡kPT). 이 역시 수학적으로는 단순한 위치 변형에 불과하지만 경제학적으로는 상당히 다른 의미를 함축한다. 왼쪽의 M은 정부가 공급하는 화폐의 양으로 '화폐의 공급 측면'을 의미하는 반면, 오른쪽의 kPT는 일반 가계들이 소득의 얼마를 화폐로 보유하고 있느냐 하는 '화폐의 수요 측면'을 의미한다. 화폐의 공급과 수요가 등식을 이루고 있다는 것은 공급과 수요가 일치하며 균형관계에 있다는 전통적인 고전학파적 균형시각을 반영하고 있는 것이다.

연간총소득이 150조 원이고 k=1/5이어서 일반 가계가 30조 원을 현금으로 보유하고 있는 나라가 있다고 하자. 이 나라 정부가 화폐공급을 30조 원에서 40조 원으로 높일 경우 어떤 일이 벌어질까? 사람들은 30조 원만큼의 현금만 필요하기 때문에 추가로 공급된 10조 원으로는 다른 상품을 구입하려 할 것이다. 과잉 공급된 화폐를 줄이는 대신 주식이나 채권, 가전제품이나 사치품들을 구입하는 것이다. 그런데 완전고용으로 생산이 더 이상은 늘지 않는 상황에서는 지출 증가가 물가만 높이는 결과를 낳게 된다.

현금잔고 접근법이나 피셔의 교환방정식이 설명하고 있는 개념은 둘 다 통화량의 증감이 물가에 미치는 영향을 나타내는 화폐수량설이다. 다만 현금잔고 접근법은 왜 사람들이 일정량의 현금잔고를 보유하고 싶어하는가를 생각하고 가격수준의 변화를 설명하려는 데 더 초점이 맞춰져 있다는 차이가 있다.

케임브리지 방정식이든 교환방정식이든 고전적인 화폐수량설은 돈이 경제의 실질적 변화에 미치는 영향이 별로 없으며 화폐가 늘어나면 그만큼 물가만 오른다고 봤다는 점에서는 공통점을 갖는다.

이 같은 전통 화폐수량설은 화폐와 물가 사이의 관계를 정의하는 지나친 단순성 때문에 비판을 받게 된다. 통화량 증가가 고스란히 인플레이션으로 연결되는 경제는 통화량을 25조%나 증가시켰던 독일 바이마르 공화국 등 일부 사례 외에는 별로 없다는 것이다. 바이마르 공화국 경제에서는 정부가 통화량을 천문학적으로 증가시키자 물가는 1년

반 사이에 200억%가 상승했다. 화폐가치는 휴지조각만도 못한 상황이 되어 어느 주부가 가방에 가득 돈을 담아 시장에 갔다가 날치기를 당했는데 돈은 버리고 가방만 가지고 달아난 웃지 못할 하이퍼인플레이션 상황이 발생한 것이다.

케인스
유동성 선호 – 현금 선호가 이자율을 결정한다

화폐수량설에 대한 비판론자들은 특수한 상황을 제외하고는 현실경제에서 돈은 생각보다 훨씬 복잡한 역할을 한다고 주장한다. 고전학파 경제학자들이 화폐수량설을 의심의 여지가 없는 기본적 진리로 받아들이는 바람에 교환기능으로서의 화폐에만 연구가 집중돼 이자율을 무시했고, 이 때문에 화폐시장이 이자율을 매개로 생산물 시장과 상호의존성이 있다는 사실이 간과됐다는 것이다.

화폐를 단순히 거래목적으로 보유하는 고전적 경제학의 개념으로부터 진일보해 화폐에 대한 민간의 수요를 다양한 개념으로 살펴본 선구적인 학자는 발라(Marie Esprit Léon Walras)였다. 발라는 화폐의 기능을 단순한 '가치척도(numeraire)'만으로 생각하지 않고 그 자체로 효용을 가진 가치보장의 수단이 될 수 있다고 생각했다. 화폐는 보장에 따른

케인스 John Maynard Keynes 1883~1946
영국의 경제학자. 경제학자로서뿐 아니라 다방면에서 많은 활약을 하였으며, 정치적 영역에서도 장기간에 걸쳐 광범위한 활동을 했다. 철학·고전·사상 및 수학에도 조예가 깊었다. 경제학에 관한 초기의 관심은 주로 화폐와 외환문제에 있었으나, 제1차 세계대전 후부터는 자본주의 사회에서의 고용 및 생산수준을 결정하는 요인에 관하여 종래의 경제이론을 재검토하게 되었다. 그 결과 대표적 저서인 『고용·이자 및 화폐의 일반이론The General Theory of Employment, Interest and Money』(1936)에서 완전고용을 실현·유지하기 위해서는 자유방임주의가 아닌 소비와 투자, 즉 유효수요를 확보하기 위한 정부의 보완책(공공지출)이 필요하다고 주장했다. 이 이론 및 이에 입각한 정책, 그 기반을 형성하는 사상의 개혁을 케인스 혁명이라고 한다.

채권은 기업의 도산이나 외환위기 등으로 휴지조각이 될 수 있다

현금은 물가가 오를 경우 이자수익이 없어지고 사용가치도 줄어든다

따라서 사람들의 현금 선호는
채권 보유에 따른 위험의 정도나
채권 투자로부터의 기대수익에 따라
달라진다

위험이 다른 증권보다 적기 때문인데, 가치보장 측면에서의 화폐수요를 발라는 '소망현금(encaisse desiree)'이라고 불렀다. 그리고 이 소망현금에 대한 수요는 이자율의 함수라고 생각했다.

민간의 화폐수요를 좀더 명백하게 구체화한 학자는 케인스였다. 케인스는 일반 사람들이 현금을 보유하기를 원하는 데는 다음과 같은 세 가지 동기가 있다고 분류했다.

첫째, 일반적인 소비나 경영활동을 정상적으로 유지하기 위해 항상 일정액의 현금을 수중에 보관하려는 거래적 동기.

둘째, 장래에 발생할 수도 있는 갑작스러운 지출에 대비하기 위한 예비적 동기.

셋째, 시장의 지배적 예상보다도 한걸음 앞서서 이자율을 예상함으로써 자산을 채권이 아닌 화폐의 형태로 보유해 두려는 투기적 동기.

경제정책적인 시사점과 관련해 케인스가 주목한 것은 세번째인 화폐수요의 투기적 동기였다. 우리는 불확실한 세상에서 살고 있다. 내일 혹은 다음주, 몇 년 후에 어떤 일이 닥칠지 알 수 없다. 3년 만기 채권을 샀는데 기업이 도산해 채권이 휴지조각이 될 수도 있고 외환위기가 발생해 채권 가격이 폭락할 수도 있다. 채권의 만기가 길면 길수록 위험은 커지게 된다.

이 같은 위험성 때문에 대부분의 위험회피자들은 만기가 긴 채권보다는 단기 채권을 선호하고 단기 채권보다는 현금이나 현금에 준하는 예금을 선호한다. 또 일반 투자자들은 장래의 위험을 보상해줄 수 있는 정도의 높은 이자율, 이른바 '유동성 프리미엄(liquidity premium)'을 붙여주지 않는 한 일반적으로 현금성 자산을 선호한다. 이것이 일반적인 유동성 선호의 행태이다.

반대로 채권을 사두면 고정적인 수익을 낼 수 있지만 현금은 아무 이자수익을 낼 수 없을 뿐 아니라 물가가 오르면 돈의 사용가치가 줄어들 위험이 있다. 따라서 사람들의 현금수요는 채권보유에 따른 위험의 정도나 채권 투자로부터의 기대수익 등에 따라 크게 달라질 것이다.

가령 화폐에 대한 사회의 총수요량을 L이라 하고, 거래동기와 예비적 동기에 의한 화폐수요를 L1, 투기적 동기에 의한 화폐수요를 L2라고 하자. 그러면 L=L1+L2가 된다.

이 가운데 화폐의 거래적 수요는 총소득수준(Y)에 따라 결정되기 때문에 L1=L1(Y)의 함수로 나타낼 수 있고, 화폐의 투기적 수요 L2는 시장이자율(r)에 따라 결정되기 때문에 시장이자율의 함수 L2=L2(r)로 나타낼 수 있다. 따라서 사회의 총화폐수요함수, 즉 유동성 선호함수는 L=L(Y, r)로 표현된다.

이에 대해 중앙은행의 화폐공급을 M이라고 하자. 그러면 사회의 소득수준(Y)이 일정하다고 할 때, 이자율(r)은 통화공급과 수요가 일치하는 L=M 상황에서 결정된다고 할 수 있다. 즉 민간의 유동성 선호의 정도에 따라 화폐수요(L2)가 늘거나 줄면서 시장이자율이 달라지는 것이다.

민간의 유동성 선호는 당연히 기업들의 투자에도 영향을 미친다. 기업들은 투자를 결정하기 위해 투자시 기대되는 자본이윤률, 즉 '자본의 한계효율'과 투자를 위한 자금조달 가격을 비교한다. 자금조달 가격은 다름 아닌 현재의 시장이자율(단기 이자율)과 미래의 예상 시장이자율(장기 이자율)이다. 유동성 선호의 정도에 따라 시장이자율이 달라지면 기업 투자량도 당연히 달라질 것이다.

이처럼 유동성이 있는 화폐에 대한 민간수요의 변화에 따라 이자율과 기업 투자가 결정된다고 하는 이자율 결정이론을 '유동성 선호이론'이라고 한다.

케인스
유동성 함정 – 통화정책을 무력화시키는 화폐의 덫

통화수요의 이자율 민감성은 이자율이 높은 상태에서보다는 낮은 상태에서 훨씬 민감하다. 시장이자율이 높은 상태에서는 이자율이 1~2%포인트 정도 오르거나 낮아진다고 해도 사람들의 반응이 비교적 둔감한 반면, 이자율이 아주 낮은 상태에서는 이자에 대한 통화의 민감도가 아주 높아진다. 얼마만큼 민감해질까? 배가 거대한 소용돌이 속에 빨려 들어가 빠져나오지 못하는 것처럼 화폐가 한없이 빨려 들어갈 정도다. 즉 정부가 아무리 화폐공급을 늘려도 모조리 민간 화폐수요로 흡수돼 버려서 시장이자율과 투자에 영향을 전혀 미칠 수 없을 정도로 민감해진다.

어떤 이유로 이자율이 극단적으로 낮은 상황이 발생했다고 가정하자. 이자율이 너무 낮아서 사람들은 조만간 이자율이 상승할 것으로 기대한다. 이런 상황에서는 보유한 채권을 팔고 모조리 현금으로 보유하려는 투기적 동기가 아주 강해진다. 왜 그럴까?

채권의 현재 가격은 예상 시장이자율로 할인해서 결정된다. 따라서 향후 시장이자율이 오를 것으로 예상되면 채권 가격이 하락해 현재 채권을 보유하고 있는 사람이 손해를 보는 것이 확실시된다. 채권 가격이 떨어질 것이 뻔한데 이를 보유하려는 사람은 없을 것이다. 당연히 모든 사람들이 채권을 팔고 현금을 보유하려 할 것이다.

이자율이 극단적으로 낮은 상태에서
현금이 무한정 장롱 속으로 빨려들어가
정부의 통화정책 의도를 무력화시키는 것을
'유동성 함정'이라 한다

　이런 상황에서는 정부가 중앙은행의 공개시장 조작을 통해 공채를 매입하고 대량으로 현금을 시중에 공급해도 돈은 현금으로만 보유될 뿐 이자율을 더 낮추지 못해 실물경제를 전혀 자극하지 못하게 된다. 극단적인 현금 선호 때문에 통화량이 아무리 늘어나도 모조리 장롱 속으로 빨려 들어가 돈의 유통속도가 떨어지게 되는 것이다.

전통 화폐수량설을 주장한 마셜의 수제자이면서도 케인스는 화폐의 유통속도가 적어도 단기간에는 변하지 않는다는 마셜의 생각에 전혀 동의하지 않았다. 돈의 유통속도가 급격히 떨어지는 상황이 존재한다는 것이다.

또 특정기간 동안 한 나라의 화폐수요(k) 역시 상수가 아니라 이자율이 오르면 k값이 작아지고(화폐수요가 줄어들고), 이자율이 낮아지면 k값이 늘어나는(화폐수요가 늘어나는) 변수라고 봤다. 유통속도(V)나 화폐수요(k)가 변하지 않는다고 생각한 고전적 화폐수량설을 정면으로 반박한 것이다.

돈의 유통속도가 급속히 떨어지면 어떤 일이 벌어질까? 정부가 경기를 진작시키기 위해 통화량을 늘리고 이자를 낮추고 기업의 투자를 부추기려고 해도 아무 소용이 없는 상황이 발생한다.

이자율이 극단적으로 낮은 상황에서 현금이 무한정 장롱 속으로 빨려 들어가는 현상, 그래서 정부가 아무리 통화량을 늘려도 이자율에 영향을 미칠 수 없어 정책의도가 철저하게 무력화되는 것, 이것이 '유동성 함정'이다.

케인스는 또 유동성 함정과 같은 극단적인 상황에 빠지지 않더라도 통화정책을 통한 경기 진작에는 적지 않은 문제가 있다고 생각했다. 통화정책이 GNP에 영향을 미치려면 첩첩산중의 고비를 넘어야 한다는 것이다.

가장 중요한 점은 돈을 풀었을 때 사람들이 돈을 장롱에 넣지 말고 써야 한다는 것이다. 설령 증권이나 채권 같은 금융자산을 산다고 하더라도 실물 GNP에 당장 영향을 미치지 않는다. 사람들이 늘어난 돈으로 증권이나 채권을 산다고 해도, 기업들이 불황이기 때문에 투자해봐야 별 효과가 없다고 생각하면 돈을 빌려 투자하려고 하지 않을 것이다. 앞서도 설명한 것처럼 기업들은 자본조달 비용인 이자율과 투자에 따른 기대수익을 비교해서 투자를 결정하는데, 기대수익이 낮으면 아무리 이자율이 낮아져도 여전히 투자를 하지 않을 것이기 때문이다. 통화정책이 무기력해질 수밖에 없는 상황이 벌어지는 것이다.

따라서 케인스는 불황 때는 통화정책보다 정부가 직접 대규모 소비를 하는 총수요정책이 더 필요하다고 역설했다.

불황기에는 돈이 장롱 속으로 빨려 들어가기 때문에 통화정책이 무력하다는 케인스의 유동성 함정이론은 이자율의 비탄력성과 더불어 금융정책의 무용론을 주장하는 최대의 이론적 무기였지만 프리드먼 등의 통화주의자들로부터는 강력한 비판을 받게 된다.

케인스
승수효과 – 소비감소와 증가의 확산인자

　1900년대 초 미국과 유럽을 강타한 경제적 현실은 일정기간 동안 생산된 물건은 가격기구를 통해 반드시 분배되고 소비되며 따라서 국민경제의 총공급량과 총수요량은 같다고 생각한 고전학파의 '조화로운' 세계관을 무너뜨렸다. 대공황이 엄습한 1929년부터 1933년까지 미국의 실업률은 25%까지 치솟았고 국민소득은 10년 전으로 후퇴했다. 파산해서 투신자살을 시도하는 사람들이 도처에 넘쳤고 경제는 바닥을 모르고 추락했다. 경제를 치유해야 할 고전학파의 '보이지 않는 손'은 장기부재중이었다.

　이런 상황에서 케인스는 대공황을 치유하는 데 있어 정부 소비의 역할을 강조함으로써 해결의 실마리를 제공했다. 그는 현실경제가 불확실한 미래를 전제로 하고 있으며, 불확실성에 대한 가계와 기업 등 경제 주체의 주관적 판단과 행동의 결과로 시장수요와 공급은 심각한 불일치와 왜곡을 가져올 수 있다고 주장했다.

　어떤 이유로 해서 모든 사람들이 동시다발적으로 미래 경기를 최악으로 예측하는 상황이 발생한다고 할 경우 소비자들의 행태는 '집단적인 절약'으로 이어질 것이다. 불확실한 미래를 위해 현재의 소비를 줄이고 장래를 위한 저축을 늘리려는 절약의 미덕이 개개인 소비자의 입장에서는 나무랄 수 없는 합리적인 선택일 것이다. 그런데 소비자 전

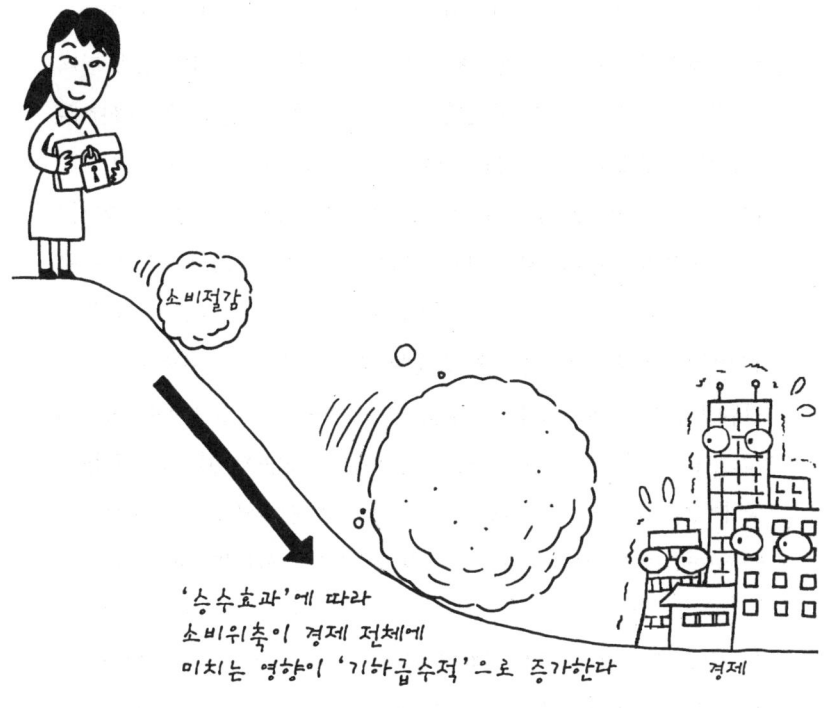

체가 똑같은 행태를 보이면 어떤 결과가 나타날까? 예상을 훨씬 초월하는 최악의 결과로 이어질 수 있다. 모든 소비자들이 일제히 지갑을 닫으면 기업은 생산을 줄일 수밖에 없고 물건이 안 팔려 해고와 구조조정을 단행할 것이다. 길거리에 쏟아진 실업자들은 사회적 불안을 야기해 또다시 집단적인 소비감축으로 이어질 것이고 경제는 불황심화상태에 접어들게 된다.

그뿐이 아니다. 케인스는 불확실한 미래를 위해 현재의 소비를 줄이고 미래에 대비한 저축을 늘리려는 개개인의 합리적 선택이 경제 전체에 미치는 악영향의 크기는 단순한 1 대 1의 비율이 아니라 '승수효과(Multiplier Effect)'에 따라 기하급수적으로 커지게 된다고 생각했다.

승수는 일종의 연쇄파급효과라고 할 수 있다. 한 사람의 소비절감은 승수효과 때문에 눈덩이처럼 크게 불어나 전체 소비량에 최악의 영향을 미치게 되는 것이다.

케인스는 승수효과가 한계저축성향의 역수만큼 작용할 것이라고 생각했다. 만약 만 원이 새로 생겼는데 8000원을 쓰고 2000원을 저금했다면, 한계소비성향(MPC: marginal propensity to consume)은 0.8이 된다. 한계소비성향은 '추가로 생긴 돈에 대한 추가소비의 비율'이기 때문이다. 한계소비성향이 0.8이면 '한계저축성향(MPS: marginal propensity to save)'은 당연히 0.2가 된다.

케인스가 생각한 승수(m: multiplier)는 'm=1/(1-MPC)' 혹은 'm=1/MPS'의 관계였다. 가령 MPS가 0.2라면 1/0.2가 되기 때문에 승수 m=5가 된다. 가계의 소비 감축으로 인한 경제적 악영향이 소비감소에 대해 1 대 1의 비율로 나타나는 것이 아니라 1 대 5의 비율로 급격히 확산된다는 뜻이다.

불황 때 소비가 줄어드는 것은 개인뿐만이 아니다. 기업 역시 투자를 줄이게 되는데, 케인스는 기업의 투자량이 가정의 소비량보다 훨씬 예측 불가능하며 변덕스럽다고 생각했다.

국민경제의 소비주체는 소비자, 기업, 정부이다. 불황이 닥쳐 소비자와 기업이 일제히 주머니를 닫아버려서 불황의 골이 깊어지면 남은 선택은 정부가 소비를 늘리는 길뿐이다. 정부가 대규모 예산을 편성해 도로나 항만 등 사회간접자본 건설을 늘리고 실업자들에게 임시 일자리를 주는 등 정부 소비를 늘리면 소비효과가 민간에 파급되면서 승수효과가 발생한다. 1 대 1로 늘어나는 것이 아니라 훨씬 빠르고 큰 속도로 소비효과가 확산되는 것이다. 케인스는 부자보다는 서민계층의 소비성향이 더 높기 때문에 소수 부자의 소비를 자극하는 것보다는 대다수 서민들에게 일자리를 제공해 소비를 늘리는 편이 더 효과적이라고 생각했다.

정부에 의해 사회간접자본 투자지출이 이뤄지면 건설회사들과 건자재회사들이 고용을 늘릴 것이다. 따라서 이 회사에 취업한 사람들이 생필품 구매를 늘릴 것이고, 물건이 더 잘 팔리게 된 생필품 회사들이 필요한 원자재 구매를 늘리는 등 승수효과에 따라 경기가 전후방으로 확산되는 것이다. 이처럼 정부소비가 늘어나는 데 따라 국민소득이 증가하는 효과를 '재정승수효과(budget multiplier)'라고 한다.

프리드먼
구축효과 – 정부가 민간소비와 투자를 밀어낸다

정부재정 소비 확대를 통한 불황 타개를 주장한 케인스의 정책은 통화주의자인 프리드먼으로부터 거센 비판을 받았다. 정부가 재정정책을 수행할 때 그 돈이 어디서 나오는가? 정부는 스스로는 단돈 1원도 벌어들이지 못하는 조직이다. 가계와 기업으로부터 세금의 형태로 징수한 돈을 이곳저곳에 쓰는 것뿐이다.

케인스의 처방대로 정부가 소비를 대규모로 늘리는 방법은 두 가지뿐이다. 하나는 세금을 더 많이 걷는 것이고, 또 하나는 정부가 국공채를 발행해 민간으로부터 돈을 빌리는 것이다. 두 가지 방식 모두 필요한 돈을 민간으로부터 조달한다는 점에서 민간소비에 부정적인 영향을 미칠 수밖에 없다.

우선 세금이 인상되면 일반 소비자와 기업들은 자신들의 소비를 더 줄일 수밖에 없다. 또 정부가 국공채를 발행할 경우 민간 부문과 금리를 놓고 경쟁할 수밖에 없는데, 신용도가 높은 정부가 돈을 많이 빌려

프리드먼 Milton Friedman 1912~
미국의 경제학자. 러트거스뉴저지주립대학·시카고대학·컬럼비아대학에서 공부했다. 1948~1976년 시카고대학 교수를 지내고, 스탠퍼드대학의 후버연구소로 옮겼다. 신화폐수량설로 통화정책의 중요성을 주장했으며 케인스학파의 재정 중시책에 반대했다. 자유방임주의와 시장제도를 통한 자유로운 경제활동을 주장했으며 1976년 노벨 경제학상을 받았다

가면 가계나 기업은 더 높은 금리를 줘야 돈을 조달할 수 있다. 민간 경제에 큰 부담을 주게 되는 것이다. 결국 정부의 과다한 소비지출은 민간 소비에 주름살을 만들어낸다. 이것이 케인스의 재정 확대를 비판하는 근거가 되는 '구축효과(crowding out effect)'다.

'의자 앉기 놀이'를 해본 적이 있는 사람이라면 구축효과를 쉽게 이해할 수 있을 것이다. 한 개의 의자를 놓고 세 사람이 의자 주변을 돌다가 심판이 휘슬을 불면 의자에 앉는다. 한 사람이 재빨리 의자에 앉아

버리면 상대적으로 동작이 굼뜬 남은 두 사람은 밀려날 수밖에 없다.

마찬가지로 세 개의 소비주체인 정부, 기업, 가계가 의자 빼앗기 놀이를 해서 힘센 정부가 의자를 차지해 버리면 힘이 약한 가계와 기업은 밀려날 수밖에 없다. 설령 정부의 재정 확대와 소비 정책이 효과가 있다고 하더라도 이를 위해 민간에 미친 '구축효과'가 정부의 지출효과를 상쇄해 버린다는 것이다.

프리드먼은 정부의 재정 확대 정책이 실패할 수밖에 없는 또 다른 이유로 정부가 형편없는 운전사라는 점을 지적한다. 정부 투자와 과세 정책 등을 통해 경기를 교묘하게 조정하려면 정부가 도로 사정을 잘 파악하고 브레이크와 가속 페달을 잘 밟을 만큼 실력이 있어야 하는데 엉뚱한 데서 가속 페달을 밟거나 브레이크를 밟으면 차라리 가만히 있는 것만도 못한 상황이 벌어진다는 것이다.

백번 양보해 유능한 정부가 운전석에 앉았다고 하더라도 이번에는 국회가 문제가 될 수 있다. 가령 정부가 불경기를 인식하고 적시에 재정 정책을 펴나가기 위해 감세법안이나 적자예산 편성 법안을 국회에 제출했다고 하자. 의회 일정과 여야간의 복잡한 밀고 당기기식 의사결정 과정으로 인해 정부가 제출한 예산안이나 감세안이 통과되는 데는 적지 않은 시간이 걸린다. 따라서 재정 확대의 적기를 놓치기도 하고 더 심한 경우는 경기가 이미 회복기에 접어들고 있는데 뒤늦게 재정 확대 정책을 실시해 경기거품을 키우는 사태도 발생한다.

정부의 재정 정책이 구축효과에 의해 별 효과 없이 무력화된다는 주장에 대해 케인스 학파는 구축효과를 완전히 부인하는 것은 아니지만 통화주의자들의 주장처럼 그렇게 크지는 않으며 구축효과보다는 정부의 소비 증가에 따른 승수효과가 훨씬 크다고 항변한다.

승수효과가 큰지 아니면 구축효과가 더 큰지에 대한 케인스 학파와 통화주의자들의 논쟁은 오랫동안 계속됐다. 그렇다면 재정 정책을 둘러싸고 케인스 학파와 통화주의자들 사이에 벌어진 지루한 논쟁의 현실적 결과는 어떻게 나타났을까? 한동안은 케인스의 주장이 옳은 것처럼 보이기도 했고, 또 다른 경우는 통화주의자들의 주장이 큰 효과를 나타낸 적도 있었다. 그러나 두 주장 모두 어느 시대 어느 나라에나 적용되는 마술지팡이는 아니라는 점도 경험적으로 확실해졌다.

최근 각 나라 정부는 케인스의 승수이론이 확실히 맞는 것도 아니고 그렇다고 구축효과가 확실히 맞는 것도 아니라는 절충적 입장을 보이고 있다. 케인스 식의 재정 정책과 통화주의자 식의 통화 정책 모두를 정책 수단으로 삼아 그때그때 '적절한 것으로 판단되는' 정책을 펴나가고 있다.

프리드먼
자연실업률 – 완전고용 대신 달성 가능한 현실 실업률

실업에는 자발적 실업, 마찰적 실업, 비자발적 실업 세 가지 유형이 있다. 이 가운데 노동자들이 일할 의사가 없어 스스로 실업상태를 선택하는 자발적 실업이나 시장불균형 때문에 일시적으로 발생하는 마찰적 실업은 경제가 궁극적으로 추구하는 완전고용과 상치되지 않는다. 문제가 되는 것은 노동자들이 일할 능력과 의사가 있는데도 불구하고 고용이 되지 않는 비자발적 실업이다.

총공급과 총수요가 일치하는 고전학파의 세계에는 비자발적 실업이 존재하지 않는다. 단기적으로 마찰적 실업은 발생할 수 있겠지만 장기적으로는 화폐임금에 따른 노동 공급의 신축성 때문에 완전고용-완전생산의 균형이 이뤄져 일하고 싶은 사람은 언제나 일할 수 있다고 본다.

고전학파와는 달리 케인스는 총공급과 총수요가 늘 자동적으로 일치하는 것은 아니기 때문에 비자발적 실업이 존재한다고 봤다. 취업을 간절히 원하는데도 사람들이 불경기 때문에 일자리를 구하지 못하는 상태가 존재한다는 것이다. 케인스는 비자발적 실업을 줄이고 완전고용을 달성하기 위해서는 부족한 유효수요를 정부가 재정 정책을 통해 보충해야 한다고 역설했다.

그러나 정부 소비를 늘려 총수요를 늘려주기만 하면 정말 완전고용

이 달성될 수 있을까? 완전고용이라는 개념이 현실적으로 존재하는 것이 가능할까?

케인스조차도 완전고용이 달성 가능하다고는 보지 않았다. 불확실한 경기 변동, 외국의 영향, 기술 진보로 인한 산업구조의 변화 때문에 진정한 완전고용 상태는 존재하지 않는다. 가령 한국에서 IT 산업이 초

호황이고 수출이 잘 돼서 전체 경제 상황이 아무리 좋아도 몰락해 가는 전통 제조업이나 소매 유통업에서는 실업자가 생기기 마련이다. 또 미국이나 캐나다 등 양송이 수입국에서 한국산 양송이에 대해 갑작스럽게 쿼터를 할당하거나 수입금지 조치를 내릴 경우 양송이 농가나 공장들이 모조리 도산해 이 분야에서도 실업이 속출할 수 있다.

집에서 아이를 키우던 여성이 아이가 어느 정도 성장하고 나서 직업을 구하려 해도 구하지 못하는 사례가 허다하다. 미국의 매사추세츠 주에서는 한때 맥도널드 햄버거가 최저 임금의 두 배를 제시하면서 은퇴해 있는 나이 많은 주민들까지 고용하려고 애썼던 이른바 '매사추세츠의 기적'이 발생한 적이 있었는데, 심지어는 이 기간 동안에도 실업률은 2.7%에 달했다.

이 때문에 케인스를 비판하는 프리드먼은 '완전고용'이라는 불분명한 목표를 노려 정부가 통화를 확대하는 정책을 사용하는 것은 옳지 않다고 주장했다. 그는 1968년 「화폐정책의 역할」이라는 논문에서 완전고용 대신 '자연실업률(natural rate of unemployment)'이라는 개념을 써야 한다고 주장했다. 예상 물가상승률과 현실 물가상승률이 비슷할 때의 장기 균형 실업률을 자연실업률로 정의한 것이다.

현실 물가상승률이 예상 물가상승률과 비슷하다는 것은 무슨 뜻일까? 사람들은 과거의 경험에 따라 자신이 예상한 물가상승률을 기초로 해서 현재의 투자나 소비 등을 결정한다. 그런데 만약 정부가 기습적으로 통화량을 늘리거나 경기진작 정책을 써서 현실로 나타난 물가상승률이 사람들의 예상치보다 높다면 사람들은 화폐환상에 사로잡혀 소비나 투자를 늘리게 된다. 결과적으로 실물경기를 자극하고 따라서 실업이 줄어드는 것이다.

그러나 정부의 기습작전은 효과가 얼마 지속되지 않으며 장기적으로는 사람들이 물가상승률을 현실에 맞게 수정하고 적응하기 때문에 '현실 물가상승률 ≒ 예상 물가상승률' 수준에서 실업률이 결정된다. 따라서 자연실업률은 완전고용 상태가 아니라 안정된 물가와 대응되는 수준에서의 장기적이며 현실적으로 달성 가능한 실업률을 의미한다.

자연실업률 상태에서는 정부가 인플레이션 정책을 실시해도 실물경기를 자극하지 못하기 때문에 실업률을 더 이상 낮출 수 없다. 재정확대 정책이나 인플레이션 정책이 무력화되는 것이다. 이 상태에서 실업률을 낮출 수 있는 대안은 취업정보 제공이나 직업 교육, 직업 훈련 등 별도의 노동시장 대책이라는 것이 자연실업률의 정책적 시사점이라고 할 수 있다.

프리드먼의 자연실업률 개념을 비판하는 학자들은 통화량이 늘어났을 때 사람들의 화폐환상이 완전히 사라진다고 볼 수는 없고, 노동자들이 예상 물가상승률을 임금에 100% 반영한다고 볼 수도 없기 때문에 자연실업률을 정확하게 정의하는 것은 무리가 있다고 본다.

이들은 대신 '가속화되지 않는 실업률(non-accelerating inflation rate of unemployment)'이라는 개념을 만들어냈다. 이는 물가상승을 자극하지 않는 수준의 경기정책이 이룩할 수 있는 현실적인 실업률 수준을 의미한다.

프리드먼
항상소득 가설 – 소비성향은 항상소득에 달려 있다

　신용사회가 정착되고 신용카드나 전자화폐가 보급되더라도 현금성 화폐보유는 반드시 필요하다. 거래적 동기나 예비적 동기 등 여러 가지 용도와 편의성이 있기 때문이다.

　화폐수요는 소득과 밀접한 관계를 가지는 것으로 파악된다. 소득이 늘어나면 사람들은 소비를 늘리게 되고 더 많은 소비를 하기 위해 현금수요가 늘어날 것이기 때문이다. 이는 화폐보유의 거래적 동기와 관련된 부분이라고 할 수 있다.

　그러나 소득이 늘어난다고 해서 자동적으로 소비가 증가하고 현금수요가 늘어날까? 이 같은 의문에 대해 프리드먼은 화폐수요는 총소득이 아닌, 사람들이 언제나 변함없이 들어올 것으로 예상하는 '항상소득'에 의해서만 영향을 받는다고 주장했다. 이것이 '항상소득 가설'이다.

　일반적으로 사람들의 총소득(Y)은 정기적 수입으로 들어올 것이 확실시 되는 항상소득(Y_p)과 임시로 들어오는 변동소득(Y_t)으로 구성된다. 가령 직장생활을 하는 아버지나 어머니의 월급봉투를 통해 들어오는 돈은 항상소득이며, 아버지가 퇴근길에 소일거리로 우연히 구입한 로또가 당첨돼서 100만 원의 돈이 들어왔다면 이는 변동소득이 된다. 직장생활을 하지 않는 어머니가 부업으로 가끔씩 불규칙적으로 돈을

번다면 이 역시 임시소득이나 변동소득이라고 할 수 있다.

그렇다면 소득 가운데 얼마만큼이 소비로 연결될까? 일반적으로 사람들은 예측이 불가능한 임시소득이나 변동소득을 가정해서 현재의 소비를 결정하지는 않는다. 앞으로 변함없이 들어올 것으로 예상되는 항상소득이 현재 소비를 결정짓는 기준이 된다.

프리드먼에 따르면 사람들은 항상소득(Y_p) 가운데 일정비율(k)만큼을 소비하고(C) 나머지는 저축할 것이다. 이는 다음과 같이 표시될 수 있다.

$$C = k \times Yp$$

여기서 항상소득의 소비성향인 k는 이자율·자산/소득의 비율·효용함수를 결정하는 요인들에 의해 결정되지만, 소비자의 일반적 선호가 바뀌지 않는 한 일정하다고 생각된다. 위 수식의 양측을 Y로 나누면 다음과 같이 된다.

$$C/Y = k \times Yp/Y$$

이 수식은 무엇을 의미할까? 사람들이 총소득 가운데서 얼마를 소비로 지출하는가를 보여주는 소비성향(C/Y)은 실제소득 가운데 항상소득이 차지하는 비율에 정비례한다는 것을 뜻한다.

항상소득 가설은 저소득층의 소비성향이 고소득층보다 더 높은 현상이나 경기순환 국면에서의 저축률의 변화, 평균적 소비성향이 장기적으로 안정적인 점 등을 모순 없이 설명할 수 있다는 점에서 높은 평가를 받고 있다.

가령 고소득 계층일수록 실제 소득 가운데 변동소득의 비율이 높고 저소득 계층일수록 월급 등 항상소득 비중이 높다. 따라서 고소득 계층의 절대 소비액은 높지만 소비성향 자체는 저소득층보다 낮은 경향을 보인다.

또 경기 하강기에는 주식 투자 등 변동소득 비율이 낮아져서 소비성향(소비의 절대량이 아니라 총소득에 대한 소비액의 비율)이 더 커진다.

 항상소득 가설은 또 왜 노인보다는 젊은 층의 소비성향이 더 높은지도 일정 부분 설명해준다. 젊은 층들은 향후 오랜 기간 동안 높은 항상소득이 예상되기 때문에 당장 빚을 내서라도 쓰고 보지만 노인 계층은 항상소득 기대가 낮기 때문에 자녀들로부터 가끔 용돈을 받더라도 잘 쓰지 않고 모아두는 성향을 보인다.

프리드먼
신화폐수량설 – 화폐수량설의 재발견

프리드먼은 「화폐수량설에 관한 연구Studies in the Quantity Theory of Money」(1956)라는 논문에서 고전적 화폐수량설과는 다른 신(新)화폐수량설을 주장했다.

프리드먼의 화폐수량설은 전통적 화폐수량설과는 달리 현금잔고수요비율(k)과 화폐유통속도(V)가 일정하다는 주장을 펴지 않고 화폐수요를 여러 가지 변수, 즉 명목이자율·물가수준·물가수준의 예상 변화율·유동성에 대한 선호·소득의 함수 등으로 파악한다.

우선 실질화폐수요는 이자율에 의해 영향을 받는다. 이자율이 높으면 화폐보유에 따른 기회비용이 커지기 때문에 사람들은 현금보유를 줄이고 높은 이자수입이 예상되는 주식이나 채권 등 수익증권에 투자할 것이다. 물가가 올라도 화폐수요는 줄어든다. 물가상승률이 빠르고 높을수록, 즉 화폐보유에 따른 기회비용이 클수록 화폐수요가 줄어들 것이다. 급격한 화폐가치 하락을 막기 위해 조금이라도 이자를 받을 수 있는 곳에 투자하려 하기 때문이다. 화폐수요는 또 앞서 설명한 항상소득에 의해서도 영향을 받는다.

결국 화폐수요에 영향을 미치는 요인은 항상소득·부·이자율·자본이득률·물가상승률 등 복합적이다. 문제는 어느 요인이 얼마나 영향을 미치는가에 있는데, 프리드먼은 이 같은 요인들이 복합적으로 화

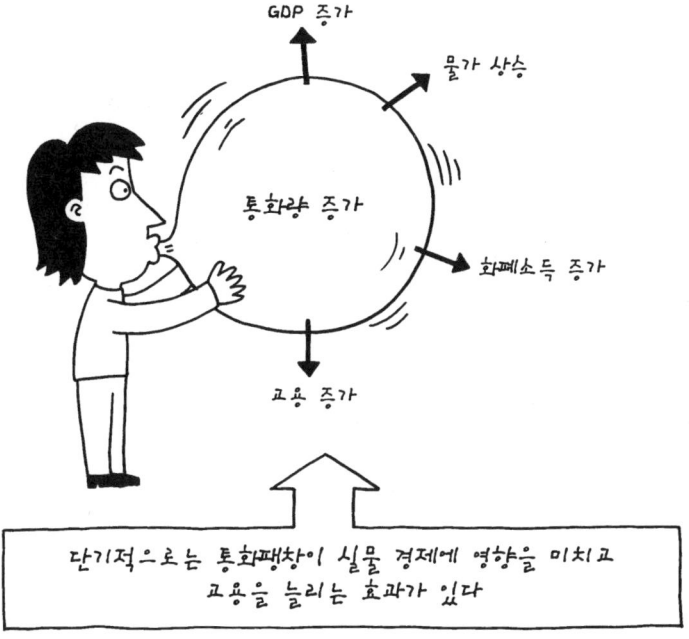

폐수요에 영향을 미치는 것은 사실이지만 그 변동폭은 크지 않으며 안정적이라고 주장했다.

프리드먼은 우선 화폐수요가 이자율에 별로 민감하지 않다고 단언했다. 통화주의자들은 실제로 미국 통계를 통해 추정한 결과 화폐수요의 이자율 탄력성은 -0.155에 불과해 이자율에 대해서는 비탄력적이라는 프리드먼의 주장이 입증됐다고 주장했다. 이 같은 결과는 유동성 함정이 존재할 만큼 화폐수요가 이자율 변화에 탄력적이기 때문에 통화량 증감을 통한 경기부양 정책은 별로 효과가 없거나 예측이 어렵다고 주장했던 케인스의 주장을 정면으로 반박하는 것이었다. 통화주의자들은 낮은 이자율에서 유동성 함정이 실제로 존재한다는 증거가 없고, 화폐수요가 이자율에 탄력적이지 않으며, 화폐의 대체가 되는 자산에 존재하는 위험이나 불확실성 등이 화폐에 큰 영향을 미치는 것도 아니라는 점을 주장했다.

그렇다면 소득이나 부의 증감을 통한 화폐수요의 변화는 어떨까? 통화주의자들은 미국자료의 분석결과 화폐수요의 실질소득 탄력성은 1.394나 돼서 화폐수요는 이자율보다는 소득에 대해 훨씬 민감하게 반응했다고 주장한다. 실질소득이 1% 늘어나면 실질화폐수요는 1.394%가 늘어난다는 것이다.

그런데 앞서 설명한 것처럼 소비성향은 항상소득 증감률에 의해 결정되며, 따라서 화폐수요는 총소득이 아니라 항상소득에 따라 달라진다. 항상소득이 비슷하면 일시적으로 총소득이 늘어나더라도 곧바로 화폐수요 증가로 이어지지는 않는다는 뜻이다. 만약 전 소득 계층에 대한 평균소득이 항상소득과 같다면 장기적으로 소비성향은 안정될 것이다.

이처럼 화폐수요가 이자율이나 물가상승률 변화에 대해 반응이 느리고 소득 가운데서도 안정적인 항상소득에만 영향을 받는다는 것은 경제적으로 중요한 의미를 갖는다. 화폐유통속도나 화폐보유비율이 화폐수량설에서 주장하는 것처럼 상수(常數)는 아니더라도 비교적 안정적이라는 뜻이 되기 때문이다.

프리드먼의 신화폐수량설의 결론은 두 가지로 요약된다.

첫째, 화폐수요는 이자율에 대해 비탄력적이다. 이 점은 화폐수요가 이자율에 따라 춤을 출 것이기 때문에 효과가 의심스럽고 불황이 깊어지는 경우 돈을 풀어봐야 장롱으로 빨려 들어가는 유동성 함정 때문에 통화정책이 무력해질 것이라는 케인스의 주장과 다르며, 통화량 증가가 곧바로 물가상승으로 이어진다는 전통적 화폐수량설과도 의견을 달리한다. 다시 말해 통화량 증가는 적어도 단기적으로는 실물경제를 자극해 GDP 증가에 영향을 미친다는 것이다.

둘째, 화폐유통속도나 보유비율이 안정적이기 때문에 통화량이 실물 부문에 영향을 미치는 기간은 제한적이며, 장기적으로 화폐증가는 물가상승률로 이어진다.

프리드먼은 그 과정을 다음과 같이 설명했다. 우선 중앙은행이 경기를 자극하기 위해서 공개시장 조작을 통해 화폐량을 늘리면 금융기관은 지불준비금을 제외한 초과 자금을 투자하거나 대출을 늘리는 데 사용할 것이다. 개인이나 기업들의 주머니에는 현금이 늘어난다. 그런데 사람들의 화폐수요는 안정적이며 그날그날의 필요에 따른 일정 액수만을 주머니에 넣어둘 뿐이다. 나머지 돈으로는 각종 소비재를 사거나 서비스를 구입한다. 기업은 투자를 늘릴 것이다. 당연히 실물 부문이 자극을 받아 GNP가 증가한다.

그런데 사람들은 점차 통화량이 늘어났기 때문에 물가가 상승했다는 것을 깨닫게 된다. 개인과 기업들이 화폐환상에서 깨어나면서 미래의 예상 물가상승률을 과거의 물가상승분에 일치시키기 때문에 명목이자율이 상승하게 된다. 이 과정은 새로운 물가상승률이 새로운 화폐증가량과 일치하고, 명목이자율이 이전의 물가상승률과 새로운 물가상승률의 차이만큼 상승하며, 현실 현금잔고가 희망 현금잔고와 일치하는 시점까지, 즉 통화 공급이 통화 수요와 일치하는 수준까지 계속된다. 그리고 실질이자율은 이전의 이자율 수준으로 회복된다. 증가한 화폐공급은 물가 상승(가격 상승)과 실질소득 증가, 이자율 하락 등의 조정에 의해 화폐수요와 일치하게 되는 것이다.

따라서 통화주의자들은 경제가 불완전고용 상태에 있다면 적어도 단기적으로는 통화팽창이 실물 부문에 영향을 미치고 GDP가 증가하며 고용을 늘리는 효과가 있다고 본다. 따라서 불경기의 경우 앞서 설명한 '구축효과'가 발생하는 재정정책보다는 통화신용 확대정책이 효과적이라고 주장했다.

토빈
토빈의 q - 투자를 결정짓는 집단적 정보의 힘

기업의 투자는 가계의 소비지출과 함께 총수요를 구성해 경제성장을 이끌어가기 때문에 총수요의 중요한 요소가 된다. 가계의 소비지출은 총수요에서 차지하는 비율이 훨씬 크지만 경기변동에 큰 영향을 받지 않는 반면 기업의 소비라고 할 수 있는 투자는 비중은 적지만 대신 경기에 민감하게 반응한다. 따라서 경제성장이나 국민소득, 고용, 물가 등 경제정책적 입장에서는 기업투자의 결정요인에 더 큰 관심을 갖게 된다.

그렇다면 기업의 투자는 어떻게 결정될까? 기업은 현재 투자를 함으로써 해마다 이익이 발생한다고 할 경우 미래의 발생이익을 현재가치(present value)로 환산해서 이를 극대화할 수 있는 투자를 원할 것이다. 현재가치로 환산된 기대 미래이익이 지금 당장 들어가는 비용보다 클 경우에만 투자가 이뤄진다.

발생할 미래의 이익을 현재가치로 환산할 때 일반적으로 쓰이는 할

토빈 James Tobin 1918~2002
미국의 경제학자. 자산선택 이론의 창시자 중 한 사람이다. 소비함수에 대한 유동자산가설, 신고전학파 성장이론의 정식화, 특히 금융론에서의 '예일 어프로치' 등 많은 업적이 있다. 1971년 외환투기를 막고 외환시장을 안정시키기 위해 국제외환거래에 대해 1%의 세금을 부과하는 방안을 제시하기도 했다. 금융시장의 분석 및 지출 결정, 고용·생산 및 재(財)가격과 금융시장과의 관련분석에 공헌한 업적으로 1981년 노벨경제학상을 수상했다.

인율은 해당 기업의 가중평균자본비용(WACC: weighted average cost of capital)이다. 가중평균자본비용에는 주식시장을 통한 자기자본 조달비용은 물론 채권발행, 은행차입 등 타인자본 조달비용이 모두 포함된다. 따라서 기업의 투자는 대체로 이자율과 역관계라고 할 수 있다. 다른 조건이 일정하다고 할 때 이자율이 오르면 투자는 감소하고 이자율이 내려가면 현재가치가 높아지기 때문에 투자는 늘어나는 경향을 보인다.

기업의 투자는 또 기업이 투자용도로 보유하고 있는 현금이 어느 정도인가에 따라서도 달라질 수 있을 것이다. 자금 사정이 충분치 않아 투자를 위해 외부 차입을 해야 하는 기업은 기회비용이 더 높기 때문에 투자용 현금이 풍부한 기업보다 이자율에 더 민감한 경향을 나타낸다.

기업의 투자에 큰 영향을 미치는 또 다른 요소는 불확실성이다. 앞서 설명한 것처럼 투자는 미래의 기대수익(expected return)에 따라 결정이 된다. 그런데 현재 예상하는 정도의 수익이 장래에 진짜로 발생할지는 아무도 알 수 없다. 미래의 기대수익은 따라서 현재의 정보를 기초로 한 경영자의 주관적인 판단에 달려 있다고 할 수 있다. 불확실한 미래에 대한 기업가의 판단에 따라 투자의 시기와 양이 달라지는 것이다. 결국 투자는 기업가의 미래를 예측하는 능력, 돈의 흐름에 대한 '동물적 본능'에 의해 결정되는 셈이다. 다른 요인이 일정하다고 볼 때 시장의 불확실성이 높아지면 기대수익이 낮아져 투자가 위축된다. 현재 많은 돈을 벌어도 불확실성이 높아지면 기업들은 미래를 위한 투자를 주저하게 된다. 언제 회사에서 명예퇴직을 당할지 모르는 근로자가 지금 당장 돈을 잘 벌어도 장래에 대한 불확실성 때문에 이 돈을 쓰지

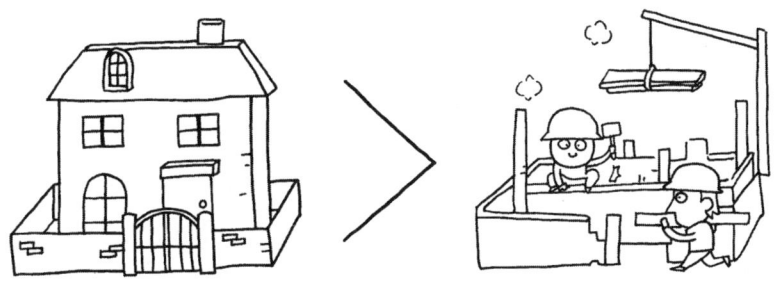

집의 시장가치가 재건축 비용보다 높다면 당연히 집을 새로 지어 팔아 이익을 남길 것이다

$$q = \frac{\text{기업의 주식가치(기업의 투자에 대한 시장평가)}}{\text{실물자본 대체비용(기업의 실제 투자비용)}}$$

기업의 경우에도 기업의 주식가치가 투자비용보다 높으면 즉 'q>1'이면 투자를 하게 될 것이다

토빈

않고 저축하려는 성향과 비슷하다.

자본주의와 금융시장이 고도로 발달한 현대에 와서는 기업이 직면하는 불확실성이 더욱 높아졌다. 한 기업이 도산하면 그 기업에 돈을 빌려준 금융기관들이 곤란을 겪게 돼 대출을 줄일 것이고 이것이 다시 전체 경제에 영향을 미치게 되는 시스템 위기로 확산될 가능성도 예전보다 훨씬 높아진 것이다. 경제의 불확실성 등 온갖 요인에 따라서 주식시장에서 주가가 요동치게 되면 투자사업의 수익성이나 전망과는 관계없이 투자액이 변동하게 된다.

이 점에 주목한 사람이 토빈이었다. 토빈은 생산량이나 이자율을 설명변수로 하는 기존의 이론과 궤를 달리해 주식시장이 새로운 투자계획에 대한 평가를 하고 이를 근거로 투자량이 결정된다고 봤다. 이를 '토빈의 q 이론' 이라고 한다. 토빈의 q는 주식시장에서 결정되는 기업의 주식가치를 분자로 두고 분모에는 기업의 실물자본의 대체비용(replacement cost)를 두었다.

즉, 'q = 기업의 주식가치/실물자본 대체비용' 인 것이다.

만약 어떤 집의 시장가치가 그 집을 다시 짓는 데 드는 비용, 즉 대체비용보다 크다면 집을 지을까 아닐까? 당연히 집을 지을 것이다. 비용보다 시장가치가 높아 집을 지어 팔면 이익이 남기 때문이다.

마찬가지로 기업도 기업의 투자에 대한 시장 평가가 실제 투자비용보다 크다면, 즉 q〉1이면 투자를 하게 될 것이다.

그러나 그렇게 이익이 남는다면 다른 기업도 따라서 투자를 할 것이므로 장기적으로는 더 이상의 투자유인이 사라지게 될 것이다. 집을 새로 지어 이익이 남는다는 것을 다른 사람들이 알게 되면 앞 다투어

집을 새로 짓고 결국 공급증가로 이익이 사라지는 것과 마찬가지다.

　토빈은 기존의 투자 이론이 이자율 이외의 다른 투자 요인을 설명하는 데는 부족하다고 보고 총체적인 정보의 집합체인 주가정보를 대신 사용해 설명하려고 시도했다. 투자를 결정하는 여러 가지 요인과 과정을 복잡하게 들여다 볼 필요 없이 시장이 평가하는 종합적인 결과만으로 투자수요를 결정한다는 것이다. 토빈은 특히 인플레이션이 심할 경우 이자율의 역할과 기능이 줄어들어 포괄적 정보의 집합체인 q 이론이 더 합당하다고 주장했다.

　가령 어떤 기업가가 미래를 주관적으로 판단해 거액의 투자를 결정했다고 하자. 이 투자계획이 밝혀진 후 주가가 오르면 수많은 사람이 기업가와 같은 방향으로 예측했다는 뜻이므로 투자를 하게 될 것이다.

　복잡한 금융시스템이 고도로 발달해 불확실성이 더욱 높아진 현대에는 한 사람의 기업가가 주관적으로 판단하는 미래 수익보다는 제각기 다른 정보를 지닌 수많은 투자자들이 평가하는 미래수익이 더 정확하며 따라서 기업의 투자도 종합적인 의견에 따라 더 많이 이루어진다고 본 것이다.

　그러나 토빈의 q 이론은 획기적인 의미를 가지는 만큼 한계도 뚜렷하다. 과연 정확한 값을 계산하는 것이 가능한가 하는 근본적인 의문이 제시될 만큼 토빈의 q를 계산하기란 쉽지 않다. 일단 시장가치를 어떻게 측정하는가에 대한 논란이 있고 측정된 숫자를 얼마나 신뢰할 수 있는가 하는 점에도 의문이 남아 있다. 주식 가치는 본질적인 기업 가치에 따라서만 달라지는 것이 아니라 주식시장 자체 내의 수급상황, 경기나 해외주가 등에도 영향을 받아 이뤄지기 때문이다. 또 투자는 성격상 투자에 관한 결정이 이뤄진 후 이를 실행하는 데까지 적지 않은 시간 차이가 존재하기 때문에 기업 가치와 주가의 연동성이 얼마나 신뢰할 수 있느냐 하는 회의론이 있다.

대체비용이라는 개념도 현실적으로는 정확한 추정이 어렵다. 기업의 유무형 자산의 대체비용을 환산할 수 있는 시장이 거의 발달되어 있지 않기 때문이다. 이 때문에 토빈의 q가 갖는 이론적 의미에 비해 경영 현장 및 연구자에 의한 현실적 용도는 상당히 제약이 있는 셈이다.

토빈
자산선택 – 달걀을 한 바구니에 담지 않는다

 케인스는 화폐수요의 이자율 탄력성이 높다고 주장했다. 이자율이 충분히 낮은 상태에서는 투자자들이 앞으로 이자율이 오를 것을 예상해 모조리 현금으로 보유하려는 경향이 생기고 화폐수요가 엄청나게 늘어날 것으로 본 것이다. 이 같은 유동성 선호이론은 화폐의 가치 저장 측면에 초점을 맞춘 투기적 화폐수요이론으로서 화폐이론의 발전에 획기적 역할을 했지만 가정의 지나친 단순성 때문에 적지 않은 비판을 받기도 했다.

 우선 케인스는 사람들이 이자율 변동에 따라 모두 현금만 보유하거나 전액을 증권으로 보유하는 양자택일의 문제로 보았다. 또 미래 이자율에 대한 투자자들의 기대가 확실성을 가지고 일률적으로 형성된다고 가정했다. 그러나 현실적으로 미래 이자율에 대한 사람들의 예측은 제각기 다르며 위험에 대한 태도도 다르고 현실이자율의 변동에 적응하는 데도 시간이 걸린다.

 토빈은 화폐수요의 투기적 동기에 대한 케인스 모델의 단점을 보완한 '자산선택이론(portfolio theory)'을 발표했다. 자산선택이론은 불확실성 하에서 투자자의 기대효용의 극대화가 이뤄지도록 각 금융자산을 분산투자하는 것을 의미한다. 장래의 위험이나 수익성에 대해 기대가 다른 모든 사람들이 미래의 이자율을 똑같은 방향으로 예측하고 현

금이나 채권 어느 한 방향으로만 동시에 움직일 것이라는 비현실적인 가정 대신 안정성과 수익성을 따져서 골고루 분산투자한다는 현실적인 가정을 도입한 것이다.

어떤 사람이 현금성 저축을 가지고 있다고 가정하자. 현금성 저축을 그대로 보유하고 있으면 손해를 볼 위험성이 거의 없지만 기대할 수 있는 이익 역시 제로다. 한편 채권에 투자하면 이자 소득을 얻을 수 있는 반면 이자율 변동에 따른 위험이 동시에 존재한다.

우선 경제 내에 현금과 증권 두 가지 자산만 존재하고 있다고 가정해 보자. 현금자산인 화폐는 위험은 없지만 대신 수익도 없는 자산이며, 증권은 위험성과 수익성을 동시에 가지고 있다. 이 경우 일반적으로 위험회피적 투자자라면 극단적으로 화폐나 증권 어느 한 종류만 보유하지는 않을 것이다. 일반적으로 투자자들은 주어진 이자율 수준과 예상수익에 대한 위험도를 고려하고 자신의 위험에 대한 선호도에 따라 적정비율로 분산투자하게 될 것이다.

수식으로 표현하자면 '$W=M+B$'인 것이다. 이 식의 경제적 의미는 개인의 총자산(W)은 위험이 없지만 수익도 없는 현금성 화폐(M)와 수익은 있지만 위험도 동시에 존재하는 채권(B)으로 구성된다는 뜻이다. 이것이 포트폴리오다. 위험회피적 투자자라면 상황이 불확실한 경우 두 가지 종류의 자산의 비율을 조정할 뿐 어느 한쪽으로만 완전하게 기울지는 않을 것이다. 즉 위험회피 투자자들은 aW만큼의 증권과 (1-a)W만큼의 화폐를 동시에 보유하며 이자율 변동에 따라 증권 보유비율인 a가 달라진다.

그런데 채권의 보유에서 나오는 총수익은 이자수익과 시장이자율 변동에 따른 자본이득/손실(채권의 매매 차익이나 차손)로 구성된다. 자본이득은 고정된 단일값이 아니라 유가증권의 투자에서 나오는 자본이득의 확률분포로 파악된다. 즉 유가증권에 투자할 때 각각의 수익률에 각각의 예상확률을 곱해서 더한 '기대자본이득'을 알 수 있는 것이다. 이를 도식화하면 다음과 같다.

$$\text{기대자본이득} = \Sigma Pi \times Gi$$

(Gi는 증권 i의 자본수익률, Pi는 Gi가 발생할 수 있는 확률).

자본이득의 확률분포가 정규분포라면 표준편차가 클수록 기대수익에 대한 불확실성과 위험도도 크다는 뜻이 된다. 투자자는 확률분포를 고려해 수익과 위험 사이에서 최선의 조합을 구하려고 할 것이다. 어떻게? 토빈은 총수익과 총위험의 한계대체율은 다음과 같다고 정의했다.

$$\frac{dR_T}{d\sigma_T} = \frac{r + \bar{g}}{\sigma_g}$$

R_T = 총수익, σ_T = 총위험, r = 이자수익률
$\bar{g}$ = 평균 자본이익, σ_g = 자본이득의 위험도

가령 이자수익률이 5%이고, 평균 자본이익이 10%이며, 자본이득의 위험도가 5%라면 총수익과 총위험 간의 한계대체율은 3이 될 것이다. 다시 말해서 총유가증권의 위험(σ_g)이 1%포인트(%와 %의 비교는 %포인트로 표시한다) 증가하면 총기대수익률($r + \bar{g}$)은 3%포인트가 증가한다는 것이다. 이는 총기대수익률이 3%포인트 이상 증가해야 추가 위험 1%포인트를 감수한다는 뜻이기도 하다.

이제 이자율 변화가 화폐수요에 미치는 영향을 알아보자. 포트폴리오 모형에서 이자율이 변할 때 화폐수요는 어떻게 변화할까?

여기에는 대체효과와 소득효과 두 가지가 작용한다. 대체효과는 이자율이 변화할 때 화폐보유에 따른 기회비용인 증권의 수익률이 변함으로써 화폐와 증권 간에 대체가 이루어지는 것을 뜻하며 소득효과는

이자율 변화 때문에 이자소득이 변해서 새로운 수익을 원하기 때문에 발생하는 효과를 의미한다.

예를 들어 이자율이 상승하면 어떻게 변할까? 우선 이자율이 높아지면 화폐를 보유하는 것보다는 증권을 보유하는 것이 더 유리하기 때문에 화폐수요보다는 증권수요가 더 늘어날 것이다(대체효과). 반면 이자율 상승 때문에 소득이 늘어나면서 안전을 선호하는 심리가 더 강해질 것이다. 안전선호는 화폐수요를 더 늘리는 방향으로 나타난다(소득효과). 두 가지의 상반된 효과 가운데 어느 쪽이 우세할 것인가는 투자자가 위험회피자인지 위험선호자인지에 따라 달라진다.

일반적으로 사람들은 위험을 기피하는 경향이 있기 때문에 유동자산을 더 선호하며 특히 증권 금리가 낮으면 낮을수록 화폐보유를 더 늘리려는 성향이 있다. 이 같은 결론은 저금리에서 유동성 선호가 발생하며 화폐수요가 이자율에 민감하다는 케인스의 주장을 뒷받침하고 있다.

이자율을 매개로 한 위험자산과 화폐수요의 포트폴리오적 선택이 가지는 거시경제학적 의미는 무엇일까?

케인스는 유통성 선호이론을 통해 통화수요가 이자율에 민감하기 때문에 통화정책이 효과가 없다고 주장했다. 반면 프리드먼 등 통화주의자들은 통화수요는 이자율에 민감하지 않다고 주장했다. 토빈은 자산선택이론을 통해 화폐수요는 이자율뿐만 아니라 사람들이 보유한 자산의 기대 수익률에 의해서도 좌우된다는 결론을 이끌어냈다. 즉 화폐수요(L)는 국민소득(Y)과 이자율(r), 금융자산의 크기(w)에 의해 결정된다는 것이다. 즉 $L = f(Y, r, w)$. 이 같은 형태를 '케인지안 변형 화폐수요함수'라고 부른다.

토빈은 자산선택이론을 통해 위험회피자인 사람들이 향후 이자율이 어떻게 될 것인가에 관해 케인스 모델만큼 확신하지 못하는 경우에도 통화수요가 이자율에 탄력적으로 반응한다는 사실을 밝혀냈다. 또 위험에 대한 태도에 따라 투자자들이 현금, 또는 채권만으로 구성하는 극단적인 경향도 발생할 수 있음을 밝혔다. 케인스의 생각을 기초로 출발해 케인스의 결론을 포함한 보다 정교한 통화수요 요인을 밝혀낸 것이다.

포트폴리오 모델은 각종 투자자산의 존재를 인정하고 비은행금융기관들의 존재까지를 인정하는 한편 통화의 분석에 금융수단과 금융기관을 다양화함으로써 단순한 통화이론이 아니라 금융이론으로까지 발전시켰다는 평가를 받는다. 또 위험자산의 종류가 많고 자산의 위험과 수익이 다양하더라도 언제나 적용할 수 있기 때문에 일반적인 금융시장의 투자이론에 응용돼 금융이론이라고 불리는 학문의 발전에 기여했다.

1981년 스웨덴 한림원이 토빈을 "금융시장의 포트폴리오 이론에 기여하고 금융적 변수가 지출과 고용 생산에 어떻게 영향을 미쳤는지를 분석한 공로로 상을 수여한다"고 했을 때 기자들이 당시로서는 완전히 낯설고 새로운 이론이었던 포트폴리오 이론이 무엇인지 쉬운 말로 설명해 달라고 하자 토빈은 그 유명한 "투자를 할 때 위험과 수익에 따라 분산투자를 하라는 것이다. 다시 말해 당신이 가진 계란을 몽땅 한 바구니에 담지 말라는 것이다"라는 말을 한다. 계란을 한 바구니에 넣었다가 떨어뜨릴 경우 계란은 모두 깨져서 전혀 복구가 불가능하기 때문에 여러 바구니에 나눠 담아두는 것이 좋다는 것이다.

그러자 전 세계 신문이 "토빈, '계란을 한 바구니에 담지 말라' 는 이론으로 노벨상 수상' 이라는 제목을 뽑았기 때문에 이 말은 오늘날 개인들이 자산관리를 할 때는 주식이나 채권, 부동산 등에 분산투자를 하라는 말의 대명사처럼 쓰이고 있다.

루카스
합리적 기대 – 정부의 경제정책은 무용하다

케인스학파와 통화주의자들이 재정정책과 통화정책 중 어느 것이 더 유효한가를 둘러싸고 격론을 벌이고 있는 동안 이 두 학파를 동시에 비판한 급진적 통화주의이론이 등장했다. 바로 '합리적 기대(rational expectation)' 이론이다.

1961년 젊은 학자인 존 무스가 처음 아이디어를 제공하고 루카스가 완성시킨 합리적 기대이론은 시장 참여자들이 고도로 합리적이라고 가정한다. 이들은 언제나 가능한 모든 정보를 모으고 분석해 미래의 경제적 행위에 대해 합리적으로 예측한다. 모든 정보가 완벽하게 수집되고 미래에 대해서도 합리적으로 예측하는 완벽한 질서의 세상을 사는 것이다.

미래에 대한 기대에는 '적응적 기대'와 '합리적 기대' 두 가지가 있다. 적응적 기대 가설은 사람들이 일반적으로 과거에 일어났던 사건이나 자신이 알고 있는 정보를 미래의 행동에 적응적으로 반영한다고 본

루카스 Robert Lucas Jr. 1938~
미국의 경제학자. 시카고학파 프리드먼의 수제자로 케인스학파의 계량경제학의 맹점을 비판한 '루카스 비판'으로 명성을 얻었다. 경제는 시장경제 원리에 맡기고 정부는 인위적 경제 개입을 줄여야 한다면서, 1961년 '합리적 기대이론'을 제기했다. 1995년 합리적 기대이론 연구의 업적으로 노벨 경제학상을 받았다. 이 이론은 주요 저서인 『경기순환이론 연구』(MIT, 1981)에 실려 있다.

다. 이제 막 초등학교에 들어간 아이가 "지각하면 교칙에 어긋나며 벌을 받게 된다"는 말을 선생님에게 들었다고 하자. 그러나 이 정보가 가지는 구체적인 의미를 잘 모르는 아이는 몇 차례 늦잠을 자서 지각을 한다. 선생님에게 거듭해서 벌을 받고 나서야 지각을 하지 않게 된다. 이것이 적응적 기대이다.

반면 합리적 기대 가설은 사람들이 좀더 고도의 지적인 판단을 가지고 있으며 정보를 입수하는 즉시 자신의 행동에 반영한다고 본다. 즉 "지각을 하면 교칙에 어긋난다"는 정보를 알게 된 순간부터 절대 지각을 하지 않기 위해 노력한다는 것이다.

가령 과거 몇 년 동안 물가가 평균 4% 정도 올랐는데 이 같은 추세에 비춰볼 때 올해도 물가가 약 4~5% 정도 오를 것으로 생각하고 여기에 맞춰 행동한다면 이는 적응적 기대이다. 적응적으로 기대하는 사람들은 앞으로 생겨날 수 있는 경제의 변칙적인 움직임에 대응이 느릴 수밖에 없다. 따라서 정부가 갑자기 돈을 풀어서 물가가 10% 오를 경우 소비자들이 새로운 현실에 적응할 때까지 다소 시간이 걸리므로 적어도 이 기간 동안은 정부의 의도가 먹혀들어갈 것이다.

반면 합리적 기대에 따라 움직이는 사람들은 적응적 기대를 가지고 행동하는 사람들이 과거 자료에 지나치게 의존함으로써 오류를 범하는 것과 달리 새롭게 입수하는 정보를 즉시 행동과 의사결정에 반영한다. 과거는 물론 현재의 정보까지도 거의 실시간으로 수집하고 있으며 정부가 통화량을 늘린다는 것을 알게 되는 순간 인플레이션을 예상해 즉시 여기에 맞춰 행동한다.

합리적 기대 가설을 이론적으로 완성시킨 루카스는 한 걸음 더 나아

가 거시경제 정책에서 금과옥조로 이용되는 계량경제까지도 합리적 기대 앞에는 무력하다고 비판한다. 가령 지난 10여 년간의 소득이나 소비수준, 이자율 등 과거 통계를 기초로 해서 정부가 어떤 소비통계

모형을 만들고 이 모형에 따라 정책을 입안했다고 가정하자.

그런데 정부와 마찬가지로 과거 정보를 잘 알고 있을 뿐 아니라 이를 분석하고 있는 이성적인 개인들은 정부의 정책을 예측하고 자신들의 행동을 바꿔버릴 것이다. 합리적 기대를 하는 이성적 소비자와 개인들 앞에 과거의 통계와 이를 바탕으로 한 정부정책은 무용지물이 되는 것이다. 이것이 바로 유명한 '루카스 비판(Lucas Critique)'이다.

합리적 기대주의자들이 가하는 정책 비판의 의미는 한마디로 정부의 어설픈 정책은 시장에 먹히지 않으니 그만 두라는 것이다. 정부가 국민의 의표를 찌르는 '깜짝쇼' 같은 경제 정책을 펴지 않는 한 정부의 각종 금융정책은 무력하다는 결론인 것이다.

가령 불경기가 닥쳐 정부가 재정확장 정책을 펴고 중앙은행이 통화량을 늘린다고 가정해보자. 합리적 기대이론은 국민들이 정부의 경기팽창 의도를 이미 알고 있기 때문에 이 모든 노력이 무용하다고 주장한다. 불경기가 닥쳤을 때 가격을 낮춰서 물건을 많이 팔려고 시도하려던 기업은 정부가 총수요를 늘려 경기활성화를 시도할 것을 각종 정보를 통해 합리적으로 기대하기 때문에 가격을 낮추지 않은 채 버티기로 일관한다.

실업이 늘면서 임금을 낮춰서라도 다시 일하려고 생각했던 노동자들도 정부가 고용을 늘리고 경기를 활성화시킬 것을 합리적으로 기대하기 때문에 임금을 낮추지 않은 채 시간이 가기를 기다린다.

정부의 쓸데없는 개입 때문에 상품가격과 노동가격(임금)의 기능이 시장에서 작동하지 않아 자동적인 경기회복이 늦어지는 결과를 낳게 된다는 것이다. 마찬가지로 중앙은행이 통화량을 늘려봐야 인플레이

선만 가중시키게 되고 정부가 민간소비를 부추기기 위해 세금을 깎아줘도 부족한 세수를 보충하기 위해 정부가 공채를 발행하면 그 부담을 언젠가는 국민이 져야 한다는 사실을 '합리적으로 기대' 하는 소비자와 기업은 정부가 깎아준 세금을 물건 사는 데 쓰지 않고 저축해버린다. 결국 미래에 대한 가계와 기업의 합리적 기대가 현재의 모든 정부정책을 무력화시키는 것이다. 이는 재정적자가 발생할 경우 그 적자는 언젠가는 국민들이 세금의 형태로 물어내야 하기 때문에 정부의 부채는 곧 세금과도 같다고 주장한 리카도의 주장과 일맥상통한다.

합리적 기대이론은 그 이론의 단순 명쾌성과 수학적 완결성 때문에 한때 엄청난 각광을 받았다. 그러나 시장은 언제나 수급균형을 달성하며 모든 개인이 슈퍼맨처럼 막대한 정보를 즉시 입수해 분석할 수 있다는 실현 불가능한 전제조건을 달고 있어 비현실적이라는 비판을 받고 있다.

케인스가 이야기했던 것처럼 경제학은 과학이 아니라 사회과학이다. 수많은 경제학자들을 사로잡았던 합리적 기대이론의 명쾌성과 자기완결성은 복잡다단한 전개과정을 거쳐야 하는 실물경제와는 맞지 않는다. 경제학 모형의 진정한 검증은 수학적 아름다움과 완결성이 아니다. 얼마만큼 현실 정합성과 현실 예측력을 가질 수 있느냐가 관건인 것이다.

필립스
필립스 곡선 – 고용을 위해 물가를 희생하라

 인플레이션은 빵을 갉아먹는 유령쥐에 비유되곤 한다. 겉보기에 빵의 크기를 키웠다고 하더라도 인플레이션이 지나치면 실질적인 빵의 크기는 줄어드는 것이나 다름없기 때문이다.

 그렇다면 물가상승, 즉 인플레이션의 원인은 무엇일까? 일반적으로 인플레이션의 발생 원인은 수요 측면에서 바라본 '수요견인형 인플레이션'과 공급 측면에서 분석하는 '비용인상형 인플레이션' 두 가지로 분류된다.

 수요견인형은 한마디로 공급에 비해 수요가 너무 많아 물건 값이 오르는 현상이다. 경기가 좋아지거나 정부의 씀씀이가 늘어나거나 돈이 많이 풀려 지갑이 넉넉해진 소비자들의 수요가 증가하는데 공급은 갑자기 늘어나기 어렵기 때문에 가격이 오르는 것이다.

 비용인상형은 임금 상승, 유가 폭등, 원자재가격 상승, 천재지변 등 갖가지 요인 때문에 생산비가 올라서 기업들이 오른 생산비를 가격에

필립스 A.W. Phillips 1914~1975
영국의 경제학자. 1914년 뉴질랜드 출생. 1946년부터 1949년까지 런던정경대(LSE)에서 공부했고, 1958년부터 1967년까지 런던정경대 교수를 지냈다. 그후 오세아니아로 돌아와 호주국립대학에서 사회과학 연구과정을 맡아 일했다. 그리고 1969년에는 뉴질랜드로 돌아가 오클랜드대학에서 1975년 사망할 때까지 몸담았다. 1958년에 발표한 '필립스 곡선'으로 유명하다.

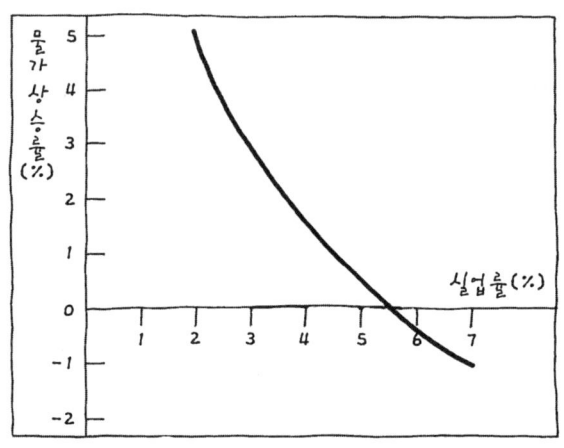

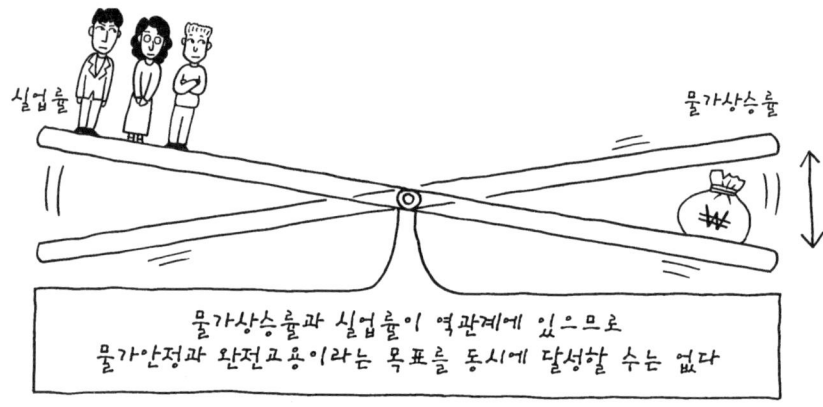

물가상승률과 실업률이 역관계에 있으므로
물가안정과 완전고용이라는 목표를 동시에 달성할 수는 없다

전가하는 데서 발생하는 인플레이션 현상이다.

이 같은 인플레이션과 고용의 상관관계를 분석한 것이 필립스 곡선이다. 1958년 필립스는 1861년에서 1957년까지 약 100여 년에 걸친 영국의 임금과 물가 통계자료를 분석해 임금상승률과 실업률 사이에 상당히 안정적인 역(逆)관계가 있음을 발표했다. 임금상승률이 높아지면 실업률이 낮아지고(고용 증가), 임금상승률이 낮아지면 실업률이 높아진다(고용 하락)는 사실을 발견한 것이다.

이 조사결과에 따라 필립스는 "인플레이션과 실업률이 반대로 움직인다"고 발표했다. 그런데 왜 임금상승률이 물가상승률로 바뀌게 된 것일까? 필립스가 조사한 통계는 19세기 말과 20세기 초 100년간의 자료였는데 당시는 대부분의 산업이 노동집약적이었기 때문에 비용 상승의 주 원인은 임금 상승이었다.

필립스는 통계분석 결과 고용이 늘면 물가상승률이 높으며 반대로 물가상승률이 낮을수록 고용이 떨어진다는 것을 한눈에 알 수 있는 도표를 제시했다. 이것이 필립스 곡선이다.

필립스 곡선이 시사하는 경제적 의미는 간단하지만 의미심장하다. 물가상승과 고용이 역관계라는 것은 정부가 물가안정과 완전고용이라는 목표를 동시에 달성할 수 없으며 어느 한 목표를 달성하기 위해서는 다른 목표를 희생해야 한다는 뜻이 된다.

종래의 인플레이션 이론인 수요견인설에서는 인플레이션이 유효수요, 혹은 통화량의 과다공급 때문에 발생하며, 따라서 긴축재정과 금융정책의 조합을 통해 해결된다고 믿었다. 그러나 필립스 곡선을 통한 분석에서는 이 같은 긴축정책은 물가상승을 억제하는 대신 실업률을 높이게 된다고 경고하는 셈이다.

이 필립스 곡선이 가지는 경제정책적 의미는 고용을 늘리려면 물가상승에 따른 폐해는 어느 정도 감수해야 한다는 것이다. 즉 "높은 인플레이션에 따르는 비용이 낮은 실업률에 따르는 수익을 넘어설 때까지 경제를 확대하라"는 암묵적인 메시지를 담고 있는 것이다.

실제로 어느 나라든지 인플레이션 비용은 견딜 만한 수준이면 무시되는 경우가 많다. 물가상승은 적정한 정도에서는 사람들이 잘 인식하지 못하는 경향이 있는 반면 높은 실업률은 정치적으로 심각한 타격을 주기 때문이다.

가령 1억 원을 은행에 맡겼는데 이자율이 2%, 물가상승률이 5%라면 연간 약 80만 원을 손해 보는 것이나 다름없다. 그런데도 사람들은 실질적인 손해를 잘 인식하지 못한 채 1억 원에 이자가 붙었다고만 생각한다. 그리고 생필품이 급격히 오르지 않는 한 물가가 올라도 당장 현실의 문제로 심각하게 인식하지 못한다.

반면 실업률이 높아지면 현재의 정부에 당장 정치적 비난이 쏟아지며 사람들은 불안해한다. 이 때문에 필립스 곡선이 등장한 이후 일부 정부는 물가를 희생해서라도 실업을 줄이려는 정책을 도입하기도 했다.

새뮤얼슨
스태그플레이션 – 물가가 오르면서 고용이 감소하는 현상

인플레이션과 고용과의 역관계를 나타낸 필립스 곡선의 시사점을 근거로 1960대를 통틀어 미국 정부는 실업률을 낮게 유지하는 대가로 4~5%대의 지속적인 인플레이션을 용인하는 정책을 취했다.

그런데 실제로는 어떤 일이 일어났을까? 지속적인 인플레이션을 용인하면서까지 경기 살리기에 애를 썼지만 1973년 이후 미국의 실업률은 계속 5~10%의 높은 상태를 유지했다. 실업은 줄이지 못하면서 물가는 연평균 6%에서 13%까지 치솟았다.

불황인데도 물가는 치솟는 이 같은 새로운 현상을 경제학자 새뮤얼슨은 '스태그플레이션(stagflation)'이라고 명명했다. 필립스 곡선이 시사하는 정책이 현실적으로는 명백하게 문제가 있다는 사실을 보여준 것이다.

필립스 곡선은 우선 지리적으로는 '영국에서' 시간적으로는 '19세

새뮤얼슨 Paul Anthony Samuelson 1915~
미국의 경제학자. 1970년 노벨 경제학상을 받았다. 뛰어난 경제이론가로 알려진 그는 훌륭한 수학적 기법을 도입함으로써 다양한 부문의 경제이론을 발전시키는 데 크게 기여했다. 『경제분석의 기초 Foundations of Economic Analysis』(1947)는 그의 저서 가운데 유일하게 광범위한 분야를 다루고 있는 연구서로서 다른 저서에서 전개된 논리의 기저를 보여주고 있다. 또한 명료한 산문체로 씌어진 그의 경제학 입문서는 그 분야의 베스트셀러가 되었을 뿐 아니라 고전으로 인정받고 있다.

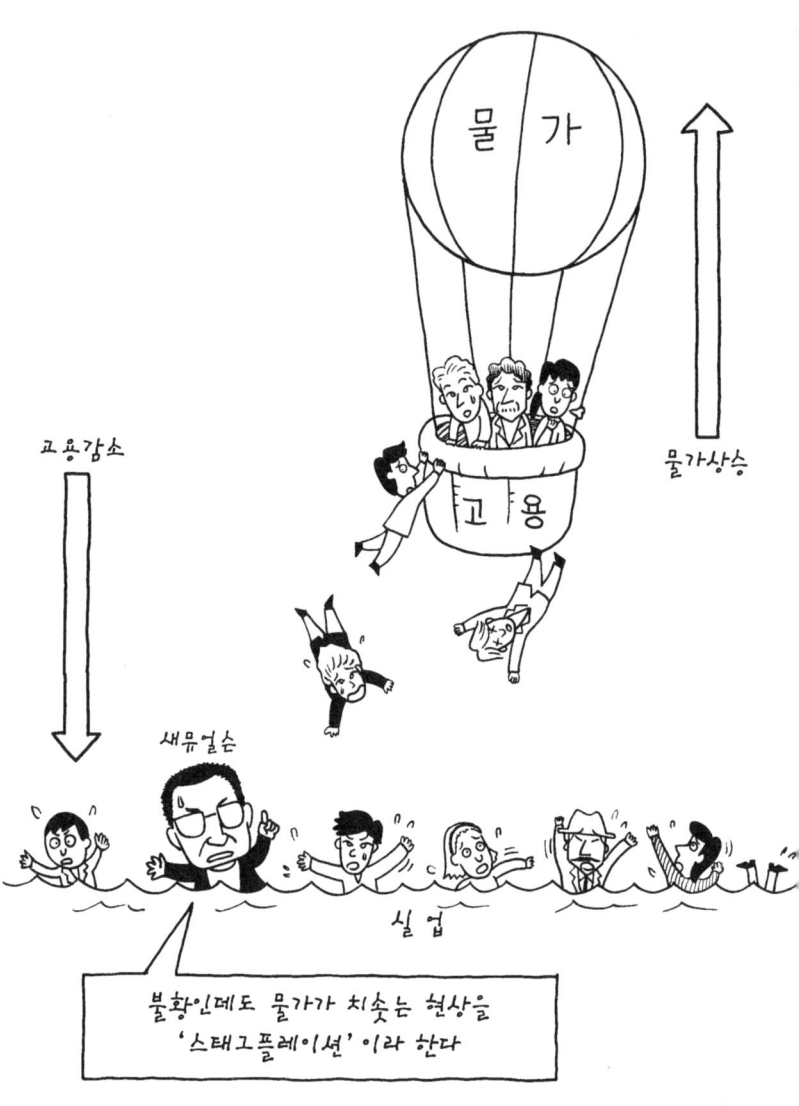

기 말에서 20세기 초라는 특정 시점'에 물가와 인플레이션이 통계적으로 역관계가 나타났었다는 외부적 사실만을 보여줄 뿐 왜 그런 관계가 형성됐는지 내부적인 인과관계를 잘 설명하지 못했다.

당시 영국에서 나타난 필립스 곡선 현상, 즉 인플레이션과 고용의 뚜렷한 역관계는 일반인들이 예상치 못할 만큼 높거나 낮은 인플레이션의 '초기 우발적 효과' 때문이었다는 해석도 있다. 그런데도 사람들은 필립스 곡선을 보고 '인플레이션과 실업 사이에는 안정적 균형이 있다'는 잘못된 인식을 하게 되었다는 것이다.

필립스 곡선에 대한 가장 큰 비판은 필립스 곡선이 주는 경제적 메시지를 맹신한 어느 정부가 높은 인플레이션을 감수하는 대신 실업률을 낮추는 정책을 유지할 경우 필립스 곡선 자체가 변화할 수 있다는 점이다. 정부가 실업을 줄이기 위해 총수요를 억지로 늘리거나 통화량을 늘릴 경우 정부의 '의도'를 읽은 소비자들의 '기대'가 변화하게 된다. 그리고 변화된 기대는 가계나 기업의 행동에 영향을 미쳐 필립스 곡선 자체가 이동해 버리기 때문에 당초의 정책의도가 무력화되면서 물가가 오르는데 고용은 오히려 하락하는 스태그플레이션이 나타날 수 있는 것이다.

예를 들어보자. 정부가 실업을 줄이기 위해 재정을 집행하거나 통화량을 늘려서 의도적으로 인플레이션을 유도한다고 가정해보자. 노동자들은 인플레이션이 자신의 실질임금을 갉아먹는다는 사실을 잘 알고 있다. 따라서 이들은 실질임금을 보전하기 위해 임금 인상을 요구할 때 '기대 물가상승률'을 아예 포함시켜 요구한다. 그렇게 되면 임금상승률과 물가상승률이 같아지면서 생산은 별 변동이 없고 결과적으로 실업률도 정부의 기대와는 달리 낮아지지 않을 것이다. 기대 물가 상승률에 따른 노동자들의 임금 인상 요구 때문에 실업률은 낮아지지 않은 상태에서 물가만 오르는 악순환이 생겨나는 것이다.

고용을 늘리기 위해 인플레이션을 감수하는 필립스 곡선의 경제정책적 시사점에 따라 수많은 시행착오를 거치고 스태그플레이션까지 겪은 끝에 각 나라가 얻은 경험적 결론은 대강 다음과 같이 요약된다.

필립스 곡선이 완전히 틀린 것은 아니다. 그러나 고용과 물가의 역관계는 단기간에만 유지된다. 사람들은 100% 합리적일 수 없다. 적어도 단기적으로는 사람들이 일정 부분 화폐환상에 사로잡혀 있기 때문에 인플레이션이 임금 상승에 충분히 반영되지 못하며 따라서 인플레이션과 실업률 간에는 다소의 역관계가 존재한다고 할 수 있다.

그러나 장기적으로는? 사람들은 지속적인 인플레이션을 깨닫고 물가상승분만큼 임금을 올려달라고 주장하게 된다. 임금이 오르면 노동비용을 감당하기 어려워진 기업들은 투자를 줄이고 고용을 회피하게 된다. 따라서 장기적으로는 물가를 희생하고 돈을 풀어 고용을 늘리려는 정부정책이 현실적으로 무력화된다.

실제로 인플레이션을 감수하고 실업률을 낮추려는 정책이 본격 시행된 1960년대 후반에는 이 정책이 비교적 성공적인 것으로 보였다. 그러나 오랫동안 지속된 물가상승 때문에 실질임금이나 실질소득이 줄어든다는 사실을 사람들이 깨닫게 된 1970년대 초반부터는 필립스 곡선의 신화가 무너지기 시작했다. 물가는 오르면서 경기는 계속 후퇴해 실업률이 증가했다. 1970년대 내내 미국경제는 높은 실업률과 높은 인플레이션의 이중고, 즉 스태그플레이션을 겪게 된다.

제5장

인간행위와 제도

사회관계론
차별계수
인적자본
현시적 소비
공공선택
포획설
레몬시장
재산권
경로의존성
미니맥스의 정리
죄수의 딜레마
내쉬균형

베커
사회관계론 – 개인의 이기심을 충족시키기 위한 이타심

경제학이 분석할 수 있는 영역은 갈수록 확대되고 있다. 과거에는 경제학의 영역 밖이라고 생각되었던 각종 차별, 인적자본의 형성, 범죄, 마약, 가족관계, 결혼, 출산 등 사회현상에 대해 경제적 접근을 해서 새로운 의미와 문제해결 방안을 제시하려는 시도가 본격화되고 있다.

인간행위 전반에 걸친 경제적 분석에 가장 기여한 학자는 시카고대학의 베커 교수로 그가 경제학적 분석을 시도한 영역 가운데 하나가 '사회관계론(Theory of Social Interaction)' 관점에서 본 가족 내의 이타심 연구이다.

가령 직장에 다니는 형이 자기도 형편이 어려우면서 사업이 망해 어렵게 살고 있는 동생을 무리해서 돕는 경우가 있다. 이 형은 다른 사람들에게는 커피 한 잔 사는 것도 아까워 할 만큼 철저하게 이기적으로 행동한다. 남들에게는 이기적인 사람이 왜 가족에게는 이타적으로 행동할까?

베커 Gary Stanley Becker 1930~
미국의 경제학자. 미시경제의 분석영역을 폭넓은 인간행동과 상호작용에까지 확대한 공로로 1992년 노벨 경제학상을 받았다. 경제 연구에서 미시경제학과 거시경제학의 구분은 타당하지 않으며, 오직 인간행위 분석을 위한 경제이론만이 존재한다고 주장했다. 주저인 『인간자본Human Capital』(1964)에서는 인간을 자본으로 설정하고, 이것의 질을 높이기 위해서는 국가가 교육에 중점을 두어야 한다고 주장했다.

경제적으로 어려운 처지에 있는 가족이 있을 경우

도울 경우 발생하는 경제적 비용 < 돕지 않을 경우 발생하는 사회적 비난의 비용

말세다!

돕는 것이 나에게 더 이익을 가져다준다

이러한 이기적 이타주의는 가족관계뿐 아니라 다양한 사회관계 속에서 폭넓게 나타난다

생물학자들은 가족에 대한 이타심을 '집단선택모형'으로 설명한다. 가족이나 혈연간의 이타주의란 자연선택을 위한 매개체인 유전자적 물질의 한 부분으로서 생물학적으로 필연적인 것이며 사회적으로 생존확률을 높이는 바람직한 선택이기 때문에 살아남은 감정이라는 것이다.

인간을 포함한 모든 동물은 자신과 유사한 개체를 종속시키려는 특징이 있다. 가족 내 이타심 유전자는 자녀에게 진화론적으로 우세하게 유전되며 자녀나 공통의 유전자를 지닌 친척에 대한 이타주의는 유사한 개체나 집단의 생존확률을 높이는 방향으로 작용한다. 가족을 보호하고 서로 돕는 것이 유전적으로 공통점을 지닌 종족의 생존확률을 높이기 때문에 가족에 대한 이타심은 생물학적인 본성이라는 것이다.

베커는 사회관계론의 관점을 도입하면 모든 개인은 이기적이고 합리적이라는 경제학의 기본 가정만으로도 가족간의 이타심을 충분히 설명할 수 있다고 주장했다. 가족간의 '이타주의'는 혈연집단간의 생물학적 선택이 아니라 사회관계 속에서 개인의 '이기심'을 추구하는 과정에서 나타난 선호행위의 한 형태라는 것이다.

인간은 가족이나 친척 등 소규모의 사회집단을 이루면서 살고 있다. 사회집단은 고유의 가치체계를 가지고 그 사회집단에 소속된 개인의 행위나 의사결정을 관찰하고 평가하며 칭찬하거나 비난한다. 베커는 개인이 이 같은 사회집단의 평가를 자신의 효용함수에 넣어 행동하기 때문에 사회적 관계와 개인의 행동은 상호작용한다고 보았다.

가령 형이 사업 실패로 경제적으로 몹시 어려운 동생을 도울 경우 사회집단은 형을 칭찬한다. 형이 동생을 돕지 않을 경우 적지 않은 비난과 사회적인 압박에 직면한다. 동생을 돕는 데서 오는 경제적 비용보다 동생을 돕지 않을 경우 부모나 다른 형제들, 친척들로부터 쏟아질 비난의 비용이 더 크기 때문에 동생을 돕는다는 것이다. 다시 말해 인간이 가족, 혈연, 친척이라는 사회적 상호관계 속에 살고 있는 한 이기주의보다는 이타주의가 더 큰 이익을 가져다준다고 인식하기 때문에 이타심을 보인다는 것이다. 이타주의가 혈연적 특징을 가진 사람들 사이에만 나타나는 것이 아니라 서로간의 행동을 밀접하게 관찰하고 평가할 수 있는 사회관계 속에서도 자주 나타나는 이유도 이 때문이다.

만약 이타심이 혈연간 집단선택의 유전적 결과라면 이 행동은 가족이나 혈족 내에서 일관성 있게 관찰할 수 있어야 한다. 그런데 현실을 보면 적은 유산을 가지고도 형제나 친척 간에 서로 다투고 심지어 법정소송까지 가는 일이 비일비재하다. 이타심은 혈연적 본능이라는 집단선택이론만으로는 같은 혈연 내에서 벌어지는 이 같은 적대적 행동을 설명하기 어렵다.

그러나 사회관계론적 관점에서 보면 가족 내에서 이타적인 행동과 적대적 행동이 동시에 일어나는 모순을 설명할 수 있다. 사업에 실패한 동생과 봉급생활자인 형의 사례에서는 이들이 속한 사회적 관계가 실패한 동생에 대한 동정 쪽으로 기울어져 있다. 형이 당연히 동생을 도와야 한다는 기대가 존재하기 때문에 형은 그 사회적 기대를 달성함으로써 주변의 비난을 피하고 칭찬을 받기 위해 이타적으로 행동하는 것이다.

반면 유산의 경우 모든 형제가 고루 받아야 한다고 생각하기 때문에 사회적 기대가 특정인에게 기울지 않는다. 사회적 관계에서 오는 기대가 희박해지면 형제간에 굳이 이타적일 필요가 없어진다. 유산을 둘러싸고 적대적 상황이나 다툼이 자주 벌어지는 이유는 이 때문이다.

　가족간의 형제애와 이타심이 생물학적 집단선택의 요인이라는 설을 완전히 부인할 수는 없겠지만 사회관계 속에서 개인이 자신의 효용과 편익을 높이려는 이기심의 결과일 수 있다는 점을 '사회관계론'은 보여주고 있는 것이다.

　베커가 인간행위를 분석할 때 일관되게 전개하는 논리는 인간이 근본적으로 합리적이고 이기적인 존재이며 자신의 행위에 대해 늘 비용과 편익을 고려한다는 것이다. 비용과 편익은 물질적이며 금전적이기도 하지만 때로는 사회관계 내에서 결정되는 평판이나 칭찬, 혹은 비난과 같은 비금전적 요인도 포함한다.

베커
차별계수 – 인종차별, 성차별의 경제이론

　베커가 경제학의 비용-편익 분석을 통해 체계적으로 분석한 또 하나의 사회현상은 특정 집단의 구성원에 대한 편견과 증오의 감정이었다. 편견은 외모·말투·출신지역·출신학교 등 비교적 개인적 성격의 편견으로부터 인종·종교·성별·성적 소수자 등 특정 집단에 대한 편견까지 다양하다. 베커는 실질적 생산과 분배에 영향을 미치는 각종 사회적 편견들을 경제학적으로 분석하고 혐오나 편견이라는 지극히 주관적인 감정을 계량화하는 노력을 기울였다.

　특정인이나 특정 집단을 혐오하거나 싫어하면 일단 주변에 두고 싶어하지 않을 것이다. 자주 보면 기분이 나쁘기 때문에 가능한 한 내 주변에서 밀어내서 '물리적 거리'를 두고 싶어한다. 가령 기업주라면 자신이 싫어하는 사람을 고용하지 않으려 할 것이고 같은 직장에서 일하는 동료라면 싫어하는 사람을 다른 부서로 보내버리려고 할 것이다. 소비자라면 자신이 싫어하는 사람이나 집단이 생산한 물건을 쓰지 않으려고 할 것이다.

　베커는 기업 측면에서는 기업이 기피하는 집단의 구성원(유색인종, 여성, 게이 등)을 고용하거나 함께 작업하는 것을 기피함으로써 포기해야 하는 이윤이나 임금의 형태로 혐오나 편견의 정도를 계량화했다. 자신이 싫어하는 사람을 채용하지 않기 위해 얼마만큼의 경제적 이익을

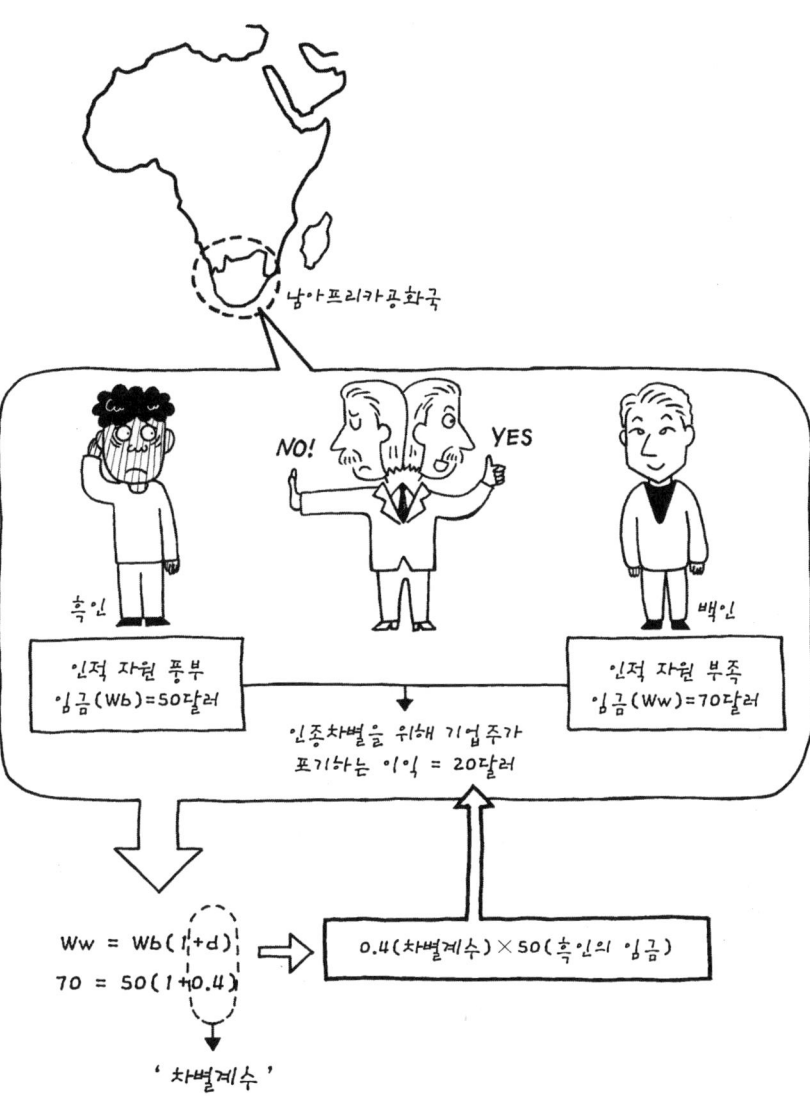

포기할 의사가 있는가를 금전적으로 표시한 것이다.

가령 똑같은 작업을 하는 데 있어 백인을 고용하는 대신 유색인종을 고용하면 훨씬 낮은 임금이나 비용으로 해결할 수 있다. 예를 들어 남아프리카의 백인 기업주가 가방을 생산할 때 인적 자원이 풍부한 흑인을 고용하면 월 50달러의 임금만으로 충분하다고 가정하자. 그런데 인종편견 때문에 상대적으로 인적 자원이 부족한 백인을 고용한다면 70달러를 지불해야 한다. 백인을 고용하려고 추가적으로 지불해야 하는 비용인 월 20달러가 기업주가 자신의 편견을 지키기 위해 지불해야 하는 경제적 비용인 것이다. 베커는 이 방식으로 국가나 기업이 특정 소수집단을 어느 정도 차별하고 있는지를 평가하는 '차별계수(discrimination coefficients)'를 추정해냈다. 백인 노동자에게 지불하는 임금을 W_w라고 하고 흑인 노동자에게 지불하는 임금을 W_b라고 할 때, '$W_w = W_b(1+d)$'라는 수식으로 정리될 수 있으며 이 수식에서 d가 차별계수이다.

위에서 든 예를 보면 70달러=50달러(1+d)이므로 차별계수 d=0.4가 되는 셈이다. 다시 뒤집어 보면 차별계수 0.4에 흑인 노동자에게 지급되는 임금 50달러를 곱한 액수 20달러가 기업주가 자신의 편견을 만족시키기 위해 기꺼이 희생하려고 하는 돈인 것이다. 만약 똑같은 노동력과 생산성을 가지고 있는데도 임금 차이가 워낙 많이 나면 기업주는 어쩔 수 없이 고용을 할 것이다. 그러나 그 차이가 어지간할 경우 인종차별적인 기업주는 절대로 흑인이나 아시아인을 고용하지 않을 것이다.

차별에 대한 경제적 접근법은 앞서 사례로 든 것처럼 어떤 편견을 고집하기 위해 지불할 의사가 있는 금액 혹은 포기할 의사가 있는 소득을 수치화하는 방법 외에 차별의 정도가 제품의 완성도·생산기술·기타 다양한 경제변수들과 관련해 얼마나 경쟁력을 떨어뜨리는가를 분석하는 방법도 있다.

이 같은 차별의 경제학이 제시하는 정책적 시사점은 차별을 받는 소수집단이 증가하면 국가 전체적으로 경제적 효율과 후생을 하락시킨다는 점이다. 가령 남아프리카공화국의 경우 흑인인구가 백인의 다섯 배나 되는데도 백인들은 흑인집단에 대해 심한 인종차별을 계속하고 있다. 이 같은 차별은 흑인들과 어울리지 않아도 된다는 비뚤어진 정서적 만족을 줄지는 모르지만 경제적으로는 백인들에게 엄청난 손해를 미치는 것이다. 글로벌 경쟁이 치열하지 않았던 시절에는 흑인차별이 별 문제가 없었을지 모르지만 경쟁이 치열한 현대에 와서는 특정 집단에 대한 차별의 정도가 클수록 기업들이 시장에서 퇴출당할 가능성도 커지게 된다.

베커의 주장대로 인종이나 특정 성별에 대한 차별이 국민적으로 생산성을 떨어뜨리고 후생을 하락시킨다면, 기업의 성차별을 금지하고 이를 지키지 않는 기업에 벌금을 물리는 법안 등은 단순한 윤리적·사회정의적 차원에서뿐만 아니라 경제적 생산성을 높이기 위해서도 반드시 필요한 정책인 셈이다.

베커
인적 자본 – 노동의 양에서 노동의 질로

고전학파와 신고전학파 등 전통적인 경제연구는 인간을 배제하고 있는 것이 특징이다. 인간의 진정한 가치나 보이지 않는 창의력, 아이디어, 지적 능력 등은 '노동시간'이라는 몰가치한 계량적 수치에 담겨져 있을 뿐이다.

마르크스가 노동자를 경제학의 주무대로 올리기는 했지만 당시 노동자들의 비참한 생활과 궁핍을 해소하기 위한 당위론적 접근에 그쳐 경제적 예측력이 떨어진다는 비판을 받고 있다. 인간이 경제학의 주무대로 올라온 것은 비교적 최근의 일이며, 인간의 모든 행위를 경제적 관점에서 분석하고 체계화한 베커가 그 선두에 서 있다.

베커의 '인적 자본론'은 개인을 경제의 생산성을 높이는 주요 주체로 보고 관심의 초점으로 삼고 있다. 경제를 움직이는 것은 궁극적으로 사람이고, 한 경제가 풍요한지 빈곤한지 여부도 결국 사람으로 귀결되기 때문이다.

부모로부터 기술을 전수받거나 학교에 가거나 직장에서 교육과 실무훈련을 받는 것 모두가 인적 자본(人的資本)에 대한 투자이다. 이를 어떻게 효율적이고 집중적이며 장기적으로 수행해 나가느냐에 따라서 개인과 기업, 국가의 생산성과 복지가 결정된다는 것이다. 인적 자본을 높이는 데는 크게 두 가지 방법이 있다.

첫째가 교육이다. 개인적 차원에서는 고등학교를 졸업한 후 당장 취직하지 않고 직업선택에 도움이 되는 적정한 교육을 받을 경우, 교육비라는 직접비용과 졸업 후 곧바로 취직했을 경우 벌 수 있는 임금만큼의 기회비용을 희생하게 된다. 따라서 고등학교 졸업 후 취업을 할 것인가 아니면 대학에 진학할 것인가를 고민하는 학생은 자신이 4년간의 대학 교육을 받은 후 앞서 말한 총비용(직접비용인 교육비+기회비용인 4년간 임금합계)을 만회할 수 있을 만큼 높은 임금을 받을 수 있는지를 고민해야 한다. 남들 가니까 나도 따라서 대학 간다는 식이 아니라 대학 교육의 결과 자신의 인적자원이 지닌 투자가치가 그만큼 높아지는지를 합리적으로 고려해야 하는 것이다.

사회적으로도 인적 자본을 높이기 위한 투자가 이뤄진다. 이른바 교육예산이다. 정부는 학교 교육에 대한 각종 예산을 집행하고 교육시설과 인프라에 투자해야 한다.

인적 자원에 대한 두번째 중요한 투자는 취업 후 직장에서 이뤄진다. 작업 현장에서 직무훈련을 받는 것이다.

직무훈련은 일반적 직무훈련(general on the job training)과 기업특수적 직무훈련(firm specific on the job training) 두 가지로 나눌 수 있다. 일반적 직무훈련은 회사가 열심히 인적 자본에 투자를 해봐야 직원이 다른 곳으로 이직해 얼마든지 써먹을 수 있기 때문에 회사 측으로 보면 손해가 된다. 따라서 일반적 직무훈련의 비용은 노동자나 근로자에게 전가되며, 따라서 직무훈련기간 동안 이들은 낮은 임금을 감수해야 한다.

해당 기업에만 특수한 직무훈련의 경우 그 기업의 생산성만 높일 뿐 다른 기업이나 직업에서는 별로 필요가 없는 훈련이기 때문에 기업으

로서는 더 많이 투자하려는 유인이 발생한다. 직무훈련의 비용도 회사 측이 부담한다. 이 같은 직업훈련을 받은 사람은 다른 직장으로 옮겨갈 의사가 별로 없으며 회사 측 역시 경기가 나빠져도 해고하지 않으려 하기 때문에 이직률이 낮고 안정되어 있다. 기회주의적 행위에 대한 인센

티브가 양측 모두에 낮은 경향이 발생하는 것이다.

　미국의 최근 20년간 연구에 따르면 전문기능을 가진 숙련된 근로자와 그렇지 못한 비숙련 근로자의 임금격차는 점점 더 벌어진 것으로 나타났다. 1980년 대졸 남자의 경우 고졸 남자와의 임금격차가 44% 정도였지만 2000년에는 89%로 벌어졌다. 여성의 경우도 학력별 임금격차가 35%에서 70%로 증가했다. 학력별 임금격차가 갈수록 벌어지는 이 같은 현상에 대해 단순히 학력에 대한 사회적 편견이 증가했기 때문이라고 설명할 수는 없다. 베커가 분석한 것처럼 단순한 편견에 의한 임금격차는 기업의 생산성을 떨어뜨리고 장기적으로는 기업을 시장에서 퇴출시키는 악영향을 낳기 때문이다. 그렇다면 미국에서 학력별 임금격차가 벌어지게 된 다른 원인이 있다고 볼 수 있다.

　경제학자들은 두 가지 가설을 제기한다. 산업조직이 고도화되고 기술이 발전하면서 숙련되고 지적으로 높은 인적 자본을 가진 인력이 훨씬 수요가 늘어난 반면 전통적 산업이 도태되면서 인적 자본이 낮은 일자리가 줄어들었다는 것이다. 예를 들어 컴퓨터가 일반화되면서 컴퓨터에 대한 전문지식이나 기술이 있는 사람은 높은 임금을 받고 일자리도 늘어나지만, 단순한 사무보조원의 일자리는 갈수록 줄어들고 임금도 낮아질 수밖에 없는 것이다.

　국제무역의 활성화도 임금격차를 늘린 요인으로 분석된다. 상품과 서비스 시장이 개방되면 저숙련 단순 근로자나 노동자들이 만들어낼 수 있는 단순 상품이 후진국으로부터 쏟아져 들어와 이들의 일자리를 빼앗기 때문이다.

　인적자본을 중요시하는 논리는 국가경제 전체로도 확장할 수 있다.

국민의 교육수준과 숙련도가 높아지면 부존자원이 적은 국가라도 얼마든지 경제성장이 가능해진다. 교육투자는 미래의 경제성장에 가장 큰 핵심요인인 것이다. 실제로 슐츠나 데니슨 등의 연구에 따르면 인적자본의 증가는 공장·설비·기계 등 물적 자본의 증가보다 서구의 경제성장에 훨씬 큰 공헌을 한 것으로 추정되고 있다.

인적 자본에 관한 여러 가지 해석과 가설은 개인·기업·국가 차원에서 왜 교육이 반드시 필요한지를 설명해준다. 개인은 임금을 더 받고 일자리를 확보하기 위해, 기업과 국가는 생산성을 높이기 위해 인적자본에 대한 끊임없는 투자가 필요한 것이다.

베블런
현시적 소비 – 유한계급에 대한 모방소비

 전통경제학은 이성적이고 정확한 정보를 가진 똑똑한 개인을 가정한다. 늘 합리적이고 똑똑한 소비자는 가격의 변화에 민감하고, 가격정보에 밝아서 가격이 하락하면 구매를 늘리고 가격이 오르면 구매를 줄인다. 각자의 효용함수가 있기 때문에 다른 사람의 소비나 지출에 영향을 받지 않는 것으로 가정되어 있다.

 그러나 모든 소비자들이 정말 영리하고 이성적이기만 한 것일까? 원가가 얼마 안 되는 지갑을 남대문 시장에서 10만 원에 팔고 있고 유명 브랜드만 파는 강남의 명품 백화점에서 50만 원짜리 지갑을 팔 때, 굳이 다섯 배나 비싼 명품 백화점을 찾는 이유는 무엇인가? 5000원이면 한 끼를 해결할 수 있는데 굳이 부가세와 서비스료까지 내가면서 호텔에서 몇 배 비싼 스파게티를 먹는 이유는 무엇인가? 특별히 추운 것도 아닌데 모피 코트에 수천 만 원을 쏟아 붓는 이유는 무엇일까?

 베블런은 가격대비 품질에 민감한 똑똑한 소비자들만 있는 것은 아

베블런 Thorstein Bunde Veblen 1857~1929
미국의 경제학자·사회과학자. 경제제도 연구에 진화론과 동적인 접근방식의 적용을 시도했다. 저서 『유한계급론 The Theory of the Leisure Class』(1899)으로 학계에서 널리 인정받았으며, 오늘날까지도 부자의 생활상을 묘사할 때 널리 사용되고 있는 '과시적 소비' '금전상의 경쟁' 등의 말을 처음 만들어낸 사람으로 알려져 있다.

니라고 주장했다. 그는 첫 저서 『유한계급론』에서 인간의 본능 가운데 자기보존 본능 다음으로 강렬한 것이 경쟁본능이며 경쟁본능 가운데서도 금전적 경쟁은 인류 역사를 관통해 흐르는 주된 본성이라고 봤다.

인류 역사의 초창기에는 부가 약탈에 의해 얻어졌겠지만, 시간이 흐르는 동안 부유하고 신분이 높으면서 일을 하지 않아도 되는 '유한계급(leasure class)'이 발생하고 이들이 보유한 금전적 부는 사회적 존경의 대상이 되었다. 유한계층이 부모로부터 물려받은 부는 죽도록 노력하고 땀 흘려 벌어들인 부보다 더 가치가 있는 것으로 여겨지기 시작했다. 생산적인 일에 종사하는 것은 사회적으로 열등한 계층이라는 증거가 되며 여가가 있는 생활은 금전적인 풍요의 상징으로 자리 잡았다.

베블런은 다른 부락과 늘 비교하면서 살고 있는 원시부족을 예로 들어 인간의 본성에 내재된 '모방본능(emulatory instinct)'를 지적한다. 인간은 모방본능 때문에 땀과 피와 노동으로 어렵게 부를 축적하기보다는 부모로부터 자연스럽게 신분과 재산을 물려받은 특정 계층, 즉 유한계급에 대한 부러움을 갖고 이들의 행동을 비슷하게 흉내 내 자신의 허영심을 만족시키려 한다는 것이다.

성공한 사람들의 여유 있고 우아한 모습을 흉내 내려는 사람들에게는 가격이 높은 물건일수록 자신이 성취하지 못한 어떤 것에 가깝게 다가갔다는 대리만족을 얻을 수 있기 때문에 특정 재화에 대해 비정상적으로 높은 가격을 기꺼이 지불한다. 이것이 바로 '현시적 소비(conspicuous consumption)'다.

현대사회에서 광고는 이 같은 모방본능을 극대화시키는 역할을 한다. 얼마든지 값싸고 질 좋은 티셔츠가 있는데도 사람들은 체격 좋고 잘생긴 광고모델이 품위 있는 장소를 배경으로 입고 나온 셔츠를 엄청난 고가를 지불하고 사 입는다. 아이들은 학교 운동장을 뛸 때 마이클 조던이 광고모델로 나온 나이키를 신고, 도로가 좁고 길이 많이 막혀

경차가 제격인 한국 땅에 터무니없이 큰 차나 외제차가 넘쳐난다.

당초에는 베블런의 현시적 소비가 일부 계층에게만 적용됐고, 가격이 오르면 오히려 품위의 상징으로 여겨져 소비가 더 늘어나는 현상은 예외로 취급돼 이를 '베블런재(財)'라고 불렀다. 베블런재의 경우 수요는 '남들이 인정해주는 해당 상품의 가격, 즉 현시적 가격'에 비례한다. 그러나 기업들의 엄청난 광고로 소비자들의 내부적 현시 욕구가 최대화된 오늘날에는 대부분의 상품에서 현시적 소비가 판을 치고 있다고 해도 과언이 아니다.

미국의 경제학자 갤브레이스는 전통 경제학이 주장하는 '이성적 소비'와 베블런이 생각한 '현시적 소비'를 한 사람 속에 내재한 다른 욕구로 판단했다. 인간은 '필요(needs)'와 '욕구(wants)'를 동시에 간직하고 있다. 일반 상품에 대해서는 전통적인 가격-수요 이론, 즉 값이 하락하면 수요가 는다는 논리가 맞지만 패션상품처럼 인간 심리의 내면적 욕구에 맞닿아 있는 상품은 현시적 소비나 전시효과가 더 잘 적용된다는 것이다.

기업들이 소비자들의 새로운 욕구를 창출하기 위해 대대적인 광고를 벌이기 시작하고 대중매체의 발달로 현시적 성향이 광범위하게 확산되면서 심리적 욕망과 모방본능이 자극을 받아 원래는 일반재화였던 것이 베블런재로 변화되기도 한다. 갤브레이스는 심리적 욕구가 남의 시선이나 광고에 의존하게 되는 현상을 '의존효과'라고 불렀다. 그리고 의존효과 때문에 남들이 부러워하거나 선호하는 상품은 필요 이상으로 과다 공급되는 경향이 발생한다고 지적했다.

뷰캐넌
공공선택 – 거대 정부의 함정

정부의 적극적인 역할에 대한 믿음이 확고해지면서 1946년에 GNP의 13%에 불과했던 미국의 정부지출이 1974년에는 22%로 증가했다. 미국뿐 아니라 대부분의 국가에서 정부에 의해 집행되는 자원이 국내총생산의 20% 이상을 차지하고 있다.

그러나 동시에 강한 정부, 거대정부가 만들어내는 부작용이 노출되기 시작하면서 '강한 정부는 선인가' 하는 의문이 제기되기 시작했다. 장기적이고 구조적인 형태로 국가경제에 심각한 비효율을 미치는 정부정책의 실패가 발생하기 시작하면서 정부조직에 대한 비판적 경제이론이 등장했다.

시장이론이 시장에서 가격을 매개로 자원의 분배가 이뤄지는 내용을 다룬 것인 데 비해 뷰캐넌이 만들어내고 발전시킨 '공공선택이론'은 정부기관이나 공공기관, 각종 정치기구들이 어떻게 개입해 비시장

뷰캐넌 James McGill Buchanan 1919~
미국의 경제학자·교육가. 경제적·정치적 의사결정을 분석하는 독특한 방법인 '공공부문의 선택이론'을 발전시켜 1986년 노벨 경제학상을 받았다. 가장 잘 알려진 저서로는 고든 털럭과 공동집필한 『동의의 산술 : 입헌 민주주의의 논리적 기초 The Calculus of Consent : Logical Foundations of Constitutional Democracy』(1962)가 있는데, 그는 이 책에서 정부의 경제정책에 영향을 미치는 정치가의 자기 이해와 다른 사회적 힘, 즉 비경제적 강제에 대해 논했다.

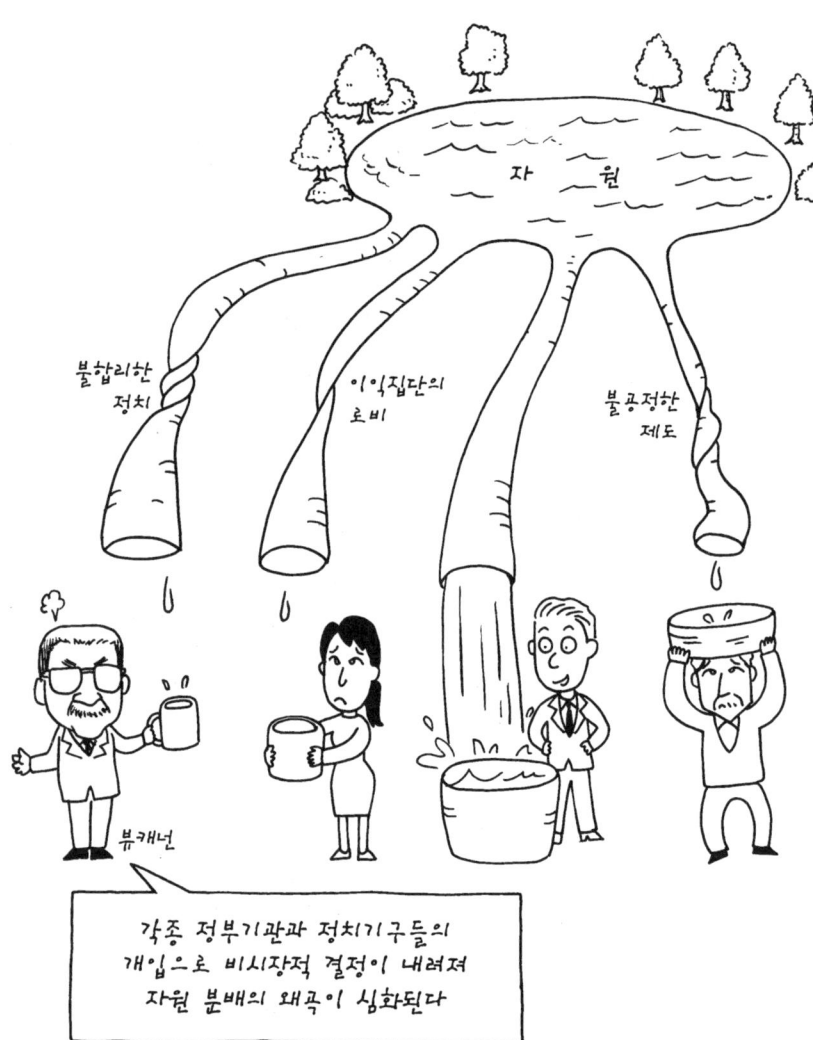

적 의사결정을 내리며 현실 정치가 어떻게 경제적 자원의 효율적 분배를 왜곡하는가를 적시하는 이론이라고 할 수 있다. 자원분배에 참여하는 모든 비시장적 정치기구와 이들의 속성에 대한 연구이기 때문에 공공선택이론은 투표나 정치, 관료주의, 이익집단의 로비행위, 정치기관에서 발생하는 복잡하고 제도적인 상호작용 등 광범위한 정치-경제적 현상을 연구 대상으로 한다.

공공선택이론은 방법론적으로는 개인주의를 선택하고 있다. 정부나 국가 공공기관 등은 독립적 의사나 속성을 지닌 기관이 아니라 자신의 이익을 최대화하려는 개인이 전면에서 혹은 막후에서 조작하고 이끌어가는 집단이라고 본다. 초개인적(supraindividual)이며 유기적이고 거시집계적인(macroaggregated) 조직 분석을 배제하고, 조직은 개개인의 선택과정의 결과로서 움직인다는 개인주의적 입장을 취하고 있는 것이다. 그리고 조직에 속한 개인은 소비자로서 시장경제에 참여하든 투표자로서 정치적 행위에 참여하든 항상 이기심에 따라 자신의 효용을 극대화하는 방향으로 움직인다고 가정된다.

정치기구를 통한 경제적 분배나 교환은 시장을 통했을 때보다 훨씬 복잡하고 비효율적인 양상을 띠게 된다. 시장을 통할 때는 거래의 두 당사자만 만족하고 합의하면 되지만, 정치기구를 통한 교환은 직접당사자 이외에 수많은 간접적인 이해당사자들이 필연적으로 연결되어 있기 때문이다.

가령 정부가 어떤 공공서비스를 공급하는 것은 기업이 서비스를 공급하는 것과는 다르다. 기업은 시장수요와 비용, 가격 등 몇 가지 정보만 알면 공급을 할 것인지 말 것인지 신속한 의사결정을 내릴 수 있다.

하지만 정부가 공공서비스를 공급할 때는 이를 실행하기 위해 수많은 국민들로부터 세금을 징수해야 하기 때문에 해당 공공서비스의 공급 여부에 대해 국민 투표를 하거나 의회의 동의를 받아야 한다. 그런데 투표나 의회의 법안 통과는 지루하고 소모적이며 여야의 정치적 입장 차이에 의해서 본래의 취지와는 다르게 엉뚱하게 변질될 수 있다. 여기에 이익집단의 로비까지 더해지면 심각하게 비효율적인 자원분배 왜곡이 발생할 수 있는 것이다.

뷰캐넌은 또 정부조직에 속한 관료의 개인적인 속성에 대해 불신했다. 관료는 자신의 권력이나 예산을 극대화하기 위해 노력하며 사적 이익과 공적 이익이 충돌하는 경우 자신의 승진과 일자리를 위해 조직을 확대하고 세금을 많이 걷으려는 경향을 보인다는 것이다.

뷰캐넌은 이 때문에 정부가 국민들을 위해 최적의 재화와 서비스를 제공해주는 실체가 아니라 최대한 시민을 착취해 효용을 극대화하려는 속성이 있는 기구라고 여겼다. 따라서 큰 정부일수록 자원분배의 왜곡이 더욱 심화된다.

국회와 정당 역시 자원분배의 비효율을 만들어내는 원인이다. 정당이 국민들의 선호를 일일이 파악하는 것이 불가능하고, 투표에 참가하는 개인 유권자들 역시 정부나 정당의 활동이나 지향점이 자신에게 어느 정도 이익이나 손해를 안겨줄지 알기 힘들다.

이 같은 현실적 불확실성 때문에 정당은 자신들의 정치적 성향을 득표수 최대화 달성의 수단으로 이용하고 유권자도 개별 사안보다는 정당의 성향에 맞춰 투표한다. 이 때문에 정당은 공공의 이익보다는 자신들의 이익, 즉 의석수를 늘리는 데 최대의 관심을 기울이게 된다. 재선을 바라는 정치가나 정권 재창출을 노리는 정당은 투표에서 승리하기 위해 정책의 당위성을 고민하기보다는 중위투표자(medium voter)가 선호하는 인기 영합적 정책을 채택하는 경향을 보이게 된다.

집권당은 중위투표자에 맞춰 정강정책을 선택하고 선거를 의식하는 야당의 전략 역시 집권당의 정강정책과 비슷해진다. 따라서 옳은 정책이라도 국민들에게 인기가 없는 정책 등은 채택되지 않으며 결과적으로 심각한 자원분배 왜곡을 야기할 수 있다.

스티글러
포획설 – 이익집단에 포획당한 정부

정당과 관료의 자체적 속성만으로도 자원분배의 왜곡이 발생하는데 여기에 촉매제 역할을 하는 집단이 있다. 바로 자신들이 속한 특정 집단의 이익을 위해 관료조직과 정치인들을 대상으로 로비를 하는 '이익집단'이다.

이익집단은 공동의 이익을 지닌 사람들이 모여 함께 행동함으로써 집단권력을 행사하거나 집단구성원의 이익을 최대화하기 위한 목적을 지니고 있다. 특수 이익집단은 개인이나 기업의 집합으로 정부 정책이나 의회의 법률 제정에 영향을 미치기 위해 형성되며 소득의 원천이나 크기, 산업, 지역, 그리고 개별회원의 특성에 따라 결정된다.

이들은 정치적 의사결정 과정에서 진입장벽 설정이나 유리한 입법을 위한 로비활동 등 정치력을 행사해 구성원의 이익을 높이기 위해 노력한다. 집단의 이익을 최대화하기 위해 구성원들은 선거운동이나 로

스티글러 George Joseph Stigler 1911~1991
미국의 경제학자. 시장행동과 정부규제의 효과에 관한 예리하고 비정통적인 연구로 1982년 노벨 경제학상을 수상했다. 그의 가장 큰 업적은 정보경제학에 대한 연구, 시장의 효율성에 대한 전통 이론의 정교화, 시장에 대한 정부의 공적 규제가 갖는 효과에 대한 연구 등을 들 수 있다. 그는 정부의 시장 규제 효과는 거의 미미한 수준일 뿐이며, 오히려 소비자의 이해와 상반되는 결과를 가져오는 경우가 대부분이라고 결론지었다. 대표적인 저서로는 『가격이론The Theory of Price』(1946) 『지식인과 시장The Intellectual and the Market Place』 (1964) 등이 있다.

비에 필요한 돈을 기꺼이 지불할 의사가 있다.

이익집단은 우선 복잡하고 미로 같은 정부규제를 양산시켜 사회의 효율성과 산출량을 감소시키고 정치적 상황을 복잡하게 만든다. 또 각종 규제 로비를 통해 새로운 기술의 도입과 적용, 확산을 어렵게 하고 변화하는 환경에 대응하는 시장의 자율적인 자원 재(再)분배 능력을 저하시킨다. 그 결과 경제성장을 둔화시키며 궁극적으로는 사회의 진화 방향 자체를 왜곡시킬 수 있다.

스티글러는 각종 정부 규제는 강한 이해관계를 지닌 소규모 집단이 대정부 로비를 통해 특정 규제를 일반에 강요함으로써 이해관계를 포획한 것이라는 '포획설(capture theory)'을 주장했다. 이해관계가 크고 결속력이 강한 이익집단이나 로비집단이 정부와 의회권력을 포획하고 이들을 조정해 자신들의 이해를 공고하게 한다는 견해인 것이다.

스티글러는 백번 양보해 정부가 특정 이해집단의 로비를 받고 행동한 것이 아니라 진정한 선의로서 시장에 규제를 가한다고 하더라도 결과적으로는 이 규제 때문에 특정 집단만 이익을 보고 다른 사람들은 손해를 보는 결과를 낳는다고 주장한다. 규제는 늘 공공의 이익을 위해서라는 명분으로 설정되지만 결과적으로는 특정집단의 이해를 대변하게 된다는 것이 포획설의 기본 줄기다.

스티글러에 따르면 로비집단이나 이익집단에 의해 포획의 대상이 되는 것은 정부뿐만 아니라 의회권력도 마찬가지다. 각 정당은 특정 이해관계를 지닌 유권자들로부터 정치헌금을 받고 이들을 위해 법을 마련하거나 폐지해주는 등 득표 극대화로 움직일 가능성이 높고 국민 전체의 사회적 효용 극대화가 아니라 특정 이해집단의 이익 극대화 쪽

으로 작용한다는 것이다.

    이익집단과 관료, 그리고 정치가 간의 상호관련성 때문에 이 같은 삼자의 관계를 '철의 삼각형'이라고 한다. 주어진 의안을 심의하고 제정하는 정치가, 이를 집행하는 관료, 이로 인해 이득을 얻는 이익집단 모두가 문제의 배후에서 공공의 이익보다는 자신의 이해타산에 맞게 행동하기 위해 제휴하는 경향이 있음을 의미한다.

따라서 스티글러는 시장실패가 발생하더라도 포획된 정부나 의회가 직접 개입해서는 안 된다고 주장한다. 직접 조정하는 것보다는 시장논리를 바탕으로 한 다른 사회적 시스템을 고안해야 한다는 것이다. 가령 소비자 보호를 명분으로 수많은 규제가 나와 있는데 정부가 할 일은 결속력이 약한 소비자들을 지원해 장기적으로 소비자들이 스스로의 권리를 지키도록 하는 것이지 규제라는 직접적인 방법을 동원하는 것은 좋게 보더라도 정부나 국회의 생색내기라는 것이다.

로비를 통한 지대추구 행위는 수많은 비효율을 만들어낸다. 그런데도 왜 로비는 사라지지 않을까? 로비의 당사자들은 자신들의 이익 때문에 그렇다 치더라도 왜 국민들은 적극적으로 로비를 차단하지 않는가?

경제학은 이 같은 현상을 (효율성을 높이는 방법, 사회를 개선하는 방법에 대한) '합리적 무시(rational ignorance)'라고 부른다. 가령 1000억 원 가량의 이익이 기대되는 사업법안을 통과시키기 위해 정치인이나 관료조직에 로비를 하는 재벌이 있다고 가정해보자. 이 기업은 1000억 원이나 되는 이익을 기대하기 때문에 10%인 100억 원을 로비자금으로 제공할 충분한 동기가 있다. 로비 대상인 정치인이나 관료에게도 100억 원은 큰 돈이기 때문에 당연히 무리를 해서라도 그럴듯한 명분을 내세워 이 법안을 통과시킬 개인적인 동기를 갖게 된다.

그런데 이 사실을 알게 된 '양심적 시민의 모임'이 문제의 법안을 저지하기 위해서 소송자금을 국민들로부터 걷는다고 해보자. 이를 위해 돈을 낼 의사가 있는 사람은 몇 사람이나 될까? 우선 소송에 필요한 엄청난 돈은 개인의 호주머니에서 빠져나가지만 이 법안이 통과되지 않도록 저지함으로써 얻어지는 사회적 효율은 금전적으로 환산이 안 될 뿐 아니라 설령 환산이 된다고 하더라도 전체 소비자에게 분산돼 돌아오는 몫은 아주 적은 금액에 불과하다. 당연히 재벌의 로비로 인해 초래되는 사회의 비효율을 알면서도 사람들은 '합리적으로 무시'하게 되는 것이다.

이익집단과 관료는 조직적인데다가 정보를 독점하고 있는 데 비해 이익집단의 로비에 대한 잠재적 피해자인 일반 시민들은 조직화되지 못한데다 무엇이 진행되고 있는지조차 모른다. 통과된 법이나 규제가 자신에게 중장기적으로 어떤 피해를 줄지 잘 인식하지 못하며, 설령 이를 정확하게 파악하는 소수가 있다고 해도 엄청난 돈을 쓰는 막강한 이익집단을 상대로 이를 저지하기에는 역부족이다.

애컬로프
레몬 시장 – 정보 부재로 몰락하는 시장

 교환 당사자 가운데 어느 한쪽은 정보를 잘 아는데 다른 한쪽은 정보에 어두운 상태를 '정보의 비대칭성(asymmetric information)'이라고 한다. '정보 비대칭' 이론은, 모든 경제주체가 동등한 수준의 정보를 지닌 상태에서 움직인다고 본 전통적 경제이론의 입장이 실제의 경제현실에는 들어맞지 않는다는 점에 착안한 것으로 오늘날 개발도상국의 전통적 농업시장에서부터 선진국의 금융시장에 이르기까지 헤아릴 수 없을 만큼 폭넓게 응용되고 있다.

 애컬로프는 '정보 비대칭 이론'의 창시자로 일컬어진다. 그는 1970년 「레몬 시장」이라는 기념비적인 논문을 발표했는데, 이 논문에서 비로소 정보의 비대칭성 문제와 이로 인해 발생하는 시장의 비효율성에 대해 정교한 분석을 시도했다.

 겉은 멀쩡한데 속이 엉망인 중고차를 미국에서 '레몬'이라고 한다.

애컬로프 George A. Akerlof 1940~
미국의 경제학자. 1970년대 정보의 비대칭성이 시장과 경제에 미치는 영향을 분석해 현대 정보경제학 이론의 핵심적 토대를 마련하는 데 이바지한 공로로 마이클 스펜스, 조지프 스티글리츠와 함께 2001년 노벨 경제학상을 수상했다. '정보 비대칭 이론'의 창시자로 일컬어지는 그는 1970년 「레몬 시장The Markets for Lemons」이라는 기념비적인 논문을 발표했는데, 이 논문에서 비로소 정보의 비대칭성 문제와 시장의 관계에 대한 분석을 공식적으로 시도했다.

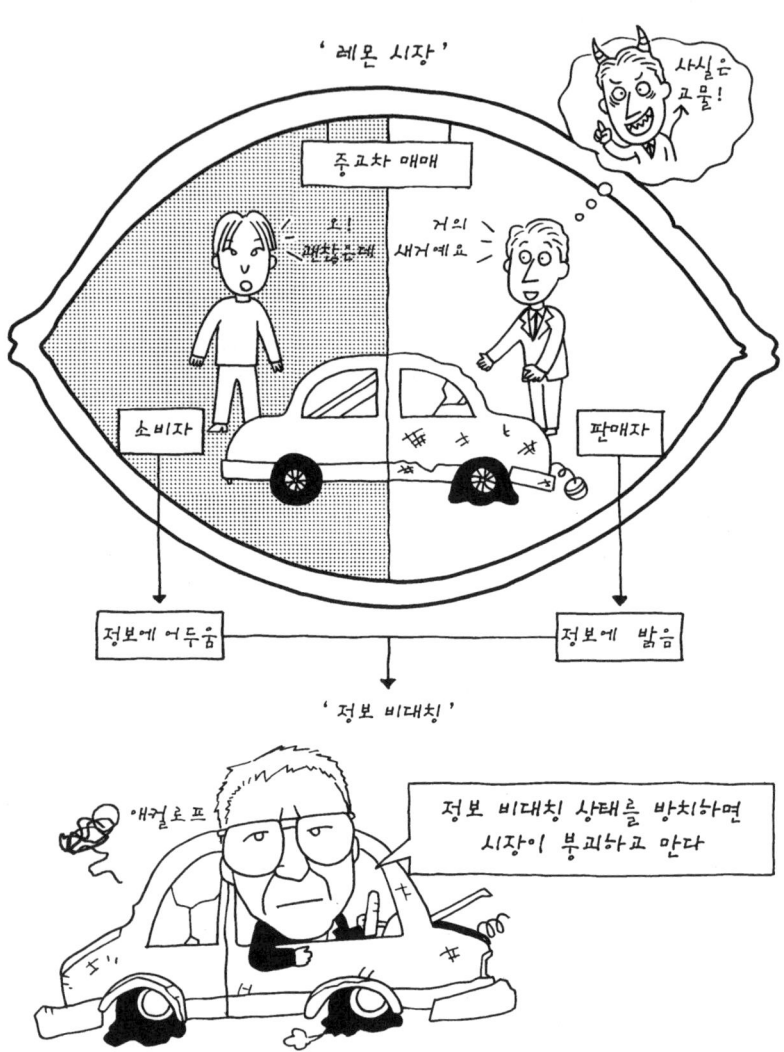

이런 중고차, 즉 레몬을 파는 시장에서는 소비자들이 속임수를 당할 가능성이 높다. 중고차를 파는 사람은 어떤 차가 엔진 상태가 좋은지, 어떤 차가 큰 사고를 내고 엔진에 무리가 있는지 잘 알지만 중고차 시장에 차를 사러온 소비자는 이를 잘 알기 어렵다. 큰 사고를 내서 엔진에 무리가 생긴 차인지 아닌지, 마일리지 미터기를 조작해서 적당히 달린 중고차로 위장했는지 아닌지를 겉모양만 봐서는 알 수가 없는 것이다. 사고가 크게 난 중고차라도 겉은 모두 잘 고쳐서 그럴 듯해 보이기 때문이다. 중고차 거래인과 소비자 사이에 적지 않은 정보의 비대칭성이 존재하는 것이다.

중고차 구입자는 빛 좋은 개살구처럼 겉만 멀쩡한 '레몬'을 비싼 값에 속아 사는 낭패를 겪기 일쑤다. 속아 산 적이 있는 사람들은 중고차 시장을 찾지 않고 아는 사람을 통해 품질이 담보되는 중고차를 사려 들고, 좋은 차량의 소유자는 제값을 받지 못하기 때문에 아는 사람을 통해 팔려고 든다. 결국 중고차 시장에 양질의 매물은 사라지고 질이 낮은 매물들만 남아 있게 된다. 따라서 정보 비대칭을 그대로 방치하면 시장은 붕괴하게 된다.

이 같은 결론은 간단한 산수로도 확인할 수 있다. 어느 중고차 시장에 품질이 좋은 중고차와 품질이 나쁜 중고차 두 가지 종류가 거래되고 있다고 하자. 편의상 좋은 중고차가 50%, 나쁜 중고차가 50%를 차지하고 있다고 가정하자. 소비자는 자신이 1/2의 확률로, 나쁜 중고차인 레몬을 구매할 가능성이 있다는 사실만 알 뿐 어느 차가 좋은지 어느 차가 레몬인지 알 방법이 없다.

좋은 중고차 가격이 200만 원이고 나쁜 중고차 가격이 100만 원이라면 이 레몬 시장에서 소비자가 평가하는 중고차 가격은 150만 원이 된다. 왜냐하면, 소비자가 평가하는 '중고차 가격=좋은 차가 걸릴 확률(1/2)×200만 원+나쁜 차를 살 확률(1/2)×100만원=150만 원'이기 때문이다.

그런데 차를 파는 입장에서는 좋은 차를 150만 원에 팔면 50만 원 손해를 보기 때문에 좋은 차는 시장에 내놓으려 하지 않을 것이다. 반대로 겉만 그럴 듯한 레몬을 팔면 50만 원 이익을 보기 때문에 레몬만 시장에 내놓게 된다. 악화가 양화를 구축하는 그레셤의 법칙 때문에 일정 시간이 지나면 이 시장은 레몬이 판치는 시장이 되며, 이 사실을 알게 된 소비자들은 중고차 시장을 외면하게 된다. 정보 부재 때문에 시장이 붕괴하는 것이다.

중고차 시장이 아니더라도 정보의 비대칭성이 여러 가지 문제를 야기하는 사례는 우리 생활 곳곳에서 찾아볼 수 있다. 관광지의 맛없고 값만 비싼 식당이나 기념품 가게 등이 좋은 사례라고 할 수 있다. 관광지를 처음 찾는 관광객들은 식당이나 가게 정보를 잘 모른다. 정보 비대칭 상태인 어수룩한 관광객들을 겨냥해 비싸고 맛없는 음식점들이 판을 치고, 한 번 물건을 사가면 반품할 수 없는 허점을 이용해 질 나쁜 기념품을 비싸게 파는 상점들이 기승을 부리는 것이다.

정보의 비대칭성으로 인한 비효율 문제가 가장 심각하게 발생할 수 있는 분야가 보험 분야다. 보험회사로서는 보험에 가입하려는 사람이 건강상태가 좋은지 나쁜지 알 수가 없다. 다른 보완대책이 없다면 현재 건강이 나쁜 사람이 훨씬 적극적으로 보험에 가입하려 할 것이다.

자동차 보험도 마찬가지다. 손해보험회사 입장에서는 보험 가입자

가운데 누가 술을 안 먹는 안전운전자이고 누가 습관적으로 음주운전을 하는 난폭운전자인지 판단하기 어렵다. 만약 보험료가 동일하다면 상습 음주운전자들이 늘 안전운전을 하는 사람보다 훨씬 적극적으로 보험에 가입할 것이다. 따라서 안전운전을 하는 사람이 상습 음주운전자들을 위해 요금을 보전해주는 비효율적인 상황이 벌어지게 된다.

이처럼 정보의 격차가 존재하는 시장에서는 오히려 품질이 낮은 상품이 선택되는 가격 왜곡 현상, 곧 '역선택(adverse selection)'이 이루어지거나 전체 시장 자체가 붕괴될 수 있다는 것이 바로 애컬로프의 '레몬 원리'이다.

레몬 원리는 금융시장에도 적용할 수 있다. 가령 정보통신 붐이 일면서 화려하게 등장했던 나스닥이나 코스닥 시장이 한때 고전했던 이유도 레몬 시장으로 설명이 가능하다. 정보가 부족한 개미 투자자들이 부실한 닷컴사가 남발하는 주식의 수익성을 과대평가하게 되고 그런 닷컴사들이 외형상 급성장함에 따라 '역선택'이 이루어지면서 '레몬' 주식이 주식시장을 지배해 마침내 시장부실을 초래하게 되었다는 것이다.

나이트
재산권 — 적절한 재산권의 정의가 자원 낭비를 막는다

  인간을 포함한 모든 동물들이 생명을 유지하기 위해서 반드시 필요한 원소가 산소이다. 대기 중에 포함된 산소의 70%가 바다에 떠 있는 식물성 플랑크톤에 의해 채워지고 나머지 30%가 지상의 숲과 기타 해조류에서 공급된다고 한다. 그런데 지난 1950년대부터 1960년대까지 20년 동안 인간이 네 종류의 대형 수염고래들을 무분별하게 남획해 일부 고래가 멸종위기에 처하면서 바다에서 공급되는 산소 공급원이 줄고 있다는 보고가 있다. 고래의 먹이인 동물성 플랑크톤이 급증하면서, 다시 이들의 먹이인 식물성 플랑크톤이 줄어들고 있는 것이다.

  멸종위기에 처한 것은 고래뿐만이 아니다. 북미대륙에 가득했던 버펄로가 1990년에는 400마리밖에 남지 않았다. 아프리카 대륙에 진출한 유럽의 밀렵꾼들은 코끼리의 가죽과 상아를 팔기 위해 코끼리들을 닥치는 대로 남획했고 그 결과 중동부 아프리카에 서식하는 코끼리의 수가 1979년 104만 마리에서 1989년에는 43만 마리로 급격히 감소했다.

나이트 Frank Hyneman Knight 1885~1972
미국의 경제학자. '시카고학파' 경제학을 시작한 사람으로 인정받는다. 유명한 경제학자 프리드먼도 그의 영향을 받은 많은 학생들 가운데 하나였다. 그가 1921년에 출간한 저서 『위험, 불확실성, 그리고 이윤Risk, Uncertainty and Profit』은 경제학 이론의 발달에 크게 기여했다. 또한 그의 연구논문 「경제조직Economic Organisation」은 미시경제이론에서 가히 고전이라 할 만한 해설서가 되었다.

그런데 같은 동물이라도 소나 닭, 양 등은 멸종위기가 아니다. 버펄로나 코끼리는 물론 인간의 호흡과 생명유지에 필수적인 것으로 추정되는 바다 생태계의 고래까지 남획되는 마당에 소나 닭, 양 등은 왜 멸종위기를 면한 것일까?

멸종위기에 처한 동물과 그렇지 않는 동물의 핵심적인 차이는 소·닭·양 등 이른바 가축들은 분명한 주인이 있지만 버펄로·코끼리·고래 등 야생동물에게는 주인이 없다는 차이가 있다. 가축들에게는 '재산권(property right)'이 누구에게 있는지 분명하지만, 야생동물은 재산권이 설정되어 있지 않아 먼저 포획하는 사람이 임자가 된다. 당연히 주인의 보호를 받지 못하는 동물에 대해 경쟁적으로 밀렵이 성행하고 멸종위기를 맞는 것이다.

공동재산에 '재산권'의 개념을 도입해 경제학적 분석을 시도한 최초의 학자는 시카고학파의 전통을 잇는 학자 나이트였다.

소를 키우는 것이 주업인 어느 마을에서 주민들이 돈을 모아 공동 소유로 목초지를 구입했다고 하자. 공동 소유이기 때문에 목초지에 가능한 한 소를 많이 풀어서 살지게 하는 것이 각각의 마을 주민에게 유리하다. 이 경우 마을 사람들이 서로 경쟁적으로 소를 방목할 것이기 때문에 마을 공동 소유의 목초지는 얼마 안 가서 황폐화될 것이다.

공유 목초지의 비극적 상황과 같은 공동자원의 남용을 방지하려면 각 경제주체끼리 자율적인 거래를 하도록 하는 것이 가장 효율적이다. 가령 마을 이장의 주재 하에 회의를 열어 한 가구에서 방목할 수 있는 소의 수와 방목시간을 정한 후 돌아가면서 이를 감시하는 시스템이 잘 작동하면 공동 목초지가 남용돼 단시간에 황폐화되는 상황을 막을 수 있다.

그러나 집집마다 소의 크기가 다른데다 감시가 편파적이어서 마을 주민들이 서로를 믿지 못하는 상황이 벌어졌다고 하자. 당연히 자율적인 거래나 동의를 얻어내기 어려운 상황이 된다. 서로를 믿지 못하기 때문에 다른 마을에서 사람을 사서 대신 감시를 시키는 것은 비용이 많이 든다.

자율적 거래가 어렵고 비용이 많이 드는 상황에서 공유지의 남용을 방지하려면 개별 경제주체, 즉 마을사람 각각에게 목초지의 일정량을 할당해 '재산권'을 부여하는 것이 더 효율적이다. 각자 자기 몫의 목초지를 아껴 쓰고 한편으로는 목초지에 거름을 뿌려 보존하려고 할 것이기 때문에 경제적 측면에서도 효율적인 자원분배가 이뤄진다.

따라서 정부는 소유가 불분명하거나 사회적으로 이해관계가 복잡한 경제적 문제에 대해 분명하고 정교하게 재산권을 부여하도록 노력해야 한다. 재산권이 분명한 경우 자원의 낭비나 남용은 일어나지 않을 것이다.

공공 소유 자산의 남획이나 남용을 방지하기 위해 사적 재산권을 부여하는 것이 얼마나 효율적인지는 아프리카 코끼리 보존을 위한 각 나라의 정책이 10년 후 어떤 결과를 낳았는지를 보면 잘 알 수 있다. 케냐에서는 코끼리 수가 급격하게 감소한 반면 짐바브웨의 코끼리 수는 크게 늘어났다. 두 나라에 어떤 정책적 차이가 있었을까?

케냐 정부는 10년 이상 코끼리 사냥을 엄격하게 금지하고 밀렵을 하다 잡히는 사람들을 중형에 처했지만 별 정책적 효과를 거두지 못했다. 케냐의 코끼리 수는 1979년 6만5000마리에서 10년 후에는 1만9000

마리로 급격히 감소했다.

 반면 짐바브웨 정부는 아예 부락별로 공유지를 할당하고 코끼리를 사냥할 수 있는 권리를 부여했다. 지역별로 코끼리에 일종의 사적 재산권을 준 것이다. 그리고 코끼리의 상아 거래를 합법화하고 상아를 판매한 돈은 부락주민들이 나눠 가질 수 있도록 했다. 이 정책 시행 10년 만에 짐바브웨의 코끼리 수는 1979년 3만 마리에서 1989년에는 4만 3000마리로 늘어났다. 짐바브웨 정부는 원주민들에게 코끼리에 대한 재산권을 부여하는 것이 멸종위기에 처한 야생동물을 보호하는 최선의 방식임을 알고 있었던 것이다.

 물론 재산권에 관련된 법이 갈등을 해결하는 만능 요술지팡이는 아니다. 새로운 재산권을 정의할 때 반발이 적지 않거니와 특히 과거의 재산권을 빼앗아 다른 사람에게 재분배하려고 할 경우는 엄청난 저항에 부딪힌다. 재산권을 새롭게 부여하는 것이 사회적으로 훨씬 효율적인 자원분배를 약속하더라도 기득권을 가지고 있던 사람들이 절대로 양보하려 하지 않을 것이기 때문이다. 법은 단순한 경제학적 해석이라기보다는 관습과 도덕, 기술, 제도가 시간의 흐름에 따라 진보한 결과물에 가깝다. 법과 제도와 규칙이 논쟁 중에 있거나 일관성이 없거나 불분명할 때는 새롭게 도입되는 재산권은 자원의 효율적 분배를 담보하기는커녕 새로운 혼란의 원인이 될 수도 있다.

| 데이비드
경로의존성 – 경제현상에 작용하는 관성의 법칙

주머니 속에 있는 동전을 꺼내서 어떻게 생겼는지 한번 관찰해보자. 앞뒤로 그림이나 숫자가 새겨져 있고 동전 가장자리는 미세한 톱니모양의 빗금으로 둘러싸여 있을 것이다. 왜 톱니모양의 무늬가 새겨져 있을까?

동전의 그림이나 빗금장식은 사실 금 본위시대의 유물이라고 할 수 있다. 금 본위시대에는 금화나 은화가 거래 수단으로 쓰였고 이들의 가치는 동전에 포함된 금과 은의 함량에 따라 결정됐다. 그러다 보니 사람들이 금화나 은화의 주변을 미세하게 깎아내기 시작했다. 처음에는 금 50그램이었던 금화가 여러 사람 손을 거치면서 동전의 끝부분을 깎아내다 보니 나중에는 48그램, 45그램 정도에 불과한 경우가 생겨났다. 무게가 이처럼 다른데도 금화나 은화가 동일한 화폐가치, 동일한 교환가치를 갖게 되자 사람들은 50그램 함량을 꽉 채운 돈(양화)은 집안 장롱 속에 모셔두고 주변이 깎여 금이나 은 함량이 줄어든 돈(악화)

데이비드 Paul A. David
1985년의 논문 「클리오와 쿼티Clio and QWERTY」에서 '경로의존성' 개념을 설파한 것으로 유명하다. 스탠퍼드대학 경제정책 연구소 선임연구원이자 경제학 교수를 지냈다. 또한 옥스퍼드대학의 경제학 및 경제학사 명예교수이기도 하다. 그의 '경로의존성' 이론은 미시경제학 및 거시경제학에서 지속적으로 폭넓게 영향을 끼치고 있다.

만을 유통하기 시작했다. 대부호이면서 영국 엘리자베스 1세 시절의 재정고문관이었던 토머스 그레셤은 이 같은 현상을 두고 "악화가 양화를 구축(驅逐)한다"고 지적했다. 이것이 유명한 '그레셤의 법칙'이다. 이를 방지하기 위해 각국 정부는 금화나 은화의 앞뒷면에 그림을 넣고 주변에는 홈을 깎아 누군가가 옆면이나 앞뒷면을 조금만 깎아내도 다른 사람이 금방 알아차릴 수 있도록 했다.

현대에 와서는 금 본위제가 사라지고 정부 신용으로 화폐와 동전을 발행하는 화폐제도가 정착되었는데도 불구하고 여전히 금 본위시대의 전통인 홈이나 무늬가 동전에 새겨지고 있다.

이 같은 현상을 스탠퍼드대학의 교수였던 폴 데이비드와 브라이언 아서는 '경로의존성(path dependency)'이라고 명명했다. 경로의존의 덫에 한번 사로잡히면 경제는 나중에 그 경로가 비효율적이라는 사실이 판명된 이후에도 여전히 경로를 벗어나지 못한다. 사회 전체가 오랜 역사를 관통해 비효율의 덫에 걸리게 되는 것이다.

사회 전체가 비효율적인 경로의존의 덫에 걸린 사례로 데이비드는 타자기 자판을 들었다. 컴퓨터 자판의 왼손 맨 위쪽 알파벳 배열을 보면 Q-W-E-R-T-Y로 되어 있다. 자음과 모음이 뒤섞인 이 배열은 원래 수동타자기 시절에 글자의 엉킴을 방지하기 위해 일부러 손이 가기 어렵게 고안된 형태로 탄생했다. 1870년대에 첫 선을 보인 수동타자기는 기술적으로 원시적이어서 익숙해진 사람들이 타이프를 빨리 칠 경우 글자가 엉키는 경향이 있었다. 따라서 타자에 익숙한 사람이라도 느리게 한자 한자 치도록 하기 위해 일부러 어렵고 비효율적으로 자판을 배열한 것이다.

이후 타자기 제조 기술이 비약적으로 발전해 아무리 빨리 쳐도 글씨가 엉키는 현상이 완전히 사라지게 되었다. 그런데도 비효율적인 QWERTY형 자판은 컴퓨터 자판시대인 오늘날까지도 살아 있다. 이것이 경로의존의 덫인 것이다. 실제 1932년 미국에서는 자판의 왼쪽 맨 위는 AOEUI라는 모음으로, 오른쪽 위는 DHTNS라는 자음으로 배열돼 예전보다 효율을 엄청나게 높인 '드보락(Dvorak)'이라는 새로운 자판이 만들어져 시중에 보급됐다. 그러나 결과는 드보락의 대참패였다. 이미 구형자판기에 익숙해진 사람들이 아무리 설득을 해도 효율적인 신형자판기를 사용하거나 구입하려 하지 않았던 것이다. 전 세계 인류가 앞으로도 영원히 비효율적인 자판에 '감금' 되어 버린 것이다.

　자동차 연료가 최초에는 증기와 전기 휘발유가 모두 쓰였으나 휘발유로 정착되면서 다른 연료를 사용해 움직이는 자동차 엔진 연구는 사실상 중단되었다. 휘발유 중심으로 수십 년 동안 연구가 진행되다 보니 휘발유로 인한 매연과 전 세계인의 건강 악화에도 불구하고 다른 방법으로 움직이는 자동차의 연구가 오랫동안 전무했던 것이다. 또한 원전 중수로 가스 냉각로가 같은 크기의 경수로에 비해 더 효율적이고 안전한 것으로 판명된 이후에도 일단 경수로가 원전의 표준으로 정착되고 나자 계속 경수로 방식만 추진되고 있다.

　이 같은 경로의존성은 왜 비효율적으로 판명된 구태나 구습이 잘 고쳐지지 않는지를 설명해준다. 사회 전체가 특정 제도나 시스템에 '감금' 되어 버려서 고치기가 어려운 상황은 경제 시스템 곳곳에서 발견된다. 개인적인 경로의존성도 고치기 어려운데 하물며 여러 사람들의 이해관계와 집단적 선택의 문제가 되고 보면 그 시스템을 뒤바꾸는 것은 거의 불가능한 상황이 된다. 너무 많은 경로의존의 덫에 갇힌 경제와 사회는 미래를 기대하기 힘들다.

폰 노이만
미니맥스의 정리 – 상호의존성이 존재할 때 손해 최소화 전략

현실 경제에서 개인이나 기업은 전쟁터에 나선 무사처럼 끊임없이 반격이 예상되는 상황에 직면한다. 내 이익을 최대화하려고 하면 나 때문에 손해를 입는 상대방이 반드시 반격을 해온다. 작용에 대한 반작용이 끊임없이 일어나는 것이다.

전통 경제학은 이 같은 현실적 상황을 고려하지 않은 채 개인이나 기업 등 경제 주체들이 자신의 효용이나 이익을 극대화하는 것을 목적으로 소비나 투자 결정을 내린다는 이론을 전개했다. 이것이 '극대화 원리(maximizing principle)'이다. 가령 소비자는 주어진 가격체계와 예산제약 내에서 효용을 극대화하는 선택을 한다고 가정한다. 또 생산자는 주어진 생산함수와 생산요소, 생산물의 가격체계 하에서 이윤 극대화를 목표로 한다고 가정되었다. 후생경제학 역시 어떤 이타적인 정치가

폰 노이만 John von Neumann 1903~1957
헝가리 태생 미국의 수학자. 양자물리학, 논리학, 기상학, 컴퓨터 과학에 크게 기여했다. 특히 그의 게임이론은 경제학에 큰 영향을 미쳤다. 그는 1921년 부다페스트대학 수학과에 입학했을 때에는 이미 일류 수학자로서 인정받았다. 1927년 베를린대학 강사, 1929년 하이델베르크대학 강사를 거쳐 1930년 미국 프린스턴대학 객원교수가 되었다. 1932년 프린스턴 고등연구소가 세워지자 1957년 사망할 때까지 연구소에서 일했다. 1942년 8월에는 '맨해튼 계획'에 참여하여 '컴퓨터 프로그램 내장방식'을 발표한 후, 1949년 마침내 에드삭(EDSAC)이라는 새로운 개념의 컴퓨터를 만들었다. 이때 고안한 방식은 오늘날에도 거의 모든 컴퓨터 설계의 기본이 되고 있다.

가 사회적 후생을 극대화하는 것을 전제로 이론이 전개됐다. '극대화 원리'를 전제로 경제적 해법을 증명한 것이다.

개인이든 기업이든 최소의 비용으로 최대의 효과를 얻으려고 하는 것은 본능이기 때문에 '극대화의 원리'라는 전통적인 경제적 가정이

틀렸다고 할 수는 없다. 그러나 현실 경제는 진공상태에서 존재하지 않는다. 혼자서 숲에 칩거한 채 자급자족형 경제생활을 하는 것이 아니라 생의 한가운데서 여러 사람과 부딪히며 살다 보면 내 행동이 다른 사람에게 영향을 미치고 다른 사람의 경제적 결정이 나에게 영향을 미치는 경우가 자주 발생한다. 이것이 경제적 현실에 존재하는 '상호의존성(interdependency)' 문제이다.

현실 경제에서는 이 같은 '상호의존성' 때문에 종래의 극대화 원리가 아니라 상대방의 대응에 따른 선택이 필요해지는 경우가 자주 발생하는데, 이때 개인이나 기업이 상대방을 의식해 선택할 수 있는 대안을 '전략(strategy)'이라고 한다. 또 마치 바둑이나 체스를 두는 두 사람이 상대방의 수에 따라 자신의 다음 수순을 결정하게 되는 것처럼 상대방의 움직임을 보고 자신의 전략을 결정하기 때문에 상호의존성에 바탕을 둔 전략이론을 '게임이론'이라고 한다. 또한 각 전략을 선택함으로써 한 사람의 이익이 다른 사람의 이익을 그만큼 줄어들게 해서 전체의 합이 영이 되는 게임을 '제로섬 게임(zero-sum game)', 전체의 합이 영이 아닌 게임을 '비제로섬 게임(non-zero-sum game)'이라고 한다.

이 같은 게임이론을 처음 이론적으로 체계화한 학자는 20세기 최고의 수학자인 폰 노이만이다. 폰 노이만은 오스트리아 출신의 경제학자 모르겐슈테른과 함께 출간한 『게임이론과 경제행동 Theory of Games and Economic Behavior』에서 현실시장에서는 전통적인 극대화 전략보다는 '미니맥스 원리(mini-max principle)'가 더 많이 적용된다고 주장했다. 미니멈(minimum)과 맥시멈(maximum)의 합성어로 만들어진 이 원리는 최악의 상황에서 얻을 수 있는 최선의 결과를 의미하는데, 다음과 같은 세 가지 추론 과정을 거친다.

첫째, 내 이익을 극대화하는 나의 선택이 무엇인지를 생각한다.

둘째, 만약 내가 이익을 극대화하는 행동을 했을 경우 상대방이 취할 수 있는 전략은 무엇이며, 상대방의 반응 때문에 내가 당하게 될 수 있는 여러 가지 최악의 상황들은 무엇이 있는지를 점검한다.

셋째, 두번째 추론 결과에 따라 상대방의 반응 때문에 나타날 수 있는 여러 가지 좋지 않은 상황들(mini) 가운데 가장 나에게 이익이 되는 경우(max)의 전략을 선택한다.

모든 시장이 이렇게 돌아가는 것은 아니겠지만 대체로 상대방의 전략을 서로 읽고 합리적으로 짐작할 수 있는 상황에서는 이 같은 미니(최악의 상황)-맥스(최상의 결과) 원리에 따른 전략이 많이 응용될 수 있을 것이다.

미니맥스 정리를 응용한 예로 두 어린이가 케이크를 나눠 먹는 경우를 들 수 있다. 한 개의 케이크를 놓고 형제가 서로 많이 가지려고 싸움을 하기 때문에 부모는 다음과 같은 절충안을 내놓는다. 즉 케이크를 나누는 것은 형에게 맡기되 선택은 동생이 먼저 하도록 하는 것이다. 이 게임은 어느 한 쪽이 큰 몫을 가져가면 다른 쪽의 몫이 작아지며 +와 -가 정확하게 합쳐져 제로가 된다는 점에서 제로섬 게임 형태다.

케이크를 자를 권리가 있는 형은 두 가지 방법으로 케이크를 자를 수 있다. 하나는 동일한 크기로 나누는 방법이고, 다른 하나는 서로 다른 크기로 자르는 방법이다. 만약 형이 서로 다른 크기로 케이크를 자르면 선택권이 있는 동생은 큰 조각을 집어들 것이다. 따라서 형이 손해를 보지 않으려면 가능한 한 절반에 가깝도록 케이크를 잘라야 한다.

이는 다시 말해 여러 크기로 나올 수 있는 작은 쪽 케이크를(mini) 가능한 한 가장 큰 크기가 되도록(max) 자르는 것을 의미한다.

폰 노이만은 서로의 이해관계가 복잡하고 주변에 대한 정보가 불확실한 현대 경제와 사회에서 문제점 해결을 위한 구체적 방법을 제시하기 위해 미니맥스의 정리에 따른 분석이 가능하다고 주장했다.

폰 노이만의 미니맥스의 정리는 경제적 상황뿐 아니라 정치활동이나 국가간의 대립 상황에도 얼마든지 적용할 수 있다. 가령 미국과 소련이 핵무기를 매개로 대치했던 냉전구도에서 만약 소련이 핵무기를 쏘면 당연히 미국도 핵무기로 반격하기 때문에 양 측이 모두 공멸하게 된다. 따라서 상대방의 반격을 두려워하는 '공포의 균형'을 이뤄 어느 쪽도 핵무기를 사용하지 않게 된다. 핵무기로 공멸할 수 있는 최악의 상황에서 서로 견제를 해서 평화를 유지하는 상황이 나올 수 있는 것이다.

루스
죄수의 딜레마 – 정보 부재 상태에서의 공멸게임

게임의 여러 가지 양상 가운데 사전에 정확한 정보가 없고 일단 게임이 벌어진 이후 서로 의사소통이 어렵거나 불가능한 경우 양측이 크게 손해를 보는 전략을 택해 공멸의 형태로 결과가 나오는 수가 많다. 이 같은 사례의 전형이 이른바 '죄수의 딜레마(prisoners' dilemma)'다.

던컨 루스는 라이파(Howard Raiffa)와 함께 쓴 『게임과 선택 Games and Decisions』에서 죄수의 딜레마를 다음과 같이 설명하고 있다.

은행강도를 한 혐의로 A와 B가 체포되었다. 두 사람의 자백 이외에는 증거가 없어 경찰은 이들의 자백을 받아내는 데 전력을 다하고 있다. 두 사람이 사전에 말을 맞추지 못하도록 각각 다른 장소에서 취조를 계속하면서 다음과 같은 미끼를 던진다.

"만약 당신이 자백을 하면 8년 형을 면제해 주겠다. 자백만 하면 집행유예로 석방이 된다. 그러니 자백해라. 만약 당신은 자백을 하지 않았는데 상대방이 먼저 자백을 하면 당신만 손해 아닌가."

이 경우 두 죄수 A와 B는 어떻게 반응할까? 만약 A와 B 두 사람이 모

루스 R. Duncan Luce 1924~
1950년 MIT에서 수학 박사학위를 받았다. 현재는 UC 어바인의 경제학 및 인지과학 교수로 있다. 2003년에는 79세의 나이로 미국 국가과학상(National Medal of Science)을 받아, 이 상을 수상한 8명의 과학기술자 가운데 한 사람이 되었다. 게임이론의 핵심 개념 중 하나인 '죄수의 딜레마'로 유명하다.

두 자백하지 않고 묵비권을 행사하면 경찰은 증거가 없지만 다른 경범죄를 걸어 두 사람을 각각 1년형에 처한다. 그런데 A가 자백을 하고 B가 자백을 하지 않으면 A는 집행유예 석방, B는 10년형에 처해진다. B가 자백하고 A가 자백하지 않으면 상황은 거꾸로 된다. 그리고 만약 두 사람 모두 자백을 하면 형량은 각각 8년이 된다. 한쪽만 자백하지 않을 경우 괘씸죄 때문에 형량이 동시자백보다 늘어나는 것이다.

이런 상황에서 A와 B 두 죄수는 자백을 할 것인가 말 것인가 하는 심각한 갈등과 딜레마에 처하게 된다. 죄수의 딜레마 게임에서 A의 경우 B가 자백을 하건 말건 상관없이 자신은 자백하는 것이 자백하지 않는 것보다 항상 이익이기 때문에 자백하는 쪽을 선택할 것이다. B 역시 자백이 가장 이익이 되는 선택이다. 이처럼 상대방이 무슨 전략을 구사하든, 어떤 선택을 하든 무관하게 내 선택 집합 가운데 나에게 가장 큰 이익을 가져다주는 전략을 강우월전략(strictly dominant strategy)이라고 하며, 반대의 경우는 강열등전략(strictly dominated strategy)이라고 한다. 죄수의 딜레마 게임에서 '자백'은 강우월전략이며, '침묵'은 강열등전략이기 때문에 참여자들은 모두가 '자백'을 선택한다.

죄수의 딜레마 게임이 감옥이라는 특수한 상황을 전제로 전개되는 가장 큰 이유는 '정보 교환이 불가능한 상황'을 만들어내기 위한 것이다. 그런데 만약 어떤 핑계를 대서 두 죄수가 잠깐이라도 만날 수 있는 상황이 벌어져 두 사람이 대화를 나누고 정보를 교환할 수 있었다면 이 죄수의 딜레마는 사라질까?

대답은 서로 대화를 할 수 있다고 하더라도 여전히 상대방을 배신해서 공멸할 가능성이 높다는 것이다. 여기서는 정보의 정확도가 문제가

된다. 상대방이 절대로 배신하지 않는다는 100%의 확신이 없는 한 여전히 '상호배신'의 결과가 나올 가능성이 높다. 상호대화와 정보교환이 가능해도 상호협력이 이뤄지기 어려운 사례로 '협공(coordinated attack) 게임'을 들 수 있다.

대규모의 오나라 군대가 주둔하고 있는 골짜기 양 쪽 산기슭에 촉나라 병사들이 매복하고 있다. 관우와 장비가 각각 이끌고 있는 두 부대가 오나라 군대를 동시에 공격할 경우에는 적지 않은 승산이 있지만, 각기 따로 공격할 경우 압도적인 군사력 차이 때문에 촉나라 부대가 모두 전멸하게 된다.

고민 끝에 관우는 골짜기 반대편에 주둔한 장비에게 전령을 보내 다음날 새벽 3시에 동시공격을 감행하자고 전령을 보낸다. 전령이 발각될 가능성은 5%이다. 이 경우 관우와 장비 두 부대의 동시 협공이 이뤄질 수 있을까? 대답은 '아니다' 이다. 전령이 발각될 가능성은 5%에 불과하지만 만에 하나 발각돼서 관우 부대가 단독으로 습격했을 경우 전멸할 경우 너무나 피해가 크기 때문이다.

설령 전령이 무사히 장비에게 도착해서 장비가 알았다는 메시지를 다시 관우에게 보냈을 경우도 역시 협공이 이뤄지지 못한다. 장비의 입장에서는 전령이 관우에게 도착했는지, 아니면 중간에 잡혔는지 100% 확신할 수가 없기 때문이다. 전령이 양측 진영을 몇 차례 되풀이해서 오가더라도 양측은 여전히 전령이 중간에 잡혔는지, 정말 새벽 3시에 동시 공격이 이뤄질 수 있을지 확신을 할 수 없어 망설이게 된다.

비슷한 이치로 죄수의 딜레마에서 두 죄수가 설령 대화를 나누고 자백하지 말자고 약속을 하더라도 상대방을 믿지 못하고 배신할 가능성이 남아 있는 한 여전히 '상호배신'이라는 균형에 도달하게 될 것이다.

죄수의 딜레마와 협공 게임을 통해 우리는 설령 정보가 교환된다고 하더라도 100% 확실하지 않은 '근사주지사실(almost common knowledge)'인 경우 여전히 서로에게 불리한 행동을 할 가능성이 높다는 사실을 확인할 수 있다. 협공게임에서 만약 관우와 장비 두 부대가 골짜기에 주둔하기 이전부터 새벽 3시 협공 명령이 '기정사실(common knowledge)'이었다면 두 부대의 협공이 최적 전략이겠지만, 새벽 3시 공격이 기정사실이 아니라 그때부터 정보교환이 이뤄진 것이고 100% 확신을 할 수 없는 '근사정보'라면 협공포기가 최적 전략이 되는 것이다. 정보의 완벽성 여부에 따라 최적전략이 달라지는 사례가 되는 셈이다.

내쉬
내쉬 균형 – 비협조적 경쟁상태의 균형

1회성 게임이면서 비협조 게임인 '죄수의 딜레마'의 상황을 보다 일반화 한 것이 내쉬 균형이다. 천재적 수학자인 내쉬는 〈뷰티풀 마인드 A Beautiful Mind〉라는 영화를 통해 일반에게도 알려져 있다. 내쉬는 기업이나 개인이 서로가 '비협조적인 경쟁관계'에서도 균형이 이뤄질 수 있다는 '내쉬 균형'을 수학적으로 증명했다.

서로가 비협력적인 경쟁관계에 있는 과점(寡占)기업들이 한 시장 안에 있다고 하자. 이들이 택할 수 있는 수많은 기업전략들이 있지만 내쉬균형의 정의는 '상대방의 전략이 주어졌다고 가정하고 자신에게 가장 유리한 전략을 선택'하다 보면 서로가 '균형'에 도달한다는 것이다.

여기서 주의할 점은 '내쉬 균형'이 반드시 '사회적으로나 당사자들에게 최선의 바람직한 결과'를 의미하는 것은 아닐 수도 있다는 점이다. '내쉬 균형'은 '바람직한 최선의 선택'이라는 의미가 아니라 '두

내쉬 John F. Nash 1928~
미국의 수학자. 1920년 웨스트버지니아주 블루필드에서 출생했다. 프린스턴대학에서 교환연구원으로 재직하고 있다. 1960년대 중반부터 내시는 기업체간의 상호작용과 시장 움직임을 예측하기 위해, 체스나 포커와 같은 일반적인 게임에서 적용되는 전략에 초점을 두고 연구하여 '내시 균형'이라는 개념을 정립했다. 1994년 J. 하사니, R. 젤텐과 함께 노벨 경제학상을 공동수상했다.

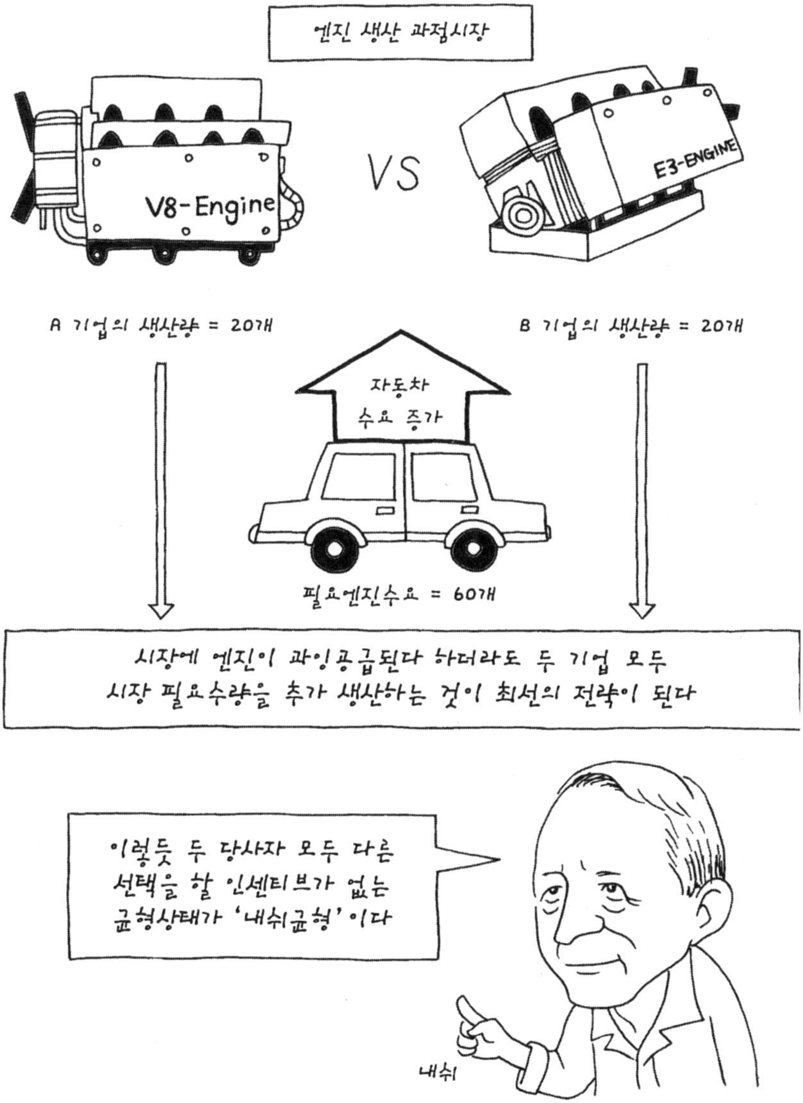

당사자 모두 다른 상태로 움직일 경우 손해를 보기 때문에 더 이상 움직이려는 인센티브가 없는 상태'라는 의미의 균형이다. 따라서 내쉬 균형에는 사회적으로 바람직한 균형뿐 아니라 열등한 균형도 종종 등장한다.

경쟁자들끼리 더 이상 움직이려는 유인이 없는 안정된 상태에 도달하는 내쉬 균형이 사회적으로나 당사자에게나 바람직하지 않은 경우는 비일비재하다. 과점 기업들이 생산물량을 놓고 경쟁할 경우 '초과생산 균형'을 만들어내기도 하고, 가격을 가지고 경쟁할 경우 서로가 손해를 보는 '저가 균형'을 만들어내기도 한다. 과점기업들이 초과생산에서 내쉬 균형을 만들어내는 경우를 예로 들어보자.

A, B 두 개의 엔진생산 기업이 존재하는 과점시장이 있다고 하자. 두 기업이 각각 20개씩, 시장 전체로는 40개의 자동차 엔진을 생산하고 있는데 자동차 수요가 늘어나 60개의 자동차 엔진이 필요해졌다. 시장 전체에서 20개가 더 필요해진 것이다.

우선 A기업 입장에서는 생산량을 20개 더 늘리면 시장 점유가 40 대 20이 되기 때문에 이익이 된다. B기업 입장에서도 이는 마찬가지다. 그러나 두 기업이 동시에 각각 20개를 늘리면 시장에서는 20개의 엔진이 과잉 공급되기 때문에 엔진 가격이 싸져서 두 기업에 모두 손해가 돌아올 것이다.

이 경우 기업들이 카르텔을 형성하거나 담합을 해서 각각 10개씩을 더 생산하면 사회적으로도 과잉 생산이 되지 않아 좋고 서로에게도 이익이 되는 상황이 발생할 수 있다(카르텔이나 담합은 불법이기 때문에 금지되어 있지만 논리의 전개상 가능하다고 가정하자). 그러면 이처럼 '누이 좋고 매부 좋은' 상황이 균형이 될 수 있을까?

결론부터 이야기 하자면 담합이나 카르텔은 이 경우 균형이 될 수 없다. 앞서도 설명한 것처럼 내쉬 균형은 게임의 참여자, 즉 기업들이 다른 전략을 선택할 아무런 유인이 없는 경우에 달성된다. 그런데 어느 한 기업이 담합을 깨버리고 전격적으로 투자를 늘려서 15개나 20개의 엔진을 추가 생산할 경우 큰 이익을 보기 때문에 담합은 언제든지 깨질 수 있다. 균형이 될 수 없는 것이다. 담합을 해놓고 몰래 생산설비를 늘리는 준비를 계속해 전격적으로 시장을 공략할 경우 다른 한 기업은 당장에는 그만큼의 설비투자를 할 수 없어 대응에 어려움을 겪는다. 따라서 담합을 깬 상대 기업의 시장 우위가 확실해지며 많이 만들수록 비용이 줄어드는 '규모의 경제' 때문에 생산가격까지 싸져서 순진하게 담합약속을 지킨 기업은 장기적으로는 시장에서 완전히 축출될 수도 있다. 담합을 하더라도 균형이 될 수 없는 이유가 여기에 있다.

따라서 두 기업 모두 담합을 믿지 못한 채 초과 공급이 돼서 다소 손해를 보더라도 일단 전량 추가 생산을 하는 전략을 택할 수밖에 없다. 이 전략에서는 균형이 이뤄진다. 상대방이 과잉 생산하는 것을 전제로 할 때 나 역시 과잉 생산을 하는 것이 가장 이익이기 때문이다. 다른 전략을 선택할 유인이 없어 서로가 손해를 보고 시장 전체로도 자원이 낭비되는 '생산 과잉 균형'이 발생하는 것이다. 한 시장에 두 개의 기업이 존재하는 복점시장에서 두 기업이 동시에 생산량을 결정하는 모형을 연구한 사람은 프랑스의 쿠르노(Antoine Augustin Cournot)라는 학자였다. 이 때문에 생산량 결정모형에서 나타나는 내쉬 균형을 '쿠르노-내쉬 균형'이라고도 한다.

'과잉 균형'의 사례는 현실에서 다른 경우도 얼마든지 찾아볼 수 있다. 경쟁하는 두 기업끼리 손해를 무릅쓰고 과다 광고를 하거나 지나친 경품을 제공하는 사례, 국내의 종합병원들이 손해인 줄 알면서도 가격이 천문학적인 첨단의료장비를 도입하는 경쟁을 벌이는 것 등이 과잉 균형 사례다. 정책 경쟁을 하는 미국 정치에서 공화당과 민주당의 정강정책이 극단으로 치닫기보다는 이념적으로 중간 성향인 사람들을 겨냥한 중도적 색채에 머물러 있는 것 역시 내쉬 균형의 사례이며, 가게가 도심 한가운데로 몰리는 경향이 있는 것도 거리에 따른 소비자들의 교통비용을 고려한 일종의 내쉬 균형으로 해석할 수 있다. 한 도시에 비슷한 가게가 두 개 있을 때 하나는 도시의 바깥쪽에 위치하고 하나는 도시의 한가운데 있다면 사람들이 모두 도심에 있는 가게로 몰릴 것이기 때문이다.

제6장

확실성에서 불확실성의 세상으로

불확실성
제한적 합리성
기대이론
혼돈이론

나이트
불확실성 – 진정한 위협이자 이윤의 원천

시간이 정지한 것처럼 동일한 사회질서 · 관습 · 사고가 오랫동안 지속되었던 시대에 태어난 고전학파 경제학자들은 확실하고 예측 가능한 세상을 가정해서 경제학 이론을 만들어냈다. '확실한 세상'에서는 시간이 다소 걸리더라도 소비자와 기업, 고용주와 노동자 등 경제주체들은 궁극적으로 자신에게 필요한 정보를 모두 알게 되며 이 정보에 따라 자신의 행동을 경제현실에 맞게 수정한다. 외부에서 다소의 충격이 발생해 균형이 깨지더라도 경제주체들은 초기의 혼란을 극복하고 결국 균형을 회복하게 되며, 불확실성이 다소 존재하더라도 정해진 대수법칙과 종 모양의 정규분포 확률법칙 하에서 의사결정이 이뤄지게 된다. 고전학파 경제학자들은 불확실성(uncertainty)과 위험(risk)이 없는 조용한 세상에 살고 있었던 것이다.

이 같은 확실성의 경제질서를 완전히 뒤바꾼 역사적 사건이 바로 1차 세계대전이었다. 대규모의 전쟁은 인간의 사고와 생활을 근본부터 뒤흔들었다. 내 가족과 친구들, 주변에서 발생한 수많은 죽음 때문에 사람들은 생명이 얼마나 덧없이 소멸할 수 있는가를 깨닫게 됐고, 전후의 불안한 정세와 러시아 혁명으로 야기된 정치적 혼돈을 연이어 경험하면서 본격적인 불안감과 불확실성의 시대에 접어들게 된다.

불안감이 확산되고 불확실성과 위험이 바로 생활 가까이에 다가오기 시작하면서 사람들은 '불확실성의 본질'이 무엇일까에 관심을 가지게 되었다. 그리고 이를 최초로 경제학적 맥락에서 체계화한 사람이 나이트였다.

그는 서구사회에 점차 확산되고 있는 불확실성에 대해 이렇게 말했다. "우리의 지성으로 세계를 얼마나 파악할 수 있을까에 대해 나는 회의적이다. 수학적·통계학적 질서나 예측은 아주 특별하고 결정적이며 예외적인 사건에 대해서만 통용될 수 있을 뿐이다."

그는 경제체제 내의 구성원―정부, 소비자, 노동자, 고용주 등―모두가 경제활동에 필요한 모든 정보를 가지고 있다는 비현실적 가정에서 출발한 기존의 경제학 주류 이론과 완전경쟁 모델을 믿지 않았다. 과거의 반복적 사건에 대한 경험적 평가로 미래를 예측하는 방법론에 대해서도 대단히 비판적인 입장이었다. 과거에 일어난 사건의 발생 빈도에 따라 미래를 예측하는 것은 위험한 모험이라고 주장한 것이다. 나이트는 현실경제에서 의외의 사태가 자주 발생하는 모습을 경험적으로 관찰할 수 있다는 사실이 바로 이 세상이 수학적 확률보다는 불확실성에 의해 지배당하고 있다는 증거라고 생각했다.

실제로 현실에서 벌어지는 일들, 특히 비즈니스에서 벌어지는 일들은 실제 확률과 추정된 확률값을 정확히 알고 싶어도 추론의 근거가 될 만큼 충분한 실례를 모을 수 없다는 한계가 있다. 수학적 확률값을 알려면 동일한 사건을 관측한 독립적인 기록이 충분히 많아야 하는데, 실제 현실 경제에서 발생하는 어떤 사건도 그 이전의 사건이나 장차 일어날 사건과 동일하지는 않기 때문이다.

나이트가 1926년 코넬대학에서 완성한 박사논문인 「위험, 불확실성,

그리고 이윤」은 '불확실한 상황에서의 경제적 의사결정 문제'와 '위험과 이윤의 관계'를 밝힌 최초의 중요 논문이었다. 그리고 이 논문은 현대의 기업이론으로 이어지게 된다.

나이트에 따르면 불확실성에는 측정 가능한 불확실성(a measurable uncertainty)과 측정 불가능한 불확실성이 있는데, 예측이 가능하고 확률분포가 알려진 불확실성은 불확실성이라기보다는 관리 가능한 위험이라고 불러야 한다. 예측 가능한 불확실성은 언제든지 보험 등을 통해 확실한 것으로 바꿀 수가 있기 때문에 진정한 위험이 아니라 생산비용의 일부로 봐야 한다. 당연히 예측 가능한 위험은 비용일 뿐 이윤이 발생하지 않는다.

측정 불가능한 불확실성(an unmeasurable uncertainty)이야말로 진정한 위험이며 이것이 이윤을 발생시키는 원천이라는 것이 나이트의 주장이었다. 측정 불가능한 불확실성은 실제 일을 해보기 전에는 확률적인 분포를 알 수 없으며 따라서 보험으로 위험을 막을 수도 없다. 따라서 현대인들이 말하는 위험관리란 여러 가지 정보 수집 등을 통해 결과를 통제할 수 있는 불확실성을 최대한 늘리고 막연한 운이라고밖에는 설명할 수 없는 예측 불가능한 불확실성을 가능한 한 줄이려는 노력인 것이다.

나이트는 이 같은 불확실성을 기업이론으로 확장시켰다. 즉 보험 처리가 불가능한 진짜 불확실성과 위험을 감당하는 사람이 바로 기업가이며, 이처럼 사전 통제가 불가능한 위험을 지는 대가로 기업에는 이윤이 발생한다는 것이다.

나이트는 불확실성이 경제조직에 어떤 영향을 주는가를 검토했다.

불확실성이 존재하지 않으면 기업에는 조직이나 경영자가 필요 없고 오로지 프로세스가 제대로 이뤄지는지를 물리적으로 조정하는 관리자만 필요할 뿐이다. 확실한 세상의 기업에서는 원자재 조달부터 시작해서 생산을 거쳐 소비자의 손으로 유통되는 동안 모든 경제 흐름이 저절로 이뤄진다. 그러나 세상은 불확실성으로 가득 차 있다. 지식이나 완벽한 정보가 없는 상태에서는 단순한 프로세스 관리보다는 어떻게 생산을 조직하고 배분할 것인가에 대한 사전적 의사결정이 훨씬 중요해진다. 고전학파의 세이의 주장과는 달리 생산이 수요를 결정하지 않기 때문에, 기업은 불확실한 상황에서 소비자들의 수요가 얼마나 되고 기호가 어떻게 바뀌는지 부지런히 사전 조사를 해야 하며 생산에 착수한 이후에는 이 상품을 소비자들에게 알리기 위해 마케팅과 광고를 통해 노력해야 한다.

사람들은 제각기 크고 작은 정보의 조각들을 갖고 있지만 대부분 불완전 정보이며 자신이 가지고 있는 정보의 표본이 얼마나 유용한지도 확신할 수 없다. 바로 이 같은 불확실성 때문에 결론에 도달하기 어렵고, 결론에 도달했다고 하더라도 이를 근거로 하는 행동에는 반드시 위험이 따르게 된다.

따라서 불확실성이 높아질수록 기업 내 관리자들은 판단력 · 적응력 · 예측능력이 뛰어난 사람들이 두각을 나타내게 되며, 이들은 위험을 감수하고 결과에 대해 책임을 지는 조건으로 남들보다 많은 임금을 받게 된다. 따라서 나이트에 따르면 기업이나 임금제도는 불확실성의 직접적인 결과인 것이다.

나이트는 다음과 같은 말을 경제이론에 접목한 최초의 경제학자였

던 셈이다.

"신이 세상을 창조할 때 확실성을 포함시키는 것을 깜박 잊어버렸다."

대수법칙(大數法則)
대수의 규율성에 의해 나타나는 법칙. 동전 등을 열 번이나 스무 번 정도 던졌을 때에는 그 표면에 나타나는 비율이 각각 다르나, 이것을 수천 번 수만 번 던지면 그 중에 동전의 표면이 나타나는 비율이 거의 일정해진다는 법칙

정규분포(正規分布)
도수분포곡선이 평균값을 중앙으로 하여 좌우대칭인 종 모양을 이루는 것으로 신장(身長)의 분포, 지능(知能)의 분포 등 그 예는 많다. 가우스가 측정오차의 분포에서 그 중요성을 강조했기 때문에 이것을 가우스분포 혹은 오차분포라고도 하며, 그 곡선을 가우스곡선 또는 오차곡선이라고 한다. 또한 케틀레가 통계에 이용했으므로 이것을 케틀레곡선이라고도 한다.

사이먼
제한적 합리성 – 경제적 합리성은 제한받을 수밖에 없다

전통 경제학의 두 가지 핵심 가정은 합리성(rationality)과 자기이익(self interest)이다. 경제의 행위주체인 소비자나 기업은 자신이 만족하거나 효용을 얻거나 자신에게 금전적인 이익이 될 경우 이를 최대한 확보하려고 한다. 소비자들은 물건을 살 때 품질이 좋은 물건을 싼 값에 사기 위해 노력하고, 기업은 가능한 낮은 생산비로 물건을 만들어 비싼 값에 팔려고 하며, 실업자는 최대한 조건이 좋은 직업을 찾으려는 동인이 있다. 자기이익을 챙기는 이 같은 본능이 경제행위를 활발하게 하고 확대시키는 기본 동인인 것이다.

전통 경제학은 이 이익본능을 만족시키기 위해 경제주체들이 최대한 합리적으로 결정을 내린다고 봤다. 합리성은 경제적 유인(誘因)에 대한 반응의 일관성이며, 이 같은 유인의 변화에 대한 행위의 적응성 등을 의미한다. 합리성의 가정은 개인이 목표(자기이익과 효용의 극대화)를 지니고 이를 논리적이며 일관성 있게 추구한다는 의미인 것이다.

사이먼 Herbert Simon 1916~
심리학, 수학, 통계학, 경영분석 등 다양한 분야의 업적으로 유명하다. 1978년 이 모든 분야를 총괄하는 이론을 정립하여 노벨 경제학상을 수상했다. 1936년 시카고대학을 졸업했으며 1943년 박사학위를 받았다. 정치학 교수 등을 지내다가 1949년 피츠버그의 카네기멜런대학의 경영학, 심리학 교수가 되었다. 그 후 같은 대학에서 컴퓨터 사이언스와 심리학 교수를 지냈다. '행태주의'로 알려진 기업의 의사결정이론에 대한 연구로 가장 널리 알려져 있다.

합리성에 있어서 일관성의 개념을 설명하기 위해 '선호의 일관성'을 예로 들어보자. 어떤 경제적 의사결정에서 어떤 사람이 A라는 안을 B라는 방안보다 좋다고 생각하고(즉 A〉B), B안을 C안보다 좋다고 판단했다고 가정하자(즉 B〉C). 이 사람이 합리적이고 일관성 있는 선호를 가졌다면 당연히 A안을 C안보다 선호할 것이다.

그런데 인간의 경제행위가 실제로 언제나 합리적으로 이뤄질까? 합리적으로 행동하기에는 인간은 너무나 많은 심리적 오류(cognitive error)에 노출되어 있다. 인간이기 때문에 갖는 희로애락과 같은 심리적인 변동성으로 인해 전혀 합리적이지 못한 결론을 내릴 수도 있다. 컴퓨터라면 정확한 계산을 통해 최대한 합리적인 판단을 내리겠지만 사람은 여러 가지 주관적 판단과 가치관, 심리적 함정, 타성, 충동성 등 심리적 요인 때문에 엉뚱하고 비합리적인 결론에 도달할 수 있다. 합리성을 가지려면 A〉B이고 B〉C 이므로 당연히 A〉C가 되어야 하는데 엉뚱하게 C〉A가 되는 사건이 심심치 않게 발생하는 것이다. 비합리적인 인간의 본성이 시시때때로 출몰해 합리성을 방해하는 것이다. 금융 분야에서 이 같은 인간의 충동적인 본성을 최대한 배제하기 위해 쓰이는 리스크 관리 방법이 시스템 트레이딩이다. 거래자의 자의적 판단을 배제한 채 컴퓨터에 특정 조건을 입력해서 무조건 사고팔게 만드는 것이다.

나이트 이후로 경제학에 본격적으로 도입된 불확실성 하에서 인간이 완벽하게 합리적인 경제적 의사결정을 내리는 것을 제한하는 다른 요소는 정보의 부족이다. 불확실성 하에서 경제적 의사결정을 할 때는 현재 자신이 가진 한정된 정보를 기초로 합리성을 추론할 수밖에 없는데, 불완전한 정보를 기초로 아무리 합리적인 사고를 하고 합리적인 결론을 내린들 그 결론이 반드시 옳을 수는 없는 것이다. 별것 아닌 건강식품을 만능의 비약처럼 판매하는 사기꾼에게 잘못된 정보를 입력받아 귀가 솔깃해진 소비자는 자신이 건강을 위해 가장 합리적인 선택을 하고 있다고 생각하고 기꺼이 비싼 돈을 내지만 실제 그 선택은 비합리적 결정일 뿐이다.

경제적 합리성은 경제주체가 가진 불완전한 정보의 양과 질, 인간의 본성에 내재된 충동과 비일관성에 의해 제한받을 수밖에 없다는 이 현상을 사이먼은 '제한적 합리성(bounded rationality)'이라고 불렀다. 불확실성의 시대에 살고 있는 현대인들을 위한 경제학 이론은 따라서 제한적 합리성의 바탕 위에 새로 그려지고 있다.

카너먼과 트베르스키
기대이론 – 위험기피가 아닌 손실기피에 대한 기대

　불확실성과 이에 직면한 사람들의 경제적 선택에 대해 현대에 있어 가장 영향력 있는 연구를 한 학자는 카너먼과 트베르스키였다. 이들은 심리학적 관점에서 연구를 했지만 그 결과는 불확실성 하에서 위험관리가 필요한 모든 경제분야, 특히 금융시장에 큰 영향을 미쳤다.

　상당한 불확실성 하에서 경제적 선택을 하는 사람들은 불확실성에 따르는 위험에 대해 제각기 다른 태도를 보인다. 위험을 즐기고 적극적으로 모험을 하려는 성향이 있는 사람은 위험 감수자 혹은 위험 선택자(risk taker)이며, 위험이 뒤따르는 경제적 선택을 가능한 한 피하려는 사람은 위험 기피자(risk averser)라고 한다. 그런데 카너먼과 트베르스키는 여러 차례 실험을 되풀이한 결과 동일한 사람들이 어떤 상황에서

카너먼 Daniel Kahneman 1934~
이스라엘 출신의 미국 심리학자이자 경제학자. 경제주체의 의사결정이 반드시 합리적으로 이루어지는 것은 아니라는 '준합리적 경제이론'이라는 새로운 분야를 개척했다. 스미스(Vernon Smith)와 함께 심리학과 실험방법을 이용해 기대효용이론을 뛰어넘는 경제학의 새로운 지평을 연 공로로 2002년 노벨 경제학상을 받았다.

트베르스키 Amos Tversky 1937~1996
인지과학의 선구자이자 카너먼과 오랫동안 협력 연구자였던 트베르스키는 인간의 경제적 선택에 있어서 비합리성을 설명해냈으며, 기대이론의 창시자이기도 하다. 1965년 미시건대학에서 박사학위를 받고, 그 후 스탠포드대학으로 옮기기 전까지 예루살렘의 헤브루대학에서 가르쳤다. 1984년에는 맥아더 펠로우십을 수상했다.

이익에 대한 태도

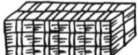 4000달러를 얻을 확률 80%

 3000달러를 얻을 확률 100%

한 푼도 못 건질 확률 20%

설문결과

손실에 대한 태도

4000달러를 잃을 확률 80%

 3000달러를 잃을 확률 100%

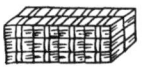 전혀 잃지 않을 확률 20%

설문결과

 트베르스키

 카너먼

실험 결과 사람은 위험을 기피한다기보다 손실을 기피한다는 것을 알 수 있다

는 위험 선택자가 되기도 하고 어떤 상황에서는 위험 기피자의 태도를 보이기도 한다는 사실을 발견했다. 이들에 따르면 사람들은 일반적으로 이득에 관해서는 위험 기피자가 되지만 손실에 관한 의사결정을 내릴 때는 위험 선택자가 되는 성향이 있다.

우선 이익에 관한 태도부터 알아보자. 대부분의 사람들은 불확실한 큰 이익보다는 적더라도 확실한 이득을 선택하는 경향이 있다. 가령 확실하게 1억 원을 얻을 수 있는 경우와 50대 50, 즉 1/2의 확률로 2억 원을 얻는 두 가지 경우의 수 가운데 하나를 선택하라면 사람들은 누구나 확실한 1억 원을 선택한다. 1/2의 확률로 2억 원을 얻게 되는 후자의 경우 기대이익이 1억 원으로 동일한데도[(2억×1/2)+(0×1/2)=1억], 이를 선택하는 사람은 거의 없다는 것이다. 카너먼과 트베르스키의 실험 결과, 4000달러를 벌 수 있는 80%의 가능성(한 푼도 못 건지게 될 가능성 20%)과 확실한 3000달러를 얻는 선택 가운데 실험 참가자의 80%가 3000달러 쪽을 선택했다. 이익에 관한 한 대부분의 사람들은 '위험 기피자'의 유형에 속하는 것이다.

그런데 손실에 관해서는 어떨까? 카너먼과 트베르스키는 4000달러를 잃을 80%의 가능성(아무것도 잃지 않을 가능성 20%)과 확실하게 3000달러를 잃을 가능성을 지닌 선택 가운데 어느 쪽을 택할 것인지를 물었다. 3000달러의 확실한 손실을 주는 후자보다 전자가 더 큰 수학적 기대손실(4000×0.8=3200달러)값을 가짐에도 불구하고 이번에는 92%의 응답자들이 도박 쪽을 선택했다. 손실이 관련되어 있는 문제에서 대부분의 사람들은 위험 추구 성향을 보인 것이다.

이 같은 실험 결과는 사람의 본성 자체가 불확실성을 싫어하고 위험을 기피한다기보다 손실을 싫어한다는 사실을 보여주고 있다. 손실은 언제나 치명적으로 느껴지며 확실한 이익보다 더 커 보이는 것이다. 따라서 발생 가능성이 거의 없는 일이라도 손실이 아주 클 때는 기꺼이 현재의 손해를 감수하는 선택, 가령 생명보험을 든다든가 화재(火災)보험을 든다든가 하는 선택을 하게 된다. 실제 당장 목숨을 잃을 확률이나 갑작스런 사고로 자신의 집이 붕괴될 가능성이 거의 없더라도 만에 하나 이런 재앙이 닥쳤을 때의 손실이 너무 크게 느껴지기 때문에 사람들은 기꺼이 현재의 확실한 손해(보험료)를 감수하는 것이다.

불확실성 하에서의 위험선택에 대해 인간이 어떻게 기대하고 반응하는가를 고찰한 '기대이론'은 인간의 뇌가 긍정적인 자극보다는 부정적인 자극에 훨씬 더 민감하다는 흥미로운 사실을 보여준다. 그리고 이 통찰을 현실 금융시장의 투자자들의 심리와 연결시켜보면 금융시장에서 자주 나타나는 투자자들의 어리석은 행위를 어느 정도 이해할 수 있게 된다.

금융시장에 투자하는 사람들은 손실을 극도로 싫어한다. 손실을 기피하는 심리에 더해서 투자 손실을 인정하는 것은 자신의 판단 실패와 정보 부족을 인정해야 하는 것이기 때문에 일반적인 손실보다 더 치명적으로 느껴진다. 따라서 실패한 투자자들은 시장이 언젠가는 자신이 옳았다는 것을 증명해주고 잃은 것을 만회해줄 것이라는 헛된 희망과 믿음 속에서 계속 예전의 투자 실수에 집착하게 돼 더 큰 손해를 입는 경우가 왕왕 발생한다. 불확실성 하에서 인간의 심리적 집착과 비이성, 어리석음이 증폭될 수 있다는 사실을 '기대이론'은 보여주고 있다.

코라파스
혼돈이론 – 나비의 날갯짓이 태풍을 만들어낸다

르네상스 이후 인간의 이성은 상당한 영역을 신의 영역에서 받아와서 통제하고 관리하는 데 성공했다. 그러나 자연계에는 여전히 수많은 불연속성과 변화가 숨어 있다. 아무리 성능 좋은 수퍼컴퓨터를 사용해도 정확하게 기상예보를 하는 것은 불가능하다. 세계에서 가장 좋은 컴퓨터를 보유하고 있는 미국 동남부가 허리케인 카트리나의 습격으로 초토화되기도 하고, 한국 역시 기상예보 시설에 대한 정부의 지속적인 예산 지원과 투자에도 불구하고 해마다 각종 태풍이나 폭설 등 자연재해 예방에 여전히 무기력한 모습을 보이고 있다.

전 세계적으로 전쟁이나 인종 학살, 천재지변은 계속 발생하고 있으며 환경, 건강 등 사회문제는 물론이고 경제 역시 글로벌화의 진행으로 상호의존성이 늘어나면서 전통적인 통계기법으로는 예측하기 어려운 상황이 예전보다 훨씬 자주 발생하고 있다. 금융시장을 비롯해 경제의 전 분야에서 예측 불가능한 불안정성에 대한 문제가 심각하게 대두되고 있는 것이다.

코라파스 Dimitris Chorafas 1961~
캘리포니아대학, 파리대학, 아테네공과대학에서 공부한 코라파스는 수많은 금융기구와 산업 조직에 전략적 기획, 위험 관리, 컴퓨터 및 커뮤니케이션 시스템과 관련해 조언해왔다. 재무, 경영, 기술과 관련된 130여 권의 책을 저술했다. 7000개가 넘는 산업, 은행, 정부기관의 책임자들이 영국, 미국, 유럽, 아시아 등에서 열리는 그의 세미나에 참여하고 있다.

이처럼 증가하고 있는 불안정성에 대해 초기 단계에서 근본 핵심 원인을 찾아보려는 노력의 일환으로 등장한 이론이 '혼돈이론(Chaos Theory)'이다. 혼돈이론을 신봉하는 사람들은 느닷없이 발생한 것처럼 보이는 대규모 혼란이라도 잘 관찰해보면 최초에 작은 원인이 반드시 배태되어 있으며, 다만 사람들이 이 최초의 신호를 읽는 것을 놓쳐서 제어하지 못한 것뿐이라고 주장한다.

이 같은 혼돈이론을 가장 잘 설명한 사람이 코라파스다. 코라파스에 따르면 "혼돈이란 초기 상태에 민감한 의존성을 갖는 시간의 전개"이다. 혼돈이론을 설명하는 대표적인 사례가 "남미의 밀림에서 벌목공이 나무 한 그루를 쓰러뜨린 행위가 태평양에 태풍을 불러오고, 하와이에 있는 나비가 가볍게 날갯짓을 한 결과로 카리브해에 허리케인이 발생할 수 있다"는 것이다. 쓰러진 나무 한 그루나 나비의 날갯짓이 초기 조건에 미세한 변화를 줄 경우 이 미세 변화가 복잡한 의존성을 가진 대표적 시스템인 기상경로를 거치면서 결과적으로는 태풍이라는 엄청난 결과로 확대된다는 것이다.

코라파스에 따르면 이 세상은 기상경로처럼 '동요'와 '변동성'을 특징으로 하는 동태적 활력상태에 있는데, 바로 이 복잡한 변동성 때문에 '원인'과 '결과'가 비례적으로 일치하지 않는 특징이 있다. 초기에는 아주 사소한 일이었는데 복잡한 상호 변환 작용 때문에 엄청나게 큰 결과가 발생할 수 있다는 것이다.

원인과 결과가 비례적으로 일치하는 현상을 선형성(linearity) 관계, 원인과 결과가 크게 다른 것을 비선형성(nonlinearity) 관계라고 하는데, 혼돈이론은 비선형성의 시각으로 세상의 인과관계를 설명한다. 기대되는 보상이나 이윤의 규모가 감수해야 하는 위험의 크기와 비례한다는 가정, 투입된 노력과 결과가 일정한 비례관계를 갖는다는 전통적인 가정과 확률의 정규분포를 따르는 질서의 세계를 부인하는 것이다.

혼돈이론의 진정한 목적은 우주질서, 세계질서, 경제질서가 비선형적이라는 단순한 통찰적 관찰에 그치지 않는다. 이들은 초기의 아주 미세한 변화가 동태적 변동성 때문에 엄청난 결과를 낳을 수 있다는 관찰을, 뒤집어 말하면 전혀 질서가 없이 엄청나게 복잡해 보이고 불연속적으로 생각되는 결과적 현상이라도 정교하게 추적해 들어가면 최초의 원인을 규명할 수 있다는 뜻이라고 주장한다.

실제로 혼돈이론가들은 방대한 양의 금융거래 자료를 축적하고 수퍼컴퓨터의 도움을 얻어 증권 가격이나 환율의 변화를 어느 정도 예측하는 등 부분적인 성공을 거두기도 했다. 그러나 아직 그 성공은 투입한 비용에 비해 미미한 편이며, 코라파스 역시 혼돈 속의 시계열(時系列)의 특징은 시간이 흐를수록 예측도가 떨어지는 것이라고 혼돈이론의 현실적 적용의 한계를 인정했다. 카리브해의 태풍이라는 '혼돈스런 결과'에 대해 하와이에 있는 나비의 날갯짓이 그 '원인'이라는 것을 밝혀냈다고 하더라도 구체적으로 어떤 공기의 진동경로와 기상조건을 통해 날갯짓이 태풍으로 연결되는지까지는 밝혀내지 못하고 있는 것이다.

현대경제는 아직도 혼돈 속에 있으며 이 혼돈을 벗어나는 완성된 지도는 아직 마련되지 않고 있는 셈이다.